公共危机管理导论

李 妮 编著

清华大学出版社
北京

内 容 简 介

本书是一本公共危机管理的入门教材。全书以公共危机管理过程为研究框架，系统地阐述了公共危机管理的基本理论和相关知识，分析了危机管理过程中的一系列活动，旨在帮助读者理解公共危机管理基本的框架，认识公共危机管理涉及的领域。本书主要介绍公共危机管理的概念和基本过程，内容涉及危机管理理论、危机管理体制、危机管理模型、危机预防与准备、危机监测与预警、危机处置与救援、危机恢复与重建、风险管理、危机舆情管理等。

本书适合高校公共管理类相关专业学生作为教材使用，也可作为相关专业人员的参考资料。

本书封面贴有清华大学出版社防伪标签，无标签者不得销售。
版权所有，侵权必究。举报：010-62782989，beiqinquan@tup.tsinghua.edu.cn。

图书在版编目（CIP）数据

公共危机管理导论 / 李妮编著. —北京：清华大学出版社，2024.2
ISBN 978-7-302-65427-8

Ⅰ.①公… Ⅱ.①李… Ⅲ.①公共管理－危机管理 Ⅳ.① D035.29

中国国家版本馆 CIP 数据核字（2024）第 043465 号

责任编辑：张龙卿
封面设计：刘代书　陈昊靓
责任校对：李　梅
责任印制：杨　艳

出版发行：清华大学出版社
　　　网　　址：https://www.tup.com.cn，https://www.wqxuetang.com
　　　地　　址：北京清华大学学研大厦 A 座　　　邮　　编：100084
　　　社　总　机：010-83470000　　　邮　　购：010-62786544
　　　投稿与读者服务：010-62776969，c-service@tup.tsinghua.edu.cn
　　　质量反馈：010-62772015，zhiliang@tup.tsinghua.edu.cn
　　　课件下载：https://www.tup.com.cn，010-83470410
印 装 者：北京嘉实印刷有限公司
经　　销：全国新华书店
开　　本：185mm×260mm　　　印　张：12　　　字　数：288 千字
版　　次：2024 年 3 月第 1 版　　　印　次：2024 年 3 月第 1 次印刷
定　　价：49.00 元

产品编号：101007-01

前　言

本书是在作者多年从事"公共危机管理"这门课程的教学和学术研究基础上，吸收了公共管理方面的最新研究成果编写而成的。本书结构体系科学、新颖、合理，全书将理论与实际、原理与方法紧密地结合起来进行讲解，是一本全面、系统地介绍和研究公共危机管理基本原理的专业教材。本书的特点如下。

第一，简明扼要，重点突出。本书没有进行冗长繁杂、长篇累牍的理论介绍，而是简明扼要地叙述公共危机管理的主要框架、主要环节的基本理论知识，旨在帮助读者理解公共危机管理的基本框架，认识公共危机管理的研究领域。

第二，全面、系统、完整。本书全面、系统地介绍了公共危机管理的基本概念、历史发展、危机管理理论、危机管理体制、危机管理模型、危机预防与准备、危机监测与预警、危机处置与救援、危机恢复与重建、风险管理、危机舆情管理等基本原理和知识，补充并完善了其他教材较少提及的内容，如公共危机管理的历史发展、公共危机管理理论、公共危机管理模型等内容。

第三，理论研究与现实紧密结合。本书力图把理论与实践有机结合起来，反映新时代中国国家治理的新举措，聚焦中国危机管理的新变化，特别是党的十九大及二十大以来的新变化。本书内容紧跟中国社会形势的发展，追踪社会热点问题，援引最新危机案例。每一章开始的"案例导入"都对近年来我国公共危机管理中出现的热点问题进行了详细分析，具有很强的实践性和可读性。

本书撰写过程中参考了有关专家公共危机管理方面的相关文献，笔者的研究生程泽雪璇、赵润楠、陈敬敬、张修慧、肖涵、钟萌辉、黄超在资料收集方面付出了努力和劳动，在此表示感谢。

本书难免存在缺漏之处，敬请广大读者批评指正。

编著者
2024 年 1 月

目 录

第一章 绪论 ... 1
第一节 公共危机管理的发展 ... 2
一、西方国家危机管理的发展 ... 2
二、中国公共危机管理的发展 ... 4
第二节 公共危机概述 ... 5
一、公共危机的内涵 ... 5
二、公共危机的分类、分级与分期 ... 7
第三节 公共危机管理概述 ... 12
一、公共危机管理的内涵 ... 12
二、公共危机管理的特征 ... 13
三、公共危机管理的原则与理念 ... 15
第四节 学习公共危机管理的意义 ... 18
本章小结 ... 19
思考题 ... 19

第二章 公共危机管理的基本理论 ... 20
第一节 政治主义理论 ... 21
一、政治主义理论下公共危机管理的解释 ... 22
二、政治主义理论视角下的公共危机管理 ... 23
第二节 工具主义理论 ... 23
一、工具主义理论面对危机事件的新理解 ... 24
二、工具主义理论视角下的公共危机管理 ... 24
第三节 正常事件、社会冲突和安全阀理论 ... 27
一、正常事件理论 ... 27
二、社会冲突理论 ... 30
三、安全阀理论 ... 31
第四节 风险社会理论 ... 32
一、贝克的风险社会理论 ... 32
二、吉登斯的风险社会理论 ... 34
三、风险社会理论的应用 ... 35

本章小结 36
　　思考题 36

第三章　公共危机管理体制 ... 37

第一节　公共危机管理体制概述 ... 38
一、公共危机管理体制的定义 38
二、公共危机管理体制的内容 38
三、公共危机管理体制的原则 39

第二节　国内外公共危机管理体制 ... 39
一、美国的公共危机管理体制 39
二、俄罗斯的公共危机管理体制 40
三、日本的公共危机管理体制 40
四、中国的公共危机管理体制 41

第三节　公共危机管理的组织领导机制 ... 44
一、公共危机管理者的职责要求 44
二、公共危机管理者的素质要求 44
三、公共危机管理者的领导能力要求 45
四、错误的危机管理认识 46

第四节　公共危机管理的参与机制 ... 46
一、公共危机管理中的企业 46
二、公共危机管理中的公民 47
三、公共危机管理中的大众媒体 47
四、公共危机管理中的非政府组织 48

第五节　公共危机管理的保障机制 ... 49
一、公共危机管理的保障机制简介 49
二、公共危机管理保障机制的特点 50
三、公共危机管理保障机制的原则 50

第六节　公共危机管理的沟通机制 ... 51
一、公共危机管理的沟通机制简介 51
二、公共危机管理过程中的沟通方式与策略 51
三、建立公共危机管理的沟通机制 52

　　本章小结 53
　　思考题 53

第四章　公共危机管理的模型 ... 54

第一节　公共危机管理的模型概述 ... 55
第二节　三阶段模型 ... 57
一、危机管理的三阶段模型 57

二、三阶段模型的优缺点 59
第三节　罗伯特·希斯的 4R 模型 59
　　一、什么是 4R 危机管理理论 59
　　二、4R 危机管理理论的内容 60
　　三、4R 危机管理理论的优缺点 61
　　四、4R 危机管理理论的启示 62
第四节　斯蒂文·芬克的危机传播四阶段模型 62
　　一、危机传播四阶段模型的四个阶段 62
　　二、四阶段模型的优缺点 62
第五节　米特洛夫和皮尔森的五阶段模型及其优缺点 63
　　一、米特洛夫和皮尔森的五阶段模型 63
　　二、米特洛夫和皮尔森的五阶段模型的优缺点 63
第六节　诺曼·R. 奥古斯丁危机管理六阶段模型 64
　　一、奥古斯丁的六阶段模型 64
　　二、奥古斯丁的六阶段模型优缺点 65
第七节　薛澜提出的危机管理五阶段理论 65
　　一、危机预警及准备阶段 65
　　二、识别危机阶段 66
　　三、隔离危机阶段 66
　　四、管理危机阶段 68
　　五、危机后处理阶段 69
　　六、薛澜危机管理模型的优缺点 71
第八节　畅铁民的危机管理模型 71
　　一、危机管理过程的五个方面 72
　　二、畅铁民危机管理模型的优缺点 72
本章小结 72
思考题 73

第五章　公共危机的预防和准备 **74**

第一节　公共危机预防概述 75
　　一、公共危机预防的内涵 75
　　二、公共危机预防的特点 76
　　三、公共危机预防的目标和原则 76
　　四、公共危机预防的意义 77
第二节　公共危机预防机制 77
　　一、公共危机预防机制的内涵 77
　　二、公共危机预防机制的特点 78
　　三、公共危机预防机制的原则 79

四、公共危机预防机制的主要内容 79
　第三节　公共危机准备概述 81
　　一、公共危机准备的含义 81
　　二、公共危机准备的特性 82
　　三、公共危机准备的目标和原则 82
　第四节　公共危机准备的主要内容 83
　　一、制定公共危机应急预案 83
　　二、开展公共危机管理规划 88
　　三、培训公共危机管理人员 89
　　四、开展公共危机应急演练 89
　　五、进行全方位的公共危机应急保障 90
　本章小结 91
　思考题 92

第六章　监测与预警 93

　第一节　公共危机监测 94
　　一、公共危机监测的定义 94
　　二、公共危机监测的作用 95
　　三、公共危机监测的目标与原则 96
　　四、公共危机监测机制 97
　　五、公共危机监测的方法 98
　第二节　公共危机预警 98
　　一、公共危机预警的内涵与功能 98
　　二、公共危机预警分级和级别调整 100
　　三、公共危机预警系统 101
　　四、公共危机预警机制 104
　　五、公共危机预警分析 106
　本章小结 108
　思考题 108

第七章　处置与救援 109

　第一节　公共危机处置 110
　　一、公共危机处置的概念及特点 111
　　二、公共危机处置的一般原则 112
　　三、公共危机处置的措施和流程 112
　　四、公共危机处置的作用 115
　第二节　公共危机救援 116
　　一、公共危机救援的概念及特点 116

二、公共危机救援的一般原则 117
　　三、公共危机救援的措施和流程 118
　　四、公共危机救援的作用 123
　本章小结 123
　思考题 123

第八章　恢复与重建 124

　第一节　公共危机恢复与重建概述 125
　　一、公共危机恢复与重建的含义 125
　　二、危机恢复与重建的总目标和原则 126
　第二节　恢复与重建的类型 127
　第三节　恢复与重建的主要内容 128
　　一、终止应急处置对策 129
　　二、开展损失评估 129
　　三、编制和执行恢复计划 130
　　四、进行灾区的具体恢复工作 132
　　五、总结经验教训 137
　第四节　恢复与重建的过程 137
　　一、工作准备阶段 137
　　二、计划制订阶段 139
　　三、计划实施和调整阶段 140
　　四、评估与反思阶段 140
　本章小结 140
　思考题 141

第九章　风险管理 142

　第一节　风险管理概述 143
　　一、风险的定义 143
　　二、风险的特征 144
　　三、风险管理的含义 144
　第二节　风险管理的发展 145
　　一、风险管理的发展历程 145
　　二、国内外风险管理发展现状 146
　第三节　风险管理的步骤 147
　本章小结 149
　思考题 149

第十章　公共危机舆情管理 150

　第一节　公共危机舆情管理的含义 151

一、舆情及网络舆情的内涵 151
　　二、公共危机舆情管理 152
第二节　公共危机沟通 153
　　一、危机沟通概述 153
　　二、危机沟通的步骤与原则 154
第三节　公共危机舆情管理中的媒体 156
　　一、媒体在公共危机管理中的双面影响 156
　　二、政府、媒体、公众三方危机心理契约的构建 156
　　三、政府、媒体、公众三方互动关系的构建 157
第四节　公共危机舆情监控与引导 159
　　一、舆情监控的背景 159
　　二、舆情监控的必要性 159
　　三、危机舆情监控引导的步骤 160
本章小结 162
思考题 162

第十一章　公共危机管理的改革与发展 163

第一节　当代公共危机管理的发展趋势 164
　　一、当代公共危机管理发展的基本方面 164
　　二、国外当代公共危机管理的发展状况 170
第二节　中国公共危机管理的发展状态 172
　　一、1949—2002 年：新中国应急管理事业的起步阶段 172
　　二、抗击"非典"的深刻启示——中国应急管理建设的全面启动 173
　　三、党的十八大以来中国应急管理事业的发展 173
　　四、三重现代化——构建应急管理新格局 174
本章小结 176
思考题 176

参考文献 177

第一章 绪 论

学习目标

- 了解西方国家和我国公共危机管理的发展。
- 掌握公共危机的基本内涵、分类、分级和周期。
- 掌握公共危机管理的内涵、特征、原则和理念。
- 了解学习公共危机管理的意义。

关键词

危机　公共危机　公共危机管理　突发事件　自然灾害　事故灾难　公共卫生　社会安全

案例导入

高效、科学管理：坚决打赢疫情保卫战 [1]

2020 年年初，新冠疫情突然出现，全国各级地方政府面临着严峻的考验，也带来了深刻的教训与反思。

在当今社会中，危机的发生已经不仅是简单的意外，或许会成为生活中的一种常态。因此，重视公共危机的管理已成为地方政府在可持续发展中需要面临的一种常态化的管理。

对于疫情病例的监测，我们需要迅速发布信息，采取相应行动，从流行病学的角度展开调查，防止疫情的发生。对全球卫生组织尽快公开疫情信息，对全球公开病毒序列，做好疫情防控工作。

疫情突然发生，政府应高度重视人民的安全与生命健康，对疫情防控进行全面规范，做好医疗救治工作，实施全方位的防控手段，采取各种隔离措施，利用国内资源进行医疗救治，不放过任何感染者与病患，尽可能做到"能收的尽量收，能治的尽量治，能检的尽量检，可以隔开的尽量隔"，可以防止疫情大规模蔓延，对于病毒的传播起到了很大的阻止作用。医疗救治一直以来都注重治愈率与收治率，尽可能控制感染率和病亡率，并将患者以及大量的专家、各种资源集中起来，严格按照"四集中"原则实施，实现中西医结合治疗，同时采取分级管理或进行分类救治。

各级党委和政府要服从党中央的统一指挥、统一协调、统一调度，不同地方政府应承担起各自的职责，相互配合，为疫情防控奠定基础。全国划分为不同的疫情防控类型并实施动态精准控制，按不同区域制定精准防控策略，并以县域为基础，按照人口规模、发病

---

[1]《抗击新冠疫情的中国行动》白皮书，国务院新闻办公室，2020 年 6 月。

程度划分为不同等级，有针对性地制定防控措施并动态调整优化。

在做好疫情防控的过程中，稳定社会秩序，开展一系列的社会活动，形成适应疫情防控的社会秩序，尽可能弱化疫情对社会的影响，为抗击疫情奠定物质基础并提供强有力的社会保障。

针对春节期间人员密集、流动性大的基本特征，我国组织全体公民积极参与其中，按照国家法律法规做好精准防控，在国内开展大型的公共卫生应对工作，并实施灵活度较高的社会面管控手段，做好社会面隔离措施，建立群体防治体系，采取非药物手段，在很大程度上阻断了病毒传播链条。

对于疫情防控，我国一直以来坚定对人民群众和对社会的积极态度，构建了精准且专业的信息发布制度，做好疫情信息的发布，积极解决社会公众关注的问题，提升了社会凝聚力，也为不同国家疫情防控工作提供了重要的参考。

思考题：
基于以上案例，分析我国对于公共危机管理的基本理念与重要原则。

自21世纪以来，公共危机在全球的发展态势已经趋于常态化，影响人类生命安全的不稳定因素日益增多，尤其是新冠疫情的暴发和蔓延，给社会公众的生命、健康和财产安全都带来了前所未有的威胁。2020年教育部在新冠疫情防控期间批准设立了应急管理本科专业，并在20所高校增设了应急管理的硕博点。由此可见，公共危机管理的重要性日渐突出，学好公共危机管理这门课程对于我国高校公共管理类学生是十分必要的。

第一节　公共危机管理的发展

自古以来，公共危机管理的发展给政府等公共部门、社会公众以及经济社会等各方面带来了重大的影响，促使它们不断变革，走向可持续发展、健康发展和安全发展的道路。对于公共危机管理的发展来说，西方国家已经形成较为成熟的制度与体系，我国也处于快速发展的状态。但是相对来说，我国的公共危机管理仍处于起步发展阶段，我们应该在了解和借鉴西方公共危机管理发展的基础上，形成自己的本土特色。

一、西方国家危机管理的发展

危机自人类社会初始形成时期起便始终存在于人们的生活与工作中。人类面临着危机，因此自然而然发展出了危机管理，比如流传甚广的"空城计"实际上就是一种被迫而侥幸取得胜利的危机管理。危机管理是一种理论性研究，从其历史来看，旧社会人们所持的危机管理思想具有朴素性，且不具统一性，比如广为人知的"居安思危""未雨绸缪"与"防患于未然"等思想，而针对危机管理展开的系统性、专业性理论研究相对较晚。事实上，企业对"危机管理"这一概念的应用相对较早，企业危机管理主要包括对那些有碍于企业生存的各种不可预测的风险事件的应对与预防准备。西方发达国家从20世纪60年代开始逐渐加大了对危机管理的关注，并对此展开研究。西方发达国家将公共领域融入危机管理研究中，对公共危机管理呈现出的特征进行了研究，对公共危机管理理论进行了总结，期许能够解决公共危机与社会风险等问题，强调着力进行危机管理制度与体系建设，构建控制危机的策略及渠道，针对危机控制建立信息化管理，构建危机管理模型等。

由于全球化的发展，导致公共危机出现的缘由日益复杂，其表现形式也日益多样化。这是公共危机管理得以实现进一步发展的驱动力，自21世纪开始，全球学术界针对公共危机管理展开的研究逐渐以多角度研究、多学科发展为主旨，有的从理论研究转变为重案例性、实操性、技术性研究，有的转向开展全面综合研究，包括对公共危机的种类、致因、发展过程、性质以及公共危机管理体系、危机教育、危机应对、防范与技术准备等展开研究。

国外公共危机管理目前的基本特征包括：第一是完善政府危机管理的重要规划与法律规定；第二是构建专业化程度较高的综合性管理危机指挥系统；第三是合理利用发达的信息沟通机制；第四是构建完善的预警机制，并与应对机制相结合；第五是充分发挥民间组织的重要作用，更快解决危机事件；第六是利用现代传媒的作用，减轻社会压力；第七是注重公民危机管理意识建设，培养抗危机能力；第八是深入危机的理论研究，加强危机管理国际之间的合作[1]。

在实践过程中，西方国家通过长期探索与不断优化，逐渐构建形成了成熟完善的公共危机管理制度与体系，并对相关法制进行了完善，主要成就如下。

（1）针对公共危机构建了常设性管理系统和机构。西方国家执行的公共危机管理系统是以政府为主导，并以国家级、专职专责、常设性危机管理决策系统为辅，以此来进行统一部署，保证运行的有效性，并负责对各地方展开合理协调与进行危机决策。

（2）对法律法规进行了建立并不断健全。西方国家通常是以立法授权方式来让政府进行依法行政，并借此来推进公共危机管理的强化与处理方法的可操作性、规范性与科学性的提升，通过立法对政府权限进行约束，以防止其对自由裁量权进行滥用，从而让民众的合法权益受到侵害。

（3）重视公共危机的防范。注重预警监测、隐患排查与风险评估等防范和应急处理工作。

（4）因政府并不具备全能性，所以应加强政府和社会之间的合作。公共危机管理离不开社会相关层面的参与及合作，应积极和民众、媒体与非政府组织等主体展开合作，以让民众的积极性得到调动，减少应对危机所需耗费的成本，加强政府危机决策的民主性与科学性。

（5）重视对新兴科技的应用，以便为处理公共危机提供科技支持，从而提升公共危机应对的有效性与及时性。

现阶段，针对公共危机管理展开的研究总体呈现出以下几个趋势：一是研究组织类型与形式越来越多样化。大部分研究组织都是由政府与社会共同构建而成，二者相辅相成，共同享受所得成果。二是研究内容的广泛性。研究组织的研究范畴非常广泛，注重国内外情况的相互融合。三是研究方法的综合交叉性。通常，公共危机管理组织都汇集了多领域的优秀专业人才，以此为研究提供强大合力。四是研究运作的市场化。以市场化运行模式进行的公共危机管理研究，有助于推进以应急管理决策为对象的咨询业务的快速发展，并实现了可观的效益。五是研究协作的全球化。随着全球化进程的加快，研究者将研究范畴扩展至全球，基于全球一体化视角对公共危机进行防范与预测。

---

[1] 胡税根，等.公共危机管理通论[M].杭州：浙江大学出版社，2009.

二、中国公共危机管理的发展

当前中国面临的社会风险和公共危机种类更加复杂，公共危机对人民、国家和社会的威胁进一步扩大，其强大破坏力无疑会阻碍我国现代化进程的步伐。2020年新冠疫情暴发后，以惊人的速度向全国蔓延，严重损害了人民群众的身心健康。在这次疫情的应对过程中，暴露出我国公共危机管理存在的一些问题，有的问题虽小，却不容忽视，把细节性的小问题和比较明显的大问题都抓住、管好，才不会出现疏漏，才能最大限度地避免危机的发生或反复，为我国的现代化进程保驾护航。

针对新冠疫情实施的防控实践将中国公共卫生法制中存在的缺陷、漏洞完全暴露了出来。在公共卫生领域，全国人大常委会已启动专项立法修法计划，计划制定或修改多部法律法规，包括修改传染病防治法、突发事件应对法、进出境动植物检疫法等。《突发公共卫生事件应急条例》与《中华人民共和国突发事件应对法》《中华人民共和国传染病防治法》共同为及时有效地处置突发公共卫生事件建立起"信息畅通、反应快捷、指挥有力、责任明确"的应急法律制度，也为突发公共卫生事件的及时应对处理提供了法律依据。

此外，在应对公共突发事件的过程中，很多地方政府积极响应党中央、国务院的号召，结合本地区的实际情况，总结出了很多具有地方特色的危机治理模式，为公共危机管理工作提供了宝贵经验。这说明我国公共危机管理正在逐步走上经常化、制度化、法治化的工作轨道。目前我国不少城市已将建立应急联动中心，并把提高处置紧急突发事件的能力和城市危机管理的水平纳入政府的重要议事日程，很多城市相继规划或已经建成城市应急联动机制，并取得了一定成效。

我国危机管理研究依据成果数量和研究深度，大致可分为四个阶段：第一阶段为2003年以前，是危机管理研究的萌芽时期，主要集中在部门应对、单项应对突发事件的危机管理研究方面。第二阶段为2003—2007年，是危机管理研究快速发展时期，表现为研究著作和论文呈现"井喷"状的态势，数量剧增。同时，以2006年年底国务院危机管理专家组的成立为标志，可将其划分为前后两个小阶段：前半阶段主要是受"非典"事件影响，危机管理研究主要集中于危机的生命周期等方面的整体介绍；后半阶段开始进行横向研究并拓展到具体领域。第三阶段为2008—2012年，属于危机管理研究的质量提升期，无论是危机管理专题研究还是危机管理综合体系研究都体现出了质量的提升，研究内容囊括的范畴越来越全面，且研究日益深入。第四阶段为2012年到现在，紧紧围绕着应急管理现代化这一总体目标，中国应急管理事业发展主线是以理念变革助力体系和能力变革，从而推动应急管理理念、体系和能力"三重现代化"，即理念现代化、体系现代化和能力现代化。从总体来看，以上四个阶段和中国危机管理机制建设历经的实践发展阶段具有一致性。

总的来讲，我国危机管理发展的理论性越来越强，学科融合越来越紧密，按照综合化、系统化、专业化、协同化、规范化的危机管理体系建设思路，危机管理研究也呈现出向综合化方向发展的特点。有学者提出，在危机管理实践中，需要站在政治和国家战略的高度看待危机管理体制改革，将这一改革与政治体制改革和政治文明建设、行政管理体制改革、转变政府职能、政府管理创新结合起来，并把这项利国利民的大事当作各项改革的关键和重点提到各级政府重要议事日程上来并抓好抓实。

要完善国家的治理机制并提升能力建设，就要求各级政府应基于治理的实践过程加强自身的公共危机调控、治理能力，尽量规避公共危机给民众、国家带来的经济损失与人身伤害。公共危机管理有着较强的复杂性，是一个动态系统工程。现阶段社会发展存在较强的不确定性，社会危机、公共卫生事件、灾难事故、自然灾害等公共危机事件不断发生，波及范围较广，导致出现的损失非常大。社会问题越来越多，而政府对于危机的应对能力还远远不足，在危机管理中还存在着大量信息不对称的现象，所以对各主体进行明确的权利划分，对危机管理网络进行强化，进行动态适应管理格局的建设，对公共危机出现的内在机理进行探索，提出可实操并有效的对策建议，是有效实现公共危机管理的必需条件。

应以针对公共危机治理展开的实践活动为基础来构建公共危机理论，对于公共管理领域的研究人员来说，这是他们不可推辞的责任。有关公共危机的关键词"突发事件""公共危机""网络舆情""应急管理"等在相关文献里有着较高的出现频率，是一组归属类型具有较高确定性的高频词组。从2012年到现在，我国的公共管理研究中存在大量的有关公共危机的案例。公共管理研究以危机出现的致因、风险防控与流程等为重点，以危机管理面临的疑难杂症为中心，注重危机管理体系的构建与危机管理能力的加强，在公共危机管理中融入了危机处理、准备、恢复与减轻等风险管理流程，利用常态风险评估方法对社会风险进行有效识别，对危机事件进行及时响应，建立、健全应急对策，以减少潜在风险出现的概率；对危机管理机制、体系与理念的协同实现展开研究，建立健全危机预警机制，以使危机导致的损失能够最小化，从而推进公共危机管理实现全面、高效的治理。

危机理论建设是公共管理研究的重点，其注重通过特定危机案例，从普遍意义上构建出危机应对对策，并对公共危机管理的特征进行总结。有学者以政府在公共危机管理过程中所具备的应急责任与构建的应急方法为重点，对新媒体背景下的危机治理对策展开系统研究，对身处实时舆论重压下的政府应怎样对公共危机治理机制实施改革进行了探究，注重政府和市场、社会的有效互动，强调公共危机管理多元主体之间良性协同的实现，以及公共危机管理方法的整合与创新；部分学者对公共危机导致的政府公信力下降展开了深入研究，强调执行危机管理时政府应和居民进行有效的信息沟通，应针对公共危机管理构建完善的归因体系与归责制度；对公共危机发生后政府应当如何恢复其公信力，以及如何对其正面形象进行有效重塑展开了研究；部分学者针对公共危机管理能力所设置的指标评价体系进行了分析，基于对各案例的横、纵向比较，对各地在参与公共危机应对的实践活动中实现的能力提升进行检测，针对国内公共危机管理体系、法律、制度、预案管理出现的变化进行分析，对中国危机管理的综合发展进行回顾与归纳整合，以便为公共危机管理的执行与实践提供必要的智力基础。

第二节　公共危机概述

一、公共危机的内涵

（一）公共危机的含义

公共危机相比危机来说是较为特殊的危急状态。"公共"的含义属于社会的、公有公用的。在西方国家,公共概念源自古希腊,其具备两种不同含义:一是拥有公共意识和精神,是评估男性是否成熟及是否能够参与各项公共事务的重要象征;二是人类交往过程中互相关怀的一种状态。进入新的发展阶段,"公共"概念最后逐步发展为"政府或政治的同义词"。[1]

劳伦斯·巴顿(Laurence Barton)认为,公共危机是一种潜在的并具有负面影响的事件,该事件及其后果可能会对组织及其成员、名誉、服务和形象等造成重大损害。[2]

乌里尔·罗森塔尔(Uri Rosenthal)对公共危机的定义是:指在社会价值观和基本准则受到严重损坏的情况下,并且可用于思考的时间较短,决策者必须果断采取措施的事件。他认为公共危机是指具有严重威胁、不确定性和有危机感的情景。[3]

国家行政学院副院长龚维斌明确提到,公共危机是指"一个事件的爆发影响大众的日常生活或是生命财产安全"[4]。

肖鹏军的观点为:"公共危机代表了事件爆发影响到公众的日常生活或是生命财产安全。另外造成公共危机的原因有很多,例如自然原因、经济原因、政治原因、社会原因等。"[5]

中国人民大学副教授王宏伟认为:"公共危机是指一种高度不确定的情境:与公共利益密切相关的严重威胁发生,通常由灾害或巨灾引发,对社会系统的核心价值与运行功能提出严峻的挑战,要求危机管理者在巨大的时间压力与心理压力下在短时间内作出尽可能正确的决策。"[6]

公共危机定义的明确并非如危机般呈现出多样化的特征,主要基于危机影响视角着手。本书认为,公共危机是一种高度不确定的情景,是指突然发生的、给社会公共利益和公众安全带来严重威胁和损害,并引发社会混乱和公众恐慌的自然灾害类、事故灾难类、公共卫生类和社会安全类事件。对于社会而言,公共危机造成的影响十分恶劣,因此需要危机管理者在巨大的时间压力和心理压力下尽可能地做出正确或者高质量的决策。

(二)公共危机的特点

1. 突发性

公共危机大多是毫无准备的突然性事件,换言之,危机未爆发前,人们并不能预测危机的产生。这也是一般危机的共性。2003年的非典、2008年的汶川地震、2020年的新冠疫情等都是如此。因为公共危机产生得比较突然,具备较大的破坏力,同时冲击力较强,使得人们无法应对。如果处理不及时,则会严重影响公共生活,不利于公共秩序,基于此,管理部门、社会大众应采取相应的应对措施,化解危机,消除影响,减少损失。因为危机是突然爆发,可利用的资源较少,例如信息不对称、技术形式不完善、物质基础不牢等,从而导致决策和指挥控制、民众反应与配合都显得十分紧急。

---

[1] 郑杭生,何珊君.和谐社会与公共性:一种社会学视野[J].甘肃理论学刊,2005(1):5-6.
[2] 劳伦斯·巴顿.危机管理[M].许瀚予,译.北京:东方出版社,2009.
[3] Uri Rosenthal, eds. Coping with Crisis: The Management of Disasters, Riots and Terrorism [M]. Springfield Charles C. Thomas, Pub. Ltd. 1989.
[4] 龚维斌.公共危机管理的内涵及其特点[J].西南政法大学学报,2004(3):8-9.
[5] 肖鹏军.公关危机管理导论[M].北京:中国人民大学出版社,2006.
[6] 王宏伟.公共危机管理概论[M].北京:中国人民大学出版社,2016.

2. 破坏性

不论什么性质和规模的公共危机，都必然不同程度地给组织（国家、社会或企业等）及组织中的个体（人民或雇员）造成政治、经济和精神上的损害。这种损害包括直接损害和间接损害，不仅体现在人员伤亡、财产损失、环境破坏等方面，还体现在公共危机对社会心理、个人心理、公众形象等造成的破坏性冲击，进而渗透到社会生活的方方面面。

3. 紧急性

公共危机的发生需要危机管理者在巨大的时间和心理压力之下，迅速调动可以掌控的一切人力、物力和财力资源进行有效应对，控制事态发展，消除不利的后果与影响。在危机发生时，应对者会因为危机有紧急性而承受过大的压力，进而产生严重的焦虑感。有学者认为："过度的压力与焦虑将使危机管理者产生以下问题：判断能力受到影响；个人人格特征更加明显，如具有轻微焦虑倾向的人更加焦虑，个性较为封闭者遇事退缩、迟疑，变得更加沉默，甚至行动迟缓；想方设法寻找替罪羊；情绪逐渐不稳定；产生防卫心理，宣称一切尽在掌控之中。"毫无疑问，上述问题将极大地影响危机管理的效率。

4 公共性

公共危机威胁的是公共安全，由于它在时间、地点、范围、程度以及对象的不确定性，且受到人的社会性及其与经济、文化、宗教、科技等多方面的影响，再加上新兴媒体的作用，公共危机会对"不特定多数人"的生命安全、身体健康、财产安全以及生态环境、经济社会发展、国家安全造成威胁，甚至在很大程度上影响全球的政治格局，对全世界都产生广泛而深远的影响。这种威胁覆盖的范围是公域，而不是个人、家庭、企业等私域，因此公共危机具有公共性。

二、公共危机的分类、分级与分期

在弄清楚公共危机的定义和特点后，我们对公共危机进行分类、分级并对危机发生时的阶段进行划分，这样可以探索不同类型、不同等级以及不同时期的公共危机发生、演变的规律，有助于危机来临时我们更好地应对。

（一）公共危机的分类

公共危机类型多元化。春秋时期，管仲曾对齐桓公说过国家要治理"五害"："水，一害也；旱，一害也；风雾雹霜，一害也；厉，一害也；虫，一害也。此谓五害。五害之属，水最为大。五害已除，人乃可治。"到了经济社会不断发展的今天，人类面临的公共危机变得更为复杂多样，已经远远不止这"五害"了。

对于公共危机事件的明确划分表现在《国家突发公共事件总体应急预案》（以下简称《预案》）当中。结合政府保障公共安全水平，对于突发公共事件的应对，尽可能避免公共事件带来的危害，为公众生命财产提供强有力的保障，稳定社会秩序，保障国家安全，带动社会经济全方位发展。结合《预案》，我国将公共危机事件划分为以下四种类型。

1. 自然灾害

自然灾害是指由于自然异常变化造成的人员伤亡、财产损失、社会失稳、资源破坏等现象或一系列事件，主要包括水旱灾害、气象灾害、地震灾害、地质灾害、海洋灾害、生物灾害和森林草原火灾等。自然灾害也就是人们常说的"天灾"，由自然因素直接所致。

2016年11月，世界银行与全球减灾和恢复基金（GFDRR）在第22届联合国气候变化大会（COP22）期间发布的《坚不可摧：加强贫困人口面对自然灾害的韧性》报告显示：自然灾害每年对全球经济造成的损失达5200亿美元（比通常报告的损失高出了60%），并且每年致使大约2600万人陷入贫困境地。[1]

2. 事故灾难

事故灾难是指直接由人的生产生活活动引发，在生产生活中突然发生，伤害人身安全和健康，损坏设备设施，造成经济损失或环境污染，并导致活动暂时中止或永远终止的意外事件。事故灾难有以下几个组成部分：一是环境污染；二是交通运输方面的事故，其中还有工矿商贸等不同企业产生的安全事故或是各种生态破坏、运输等方面的事故。事故灾难一般属于"人祸"，通常由人们无视规则的行为所致。

以交通事故为例。世界卫生组织2018年最新《全球道路安全现状报告》统计：道路交通伤害已成为第八大死因，年死亡人数持续攀升，全球每年约135万人死于道路交通事故。报告强调，道路交通伤害如今是5~29岁儿童和年轻人的主要杀手。道路交通伤害给个人、家庭和整个国家带来巨大经济损失。这些损失包括死伤者的治疗费用，也包括死者、因伤残疾者以及需要占用工作或学习时间照顾伤者的家人所丧失的劳动力。道路交通碰撞的损失占大多数国家国内生产总值的3%。

3. 公共卫生

公共卫生事件是突发性的，是导致社会群众健康受到很大影响的事件，其中包括各种传染病疫情，甚至是影响食品安全、动物疫情或是给社会大众带来较大影响的事件。公共卫生事件通常由自然因素和人为因素共同所致。

新冠疫情暴发以后，给人民的生命健康安全造成了很大影响，也损害了社会经济发展。新冠疫情是中华人民共和国成立以后国内暴发的感染力较强、传播效率高、防控困难的重大突发公共卫生事件。《抗击新冠疫情的中国行动》白皮书当中明确强调："新型冠状病毒感染是一百多年来人类暴发的影响力最大的世界性流行病，是全球面临的巨大挑战与考验。"[2]

4. 社会安全

社会安全事件是指突然发生，严重威胁社会治安秩序和公民生命财产安全，需要采取特别措施进行应急处置的事件，主要包括恐怖袭击事件、经济安全事件、涉外突发事件和群体性事件等。社会安全事件一般情况下是由于相应的社会问题导致的。

例如，在恐怖袭击方面，根据美国马里兰大学全球恐怖袭击数据库（GTD）最新统计，从1970年到2020年，全球共发生恐怖袭击事件超过20万例，严重威胁世界和平与安定；

---

[1] Stephane Hallegatte, et al. Unbreakable: Building the Resilience of the Poor in the Faceof Natural Disasters[M]. Washington D.C.: The World Bank, 2016.
[2] 国务院新闻办公室. 抗击新冠疫情的中国行动 [N]. 人民日报，2020-6-8.

从全球趋势看，2010年以后，全球每年的恐怖袭击事件呈直线上升趋势并在2014年达到近年来的峰值1.6万例。

表1-1可以帮助大家更加直观地了解四种类型的公共危机事件。

表1-1 我国公共危机的分类及示例

类型	示例
自然灾害	① 水旱灾害。如2010年云南地区发生了特大旱灾，2021年河南地区产生了特大暴雨灾害。 ② 气象灾害。如2019年超强台风"利奇马"，以及近年来中国部分地区的高温天气。 ③ 地震灾害。如2008年我国发生了汶川大地震，2021年青海地区发生了7.4级地震。 ④ 地质灾害。如2014年四川特大泥石流，2019年贵州水城特大山体滑坡灾害。 ⑤ 海洋灾害。如我国海洋灾害中发生最频繁且造成影响最严重的是风暴潮、赤潮和巨大海浪灾害。 ⑥ 生物灾害。如一些主要病虫害像蝗虫、小麦条锈病、稻飞虱、稻纵卷叶螟、稻瘟病等入侵和暴发带来的对蔬菜、烟草、棉花等作物生长及生产构成严重威胁。 ⑦ 森林草原火灾。如2020年四川凉山森林大火
事故灾难	① 工矿商贸等不同企业爆发的安全事故。如2021年湖北十堰艳湖社区集贸市场"6·13"重大燃气爆炸事故，河南商丘震兴武馆"6·25"重大火灾事故。 ② 交通运输事故。如2018年兰州"11·3"高速车辆相撞事故，2022年D2809次列车脱轨事故。 ③ 公共设施和设备事故。如2015年中国矿业大学实验室压力气瓶爆炸事故，2018年东莞市"10·4"电梯事故。 ④ 环境污染和生态破坏事故。如2010年大连新港原油泄漏事件，2012年广西龙江镉污染事件
公共卫生	① 传染病疫情。如2003年暴发了非典，2020年出现了新冠疫情。 ② 群体性不明原因疾病、食品安全。如2010年"9·16"河南工业大学食物中毒事件。 ③ 动物疫情。如禽流感、出血热等
社会安全	① 恐怖袭击事件。如美国"9·11"事件，2014年云南昆明火车站暴力恐怖案。 ② 经济安全事件。如1997年发生的东南亚金融危机，2007年美国爆发的严重次贷危机。 ③ 涉外突发事件。如2010年"8·23"菲律宾挟制我国香港游客事件，2014年利比亚局势升级时中国公民的撤离事件。 ④ 群体性事件。如2022年韩国梨泰院踩踏事件

（二）公共危机的分级

公共危机可以划分为不同的等级，要求我们按照"既要有效控制事态，又要应急措施适当"的原则采取相应的应对措施。

《中华人民共和国突发事件应对法》（以下简称《突发事件应对法》）第三条中明确提到："按照社会危害程度、影响范围等因素，自然灾害、事故灾难、公共卫生事件分为特别重大、重大、较大和一般四级。法律、行政法规或者国务院另有规定的，从其规定。"此外，结合突发事件带来的严重危害、紧急性或是发展变化，将能够预警的事故灾害、公共卫生事件或是其他的自然灾害做好明确划分，总共包括四个等级，按照不同等级标明颜色，如表1-2所示。

表 1-2　我国公共危机四级预警

公共危机等级	威胁程度	预警颜色
Ⅰ级（特别重大）	Ⅰ级（特别严重）	红
Ⅱ级（重大）	Ⅱ级（严重）	橙
Ⅲ级（较大）	Ⅲ级（较重）	黄
Ⅳ级（一般）	Ⅳ级（一般）	蓝

说明：①各类公共危机事件的等级和预警级别的具体划分标准由国务院或国务院确定的部门制定，而且需要在实践中不断完善，并注意地区、民族和经济文化的差异，加强各地、各部门的协同配合。特别是社会安全事件，由于其自身的性质和复杂性，更需要不断研究和深化。

②并非全部公共危机事件均能够进行预警，表格当中的预警颜色大多基于能够预警的自然灾害，或是其他的公共卫生事件与其他的事故灾害。

国务院制定了《特别重大、重大突发公共事件分级标准（试行）》，作为《国家总体应急预案》的附件印发各地、各部门执行。国务院主管部门制定了较大和一般公共危机的分级标准。以上分级标准大多表现在《中华人民共和国防震减灾法》（2008 年修订，以下简称《防震减灾法》）、《生产安全事故报告和调查处理条例》（自 2007 年 6 月 1 日起施行）、《中华人民共和国传染病防治法》（2013 年修订，以下简称《传染病防治法》）等法律法规，以及《国家防汛抗旱应急预案》《国家处置重、特大森林火灾应急预案》《国家地震应急预案》《国家安全生产事故灾难应急预案》《国家核应急预案》《国家处置电网大面积停电事件应急预案》《国家处置城市地铁事故灾难应急预案》《国家突发公共卫生事件应急预案》《全国高致病性禽流感应急预案》《国家大规模群体性事件应急预案》等应急预案中。

（三）公共危机的分期

通过对公共危机的分期，可以将政府及其有关部门的任务分解到不同的阶段中，科学地设置各个阶段的应急管理机制及其具体内容。对于公共危机的分期主要有以下两种分法。

1. 第一种分期方法

综合国际经验并结合中国自身的特点，《突发事件应对法》和《国家突发公共事件总体应急预案》将公共危机的发展过程划分为预防与应急准备、监测与预警、应急处置与救援、事后恢复与重建四个阶段。

（1）酝酿期：预防与应急准备。预防事件的发生是突发事件管理的内在要求。预防与应急准备工作是应对突发事件的基础性工作，做好这一工作，一方面可以避免事件的发生；另一方面，在事件发生以后，应当尽可能避免人员伤亡与更多的财产损失。

（2）爆发期：监测与预警。大部分突发事件的产生均存在苗头，甚至是具有预兆。通过监测与预警工作，①经由科学的分析和判断之后，可以做到早发现、早报告、早预警、早处置，大量的突发事件就可能被消除或者控制在萌芽状态，一般突发事件不至于演变成重大突发事件；②健全的预警制度是做好突发事件应急响应的依据；③面对不可预测的事件演变过程，政府相应做出行为调整并让公众知晓，这不仅是应对突发事件的需要，也是降低管理成本、保护行政相对人权益的措施之一。

（3）缓解期：应急处置与救援。突发事件发生后，首要的任务是进行有效处置，最大限度地减少损害，防止事态扩大和次生、衍生事件的滋生，这就包括采取各类控制性、救助性、保护性、恢复性的应急措施，建立社会各方面的应急协作机制，明确公民的应急责任与义务等。

（4）善后期：事后恢复与重建。在处置工作结束后，争取尽快恢复生产、生活、工作秩序，制订恢复重建计划并修复公共设施，同时还要进行整体的、系统的评估，便于将来从灾难中学习，避免类似事件的发生或者是降低同类事件带来的损失。首先要意识到，应急管理的周期是不断循环的过程，也就是从最初做好预防或是相应的应急准备工作，随即进行预警以及监测，从而做好应急救援，最后进行恢复重建。科学地恢复重建就是最好的预防和准备；实事求是地总结评估，就会提高今后的监测预警和应急处置水平。所以，加强应急管理可以从突发事件的任何一个阶段切入，而不要过分教条地按部就班、循规蹈矩。

2. 第二种分期方法

唐代影响力较大的孙思邈明确提到，疾病包括三种类型："未病""欲病""已病"，并以此为标准将医生分为上医、中医、下医三类。学术界将公共危机的周期看成与人生老病死的生命周期一样，公共危机表面上具有"突发性"，事发突然，出乎预料，但实际上也会经历一个从孕育潜伏、爆发持续到衰减平息的过程，形成完整的生命周期。据此，可将公共危机划分为事前、事中、事后三大阶段。

（1）事前阶段：事件孕育潜伏。事前阶段是公共危机"彻底未发"的常态阶段或"将发未发"的苗头阶段。在此阶段，身体处在"未病"的状态，但各种不利因素已经开始孕育，并显示出一定的预兆或发出了某种警报。在危机孕育潜伏的过程中，身体主体开始出现某些漏洞的预兆，病菌病毒客体已经进入身体主体内，安营扎寨，积蓄力量，找好位置准备对主体发动进攻。

事前阶段的任务，是未病先防，即预防公共危机的发生，也就是防范异态。在此阶段，公共危机应对工作重点是做好预防与应急准备、监测与预警，实现"无急要应"。

（2）事中阶段：事件爆发持续。事中阶段是公共危机已经爆发的僵持阶段。此时病菌病毒蔓延扩散，造成了各种影响和损失，需要管理者采取应急处置措施，以有效控制事态发展，尽可能降低事件造成的危害。在此阶段，身体处在"已病"的状态，疾病已经形成了一定的"气候"，异己力量在身体主体内站稳脚跟，并同主体展开针锋相对的较量，甚至是你死我活的斗争。

事中阶段的任务是既病防变，即防止公共危机升级、恶化，也就是控制事态。在此阶段，公共危机应对工作重点是做好应急处置与救援，实现"有急能应"，以便紧急事件发生时能够从容应对。

（3）事后阶段：事件衰减平息。事后阶段是公共危机衰减平息的善后阶段。在此阶段，身体处在"末病"的状态，大病初愈后逐步康复。经过"已病"阶段，疾病对身体的摧残以及治疗过程对身体机能的消耗，导致整个身体处于极度虚弱的状态，虽然病症已经消失，但余邪仍潜伏在体内。在"末病"阶段，需要固本培元，尽快调理，以恢复到"未病"前完全健康的状态。

事后阶段的任务，是"愈后防复"，即防止公共危机复发，也就是恢复常态。在此阶段，公共危机应对工作重点是做好事后恢复与重建，回归正常生产、生活状态，同时进行整改学习，实现"应后能进"，也就是公共危机应对后能够改进提高，避免类似事件再次发生。

第三节 公共危机管理概述

公共危机管理的基本含义在于对公共危机管理自身的不同界定，这一节内容基于公共危机管理的基本特点、理念、含义、特征等来论述公共危机管理的基本含义，并对其进行合理介绍。

一、公共危机管理的内涵

公关危机管理是指履行管理职能的国家政治机构基于不同因素影响，结合组织运作模式，做好危机预警工作或是建立危机恢复组织体系。对于明确的公共危机管理定义，不同国家的研究学者发表了不一样的看法。

美国现代公共关系之父艾维·李（Ivy Lee）认为危机大多是发生在商业组织开展的活动当中。公共危机管理事件可能愈演愈烈，从而吸引多个行业的人们广泛关注。

美国著名的危机管理专家罗伯特·希斯（Robert Heath）认为：危机管理有几个阶段，即危机发生之前、危机发生之中、危机发生以后的应对。有效的危机管理包括以下几个组成部分：做好危机转移工作或是减少危机带来的影响；提高危机初始管理的地位；改进对危机冲击的反应管理；做好修复管理，可以更好地弱化危机产生的损害。[1]

美国影响力较大的管理专家斯蒂文·芬克（Steven Fink）明确强调：公共危机管理代表了"对组织前途面临的危机，尽可能做好风险防范，避免不确定性因素的影响，以便组织可以更好地了解前途的艺术"。[2]

美国著名的研究学者大卫·斯瓦兹（David Swartz）以及威廉·金特纳（William Gentner）直接明确提到危机管理是指为了化解危机，将风险控制在双方可以承受的区间。

我国研究学者薛澜认为公共危机管理是指："政府在突发危机事件管理过程中，主要是为了提升自身的危机应对能力，以便危机得到有效缓解，稳定社会秩序，此外，提高社会群众对政府的信任度。"[3]

王宏伟认为公共危机管理就是"为了预防与应对各种公共危机，以政府为主导，将政府、企业和第三部门的力量有效组合起来而进行的减缓、准备、响应与恢复活动"。[4]

肖鹏军认为公共危机管理是指："政府与不同社会公共组织采取其他的预警、预防或是恢复等不同举措，避免产生的危机，尽可能减少损失，或是将危机转化，为人民的生命安全提供强有力的保障，为国家安全奠定基础，稳定社会发展。"[5]

---

[1] 罗伯特·希斯. 危机管理[M]. 王成，等译. 北京：中信出版社，2001.
[2] Steven Fink. Crisis Management: Planning for the Invisible[M]. New York: American Management Association，1986.
[3] 闪淳昌，薛澜. 应急管理概论：理论与实践[M]. 2版. 北京：高等教育出版社，1970.
[4] 王宏伟. 公共危机管理概论[M]. 北京：中国人民大学出版社，2016.
[5] 肖鹏军. 公关危机管理导论[M]. 北京：中国人民大学出版社，2006.

通过对上述概念的归纳综合，本书认为公共危机管理是指以政府为最终责任主体的各类组织与个人，通过建立公共危机应对体系，实施危机监测、预防、评估等手段，做好危机化解工作，做好危机防范，为公民生命财产安全提供强有力的保障，稳定社会秩序，保证国家发展活动的正常开展。其内涵如下。

（1）公共危机需要一个动态的管理方式，并非在一个固定模式下进行。虽然在外表看来危机往往都是各种突发现象，但从其根源来讲，不同的危机都是由于长期忽视各种潜在因素，并没有加以有效的管理措施，最终才会让危机爆发出来。因此为了让危机变得更加可控，需要通过建立一整套完善的危机防范措施，并加以实时有效的监管手段，才可以避免危机的出现，或者是避免在危机出现后有进一步扩大的趋势。

（2）公共危机管理强调的是强力和快速有效，最终目的是通过各种不同手段将危机的结果简化到可以控制的范围内。而为了达到这种目的，就必须明白一个道理，危机处理都是跟时间赛跑，只有做好提前预防的各种措施后，才不会在危机来临之际变得束手无策。

（3）如何将危机的根本源头找出，并且作为常态化管理，这是公共危机管理的一个重要点，即便有事前的紧急预警，或者是事中的果断处理，以及事后的经验总结，这些都是为了将源头找出这个终极目的，因此做好常态化的对应管理是明显有必要的。

（4）各级政府是公共危机管理的主体，由于牵涉到不同群体的各种利益，所以在协调不同组织方面，都需要有一个强大且执行力强的政府来牵头，这样才能够化解到来的危急时刻。

二、公共危机管理的特征

（一）不确定性

尽管危机事件的爆发有其必然性，但在何时何地、采取何种方式、达到何种规模、造成何种影响，是有其偶然性的，这种偶然性就是危机事件作为管理对象的不确定性。以美国"9·11事件"为例，由于美国的对外政策及"基地"组织所追求的目标，"基地"组织要在美国制造恐怖事件是必然的。但是"基地"组织是否选择9月11日这一天，是否将五角大楼、世贸大厦和白宫作为撞击目标，是否能够成功劫持飞机，劫持飞机以后是否能够成功撞击目标，撞击目标以后是导致目标全部倒塌还是部分毁坏，世贸大厦倒塌以后有多少人员伤亡等，这些都是带有偶然性的，或者说都是不确定的。

因为管理对象具备的不确定性，使得政府危机管理对于危机严重性、强度大小、规模等无法做出精准预测。如人们对地震的预测，由于地震活动的复杂性，地震机构很难对地震发生的时间、地点、强度做出准确的预测。我国是世界上地震灾害较为严重的国家之一。这些地震，无论任何人、任何机构，都事先无法做出准确的预测。

（二）紧急性

危机管理处置的紧急性代表了危机事件呈现出爆发性很强的特点，对于公共危机管理，首先要做好应急处理，此外，处理事件时间较短。除了一部分灾害事故以外，大多数危机事件都是突然爆发的，无论是美国的"9·11事件"还是俄罗斯莫斯科的劫持人质事件，都要求政府必须在最短的时间内进行处理。因此，公共危机管理处置的应急性意味着政府在发生危机事件以后必须在最短的时间之内做出最优的决策,要承担决策失误可能带来的巨大风险,这样,决策者在决策过程中要承受巨大的心理压力;同时,危机事件发生以后的处理程序也必须紧张而有序。还是以化学事故为例,化学事故发生以后,即便是有一个非常科学、周到的应急处置预案,也还要对当时当地的风向、风力进行测定,然后根据风向、风力确定可能影响的范围,并按此范围进行人员疏散。同时,还要对泄漏或者爆炸地点进行处置。所有这些,都必须在最短的时间内完成,否则就会造成巨大的人员伤亡。

(三) 强制性

公共危机管理以法律和行政手段为主,辅之以经济手段。公共危机管理严格按照基本原则实施,基于国家法律标准。尽管在特殊的时间和紧急情况下,可以采取一些非常的手段,但是,也必须符合紧急状态法律的要求,决不能因为是危急时刻,公共危机管理人员就可以恣意妄为及超越法律。公共危机管理主要依靠行使公共权力进行,而公共权力的行使常常是刚柔相济,强制性和非强制性并行。所谓公共权力的强制性,是指社会成员必须绝对服从的权力,这既是人类社会文明进化的结果,又是公共权力实现对社会进行有效控制的必要条件。所谓公共权力的非强制性,是指通过说明、教化、引导而使之服从的权力。强制性公共权力的价值,主要体现在有能力限制那些非合作的反社会的行为,并保持对全体社会成员所具有的普遍约束力。运用强制性权力,是公共权力主体在公共管理中的主要手段。由于公共危机管理是要应对紧急的、危害性大的事件,因此,强制性公共权力就显得更为重要。公共危机管理者既受到法律的约束,同时又可以用法律作为手段规范和约束管理对象。

企业危机管理主要运用经济手段,辅之以法律手段和行政手段。企业遵循的是市场原则,它主要运用市场规则并通过提高自身的竞争能力趋利避害,克服危机。法律对于企业来说同样重要,但是,法律对企业管理活动的约束主要体现在它的外部制约性方面,企业的经营活动必须符合法律是其盈利的附属物,而不是它的原动力。企业危机管理主要是一种内部管理行为,它的管理行为在法律许可的范围内,更多的是运用经济手段而非行政和法律手段。

(四) 可预防性

正是因为危机事件所引发的危害后果的严重性,才有了危机管理,才有了危机管理的预防性。危机事件结合产生原因,划分为以下两个方面的因素:一是自然因素,二是人为因素,或是两种因素共同导致的公共危机事件。由于人为因素引发的公共危机事件是完全可以预防的,即使发生像美国 "9·11事件" 这样的恐怖袭击,根据美国最新的调查,也是可以预防的,仅仅是由于情报机构自身的原因,才使得这场危机最终得以按照其预定的轨迹爆发;由于自然因素以及两者交互作用而引发的公共危机事件,从理论上来说也是可以预防的,主要取决于预防的程度如何,以及预防的成本如何,还包括预防技术的进步等因素。以对人类造成巨大危害的地震为例,尽管目前人类对地震活动的基本规律尚未完全掌握,但20世纪人类已经对几次7级以上的地震做过非常成功的短期预报,也采取了相应的预防措施,避免了人员伤亡。由于对地震的预测预报工作需要大量的人力、物力、财力的支持,预防工作的成本比较高,同时,也由于在现有预测技术水平下地震预测的有效性不够，因而有的国家将其有限的人力、物力、财力放在抗震设计及地震应急管理上，但这并不表明地震不可预防。危机管理的预防性表明，对危机事件的预防除了理念外，关键在于危机管理的体制及机制，有一个综合管理的体制，有一个运转高效的机制，就能有效地做好危机事件的预防工作。

（五）综合性

危机事件本身是一个综合的、立体的多面体。从其发生阶段来看，有前兆阶段、爆发阶段、持续阶段，一项危机事件常常会引发另外一项甚至多项危机事件，如地震灾害可能会引发火灾、化学事故、核事故等。所以，从纵向来看，危机事件是一条线。基于横向角度而言，危机事件属于一个完整的链条，这也是公共危机管理呈现出综合性的根本原因。

公共危机管理的综合性并不表明所有的公共危机管理事件都必须由一个政府部门来处理，由于危机事件本身的复杂性，事实上这也是不可能的。而公共危机管理的综合性特征需要公共危机管理建立专门的协调机构，通过这一机构做好多个公共危机管理部门关系的协调，以便对危机事件做好危机应对。

（六）非竞争性

公共危机管理针对所有社会群众。社会是由各个不同单位、组织构成的。当公共危机发生时，不同单位、组织具有共同的利益。基于此来看，公共危机管理拥有相对开放化的外部环境，同时这种环境是非竞争的，呈现出相互配合的状态。当公共危机出现的时候，如果组织动员得当，营利的企业组织、非政府组织、各种政治派别、国内外人士、普通民众都会积极参与危机管理，共同应对危机，共渡难关。从这个意义上看，公共危机管理的主体是多元的，而企业危机管理的主体是单一的。

三、公共危机管理的原则与理念

公共危机事件类型较为多样化，会造成巨大危害。另外，所有自然灾害事故或是人为事故的发生都分为不同阶段，不同阶段所呈现出的特点也不相同。在应对危机过程中应遵循以下几项基本原则。

（一）遵守"第一时间"的原则，树立"效率优先"的理念

由于公共危机本身具有各种不可预测性，因此很多时候甚至都无明显的先例可以作为参考，而且加之各种信息不够全面，也会导致人们对于危机的了解不够明晰，这就很容易酿成不可预测性的后果。而在危机发生的第一时间，作为危机管理的主体，政府部门就一定要在第一时间向有关的组织或者个人进行有效传达，并且在危机现场做好控制的准备。此外在危机管理问题上，政府部门同时还应当在社会持续的维稳工作，让整个危机事件不会对整个社会秩序产生更进一步的影响，这一点上需要政府部门保持消息渠道畅通，且具有较强的危机意识。而在危机发生之后，为了能够快速将事件的影响控制在最小范围内，就需要政府部门在平日里组织好人手，以便在危机来临时做出有力的应对。而在日常的危机预防当中，更应该选择细水长流的方式，用逐渐深化的办法，让群众的预防意识得到足够的提升，这样在危机来临之际，也不会轻易造成社会恐慌。而对于如何有针对性地处理

危机，此时就不能采取妇人之仁的态度，只可以采取"泰山压顶"的态度，将危机当中的主要矛盾进行处理，进而让危机出现进一步分化的可能，否则整个危机的事态就非常容易一溃千里。

再结合世界各国的经验来看，大部分国家都拥有一支装备精良的特殊部队，且该部队的各种配属都十分专业化，这种方式也可以让部队的专业化跟效率化有着明显提升，避免出现"人海战术"。

（二）遵守"生命第一"的原则，树立"以人为本"的理念

对于危急事件的应对，首先要保障人们的生活条件，同时还要做好抢救生命的工作，这也是处理危机进行后续救援工作的关键。基于此来看，应当为受灾人员安全提供强有力的保障，以保障他们的安全。此外，还要对突发事件应急工作者生命提供更好的保护。

人的生命权是人与生俱来的权利，对人的生命权的尊重是人类社会的一条基本公理，也是"以人为本"思想的原初意义。除了对人的生命权的尊重外，"以人为本"还意味着尊重所有人的发展权。社会发展应该是以最大限度地满足人的合理愿望，提高人的生命质量、生活质量为指向。在现代社会，由于残疾人、社会弱势群体相对于健康人、社会强势群体而言，他们的生存与发展以及他们的生命质量与生活质量已经不在同一起跑线上，因而，对残疾人、社会弱势群体利益的关注，对其生命质量与生活质量的关注，已经成为"以人为本"内容的基本体现。公共危机管理直接树立了"以人为本"的发展理念。因为危机事件常常会给人的生命、财产带来危害，遵循"以人为本"理念就是要做好预控、预防工作，尽量防止危机事件的发生，以保护公民的人身安全和财产安全。当危机事件发生后，就是要通过应急处理行动，最大限度地保护、挽救大多数人的生命安全，哪怕付出巨大的代价也在所不惜。

（三）遵守"分级管理"的原则，树立"统一指挥"的理念

危机爆发以后，社会秩序混乱，人们的心理严重失衡。控制局势、稳定人心、协调救治行动离不开权威机构、权威人士的及时介入和权威信息的及时发布、权威决策的及时出台，不可在报告、请示、等待甚至公文传递过程中耽误时间。从现如今的政府科层体制来看，基层政府作为最开始介入的主体，需要承担危机控制的职责。在初级阶段，还需要提交上级，由上级部门做出后续决定并予以执行。

分级管理有两层含义：一是对危机本身的分级管理，即按照战争、恐怖事件、动乱等灾害程度的不同分为不同等级；二是按照行政管理等级进行划分，有中央和地方政府不同层次的管理。政府危机管理对象划分为不同的危险等级，其目的不是厚此薄彼，不是重战争危机管理而轻灾害危机管理，而是根据不同的管理对象，设定不同的管理部门，按照不同的警戒等级进行管理。实际上，战争危机管理毕竟是暂时的、阶段性的，而不是日常的，日常的公共危机管理对象更多的是灾害危机，因而灾害危机管理更能体现政府危机管理的水平和能力。同时，还应该看到，不同的危险等级所对应的不同的警戒等级也不是绝对的，不同的危险等级可能会对应相同的警戒等级。如战争危机（最危险级）管理中局部动员的警戒等级可能与灾害危机管理中地区动员的警戒等级是相同的。结合政府行政管理等级标准来看，公共危机管理包括几个组成部分，即中央和地方。一般而言，按照时间的先后顺

序，应该是先有地方政府危机管理，后有中央政府危机管理；先有层次比较低的地方政府危机管理，后有层次比较高的地方政府危机管理。当然，这里有一个前提，那就是前者无法处理，需要后者支援。

（四）遵守"及时沟通"的原则，树立"协调一致"的理念

对于普通大众来说，危机的出现会让他们生活的各个方面都产生变化，同时即使是普通人，他也有权了解危机的真相是什么。此时的政府部门作为危机管理的主体方面，通过快速而有效的信息渠道，将危机的各项信息都准确无误地传达到群众当中去，这种做法不仅可以在民众当中展现出诚信、负责的态度，而且在危机后续的管理措施当中还可以减少许多不必要的控制成本。

首先，由于危机管理的具体参与者来自完全不相同的政府职能机构，比如交通、医疗、食品、物资支援、信息发布等，因此如何对不同的群体采取有效的沟通措施显得非常有必要。其次，由于突发事件明显的不可回避性与危机应对管理的紧迫性，也非常需要不同部门在一个行之有效的体系下展开良好的运作，这样才能发挥出应有的效应，避免危机造成更大的损失。根据国外同行的经验分析，首先在危机现场应当由当地警察治安部门开展现场协调工作，而作为整体危机事件的协调人则是上级的主管部门。

以美国为例，前期大部分是由联邦调查局牵头，而危机到了后期需要协同工作时，则是由联邦紧急事务管理部门来协调。而在部分跟国家利益密切相关的涉外事件、大规模危机方面，则大部分需要政府首脑在更高层开展统一协调工作，并以此来保证危机期间各种资源都可以被有效利用，并最终让危机能够平安度过。

（五）遵守"以防为主"的原则，树立"最小损失"的理念

将危机的预防、预控、预警、监测等全部当作公共危机管理的重要组成部分。危机事件是可以预防的，无论是由人为原因引起的危机事件还是由于自然原因引起的危机事件。公共危机管理必须坚持"以防为主"的原则，将可能发生的危机事件控制在萌芽状态，将无法控制的危机事件的损失，尤其是对人的生命安全的危害减轻到最低程度。"以防为主"意味着两层含义：一是做好疫情预测，进行全方位预警，加强防控避免危急事件；二是做好预防，尽可能减少危机事件带来的严重损失。因而，"以防为主"并不是说一定要将危机事件完全防止，对无法防止的危机事件，采取预防措施使其损失减轻至最低程度，也是属于"防"的内容。因此，这里的"防"是"预防"，而不是"防止"的意思。"以防为主"的原则对由于人为因素引起的危机事件具有特别重要的意义。无论是战争危机、恐怖危机、社会骚乱危机，还是由于人为因素引起的灾害危机，只要我们能够注意从源头上消灭引发这类危机的根源，合理疏导、解决社会生活中出现的种种问题，增强危机意识，强化安全管理责任机制，就能最大限度地减少各种危机事件的发生。

（六）遵守"决策果断"的原则，树立"科学有序"的理念

由于危机决策具有临时性，因此有两个过程需要注意：第一是决策方式从平时的"一人一票"模式转化为"权威决策"，这主要是由于突发事件的突然性会让决策者没有更多事件来考虑，往往拖得越久，所付出的代价也就越大，因此为了尽可能减少社会代价，也

只能采取这种模式。同时这种模式也需要一个前提，就是所有提供重要咨询意见以及拍板决定的人都要能够承担责任。第二是当危机来临后，决策者必须完成角色的改变，从维护利益转化成拯救生命，平时大家都是因为共同的利益联系在一起，而当危机来临后，如何拯救生命就成为更重要的目的。通过上述两点分析得知，在面对危机时，任何领导都会突然面临成倍的决策困难，但在这个时候，必须学会如何找准主要交集矛盾，并以民众的利益为出发点，同时还必须做出轻重缓急的分类，将重要的优先级放在首要位置，这样才能让群众的利益得到最大的保证，同时也会让负面影响减少至最低。

总结下来，当需要进行危机管理时，必须做好足够的心理准备以及思想认知，任何开小差的行为都会让危机的负面影响快速扩大，而且想要降低这种影响的措施，往往都会事与愿违。

第四节　学习公共危机管理的意义

进入 21 世纪后，公共危机逐渐表现出常态性，严重威胁着人类的生命财产安全和社会稳定。学界对于公共危机的研究也在一次次危机管理的实践中不断发展并丰富，形成了如今较为成熟的学科体系。公共危机的发展形态日渐多元化，这也意味着危机的复杂性将日渐提高，学习和研究公共危机管理无论是对于当前阶段还是未来都具有重要的意义。

首先，对于公共危机管理知识的学习，可在很大程度上提升政府对危机事件的处理水平。当代危机冲突理论认为，没有一个社会系统是整合得十分完美的，包括群体性突发事件在内的社会系统中的冲突是普遍存在的，它随时存在、随时发生。因此，有效地处理危机，维护社会秩序，是任何一国政府都不可避免而需要正视的重要问题，也是政府的首要职责和必备的行政能力之一。对政府而言，应对公共危机管理做好进一步的研究，并探索采取更好的危机应对对策。基于此，对于公共危机管理的研究，在很大程度上满足了政府对于处理危机事件的需求。

其次，对于公共危机管理知识的学习，在很大程度上提升了政府的形象与公信力。政府扮演公共事务管理者的角色，在应对突发性危机事件过程中应承担好自身的义务。对于危机事件处理效果反映了政府治理效果，决定了政府的内在形象与公信力。与此同时，在全球一体化和开放的背景下，世界已经成为一个"地球村"，信息技术的发展和传播手段的多元化都对现有各国独立的政府危机管理职能提出严峻挑战，直接关系到一国的国际形象。其实危机也为政府提供了许多有利的机会，除了在危机发生前及发展中通过给政府提供了采取预防和控制等正面、积极措施的机会来显示能力，树立良好的形象，提高公众对政府的信任度和支持度外，危机的发生往往会暴露现有制度和机制的不足之处，政府可以从危机处理中吸取教训，找到自身的弱点和不足，并尽快加以改善，从而使政府的执政能力进一步提高，政权也更加稳固。

最后，对于公共危机管理知识的学习与社会的可持续发展息息相关。随着各国或各地区之间相互关系的增强和相互依存度的大大提高，一旦危机在某一个区域爆发，就有可能产生多米诺骨牌式的连锁反应。一国所发生的危机事件很可能造成对于全球经济、政治等方面的连带性冲击，产生"涟漪反应"或"连锁反应"。这不仅大大增加了区域风险和危机的来源，也加速了风险和危机的"蝴蝶效应"，扩大了风险与危机的破坏强度和潜在后果。危机局势对社会稳定构成最直接的威胁，危机事件的处理对政府组织的管理能力和效力也带来了全面的考察与综合鉴定。它不只是政府的发展战略，也属于政府日常管理不可缺少的一部分。应对这些危机事件不仅关系到个别事件处理的成败，更是关系到如何真正地实现国家的长治久安。如果政府不能有效地防范和控制危机的发生，或是及时摆脱危机所带来的困境，那么政府将失去社会发展目标实现的基础条件。基于这一时代背景来看，对于公共危机管理的分析与人们幸福指数相关，与国家政治、社会经济可持续发展存在较大关联性。

因此，学习与研究公共危机管理能够防止社会出现系统性风险。现代社会的相互依存度越来越高，关联性越来越强，必须加强公共危机管理，提高危机意识，缩减危机的影响和范围，防止社会出现系统性风险。

本章小结

本章绪论共分为三节内容：第一节讲述了公共危机管理的发展，首先介绍了西方一些国家的危机管理研究，其次阐述了我国危机管理研究的现状和发展阶段；第二节讲述了公共危机管理的含义，包括了公共危机管理的内涵、特征以及原则和理念；第三节学习了公共危机管理的意义，以便大家可以意识到公共危机管理的作用，并进行合理应用。

思 考 题

1. 简述公共危机的含义和特点。
2. 我国公共危机管理的实际情况是怎样的？
3. 简述公共危机管理的定义。
4. 请简要介绍公共危机的类型、等级与分期。
5. 简述公共危机管理的特征。
6. 公共危机管理的基本理念与重要原则是什么？
7. 为什么要学习公共危机管理？

第二章 公共危机管理的基本理论

学习目标

- 了解公共危机管理的基本理论。
- 掌握政治主义理论和工具主义理论的基本内容。
- 掌握正常事件和社会冲突理论,以及风险社会理论的基本内容。

关键词

政治主义理论　　工具主义理论　　正常事件理论　　社会冲突理论　　风险社会理论
安全阀理论

案例导入

美国次贷危机[1]

从2006年春季开始,美国次贷危机就开始出现了。2007年8月,美国次级抵押贷款的危机在全球各大金融市场如美国、欧盟、日本等地肆虐。继美国次级抵押贷款危机后,由于投资者对抵押债券的价格丧失了信心,导致了流动性危机。虽然许多国家的央行在金融市场上投入了大量资金,但这并不能阻止这场危机的扩散。

在接下来的一个月里,也就是2007年9月,情况最终演变为一场全面的金融危机,美国的金融危机席卷了整个美国,雷曼兄弟、美林被收购,AIG濒临倒闭,全国各地将近200家银行相继倒闭。同时,美国的经济也出现了低迷,房地产市场、股票市场、实体经济开始衰退,失业率上升,这让美国陷入了巨大的经济危机之中。在美国金融危机的影响下,欧洲、亚洲以及其他地区的经济都发生了一系列的衰退,美国的金融危机以一种无法遏制的速度蔓延到了全世界,它给全球经济、金融带来了严重的影响,并带来了严重的经济损失。源于华尔街的金融风暴,极大地冲击着美国的实体经济,汽车厂商申请破产保护,爆出了世界历史上最大的制造业企业破产案。不仅如此,在经济全球化、经济金融化和金融自由化背景下,华尔街金融风暴还席卷欧洲,蔓延世界,各国金融机构遭遇威胁,股市大跌,经济下滑,远在大西洋彼岸的冰岛甚至陷入了国家财政破产的窘迫境地。

2007年的金融危机最直接的根源是美国的次级房贷危机,而美国的金融业却因为贪婪而制造了大量的金融衍生产品,这些产品根本无法兑现。美国金融界在20世纪60年代发明了房屋按揭证券化。按揭是由商业银行发放,从银行中贷出的,银行必须要不断地吸纳更多的资金,这样才能获得更多的资金。但后来,随着通货膨胀的加剧,美国人开始从

---

[1] 梁馨月,张西林.美国次贷危机的原因及对我国经济发展的启示[J].市场周刊,2020(4):126-127.

银行里拿出更多的钱,这就造成了银行的现金短缺。如果一个大的金融机构无法偿还债务,那么很多的金融机构都会陷入困境,这是一场金融危机。

次贷危机的一个主要原因是缺乏监管,导致了虚拟经济的泡沫。在房地产抵押贷款、资产证券化、资产经营等诸多领域中,不断涌现出大量的金融创新工具,这些工具助长了虚拟经济的自我循环与扩张,制造了一种虚假的繁荣,并最终导致了巨大的风险。在这场金融危机之后,美国等发达国家意识到不能单纯依靠金融创新和信用消费来拉动经济,"再工业化"和"回归"作为调整经济模式和重建竞争优势的战略方向,已开始关注国内工业特别是先进制造业。这就是"虚拟经济"的"双刃剑"的有力佐证。在现实的经济发展需要下,适度的虚拟经济能够为资金融通、信息传递和市场定价提供独特的功能。反之,一旦"空转"于实体经济之外,则会产生资产泡沫,导致资源配置失衡,导致经济系统的相对价格关系错位,从而加快实体产业的"空心化"。因此必须要以实体经济为基础,以满足实体经济的需求为基本出发点和归宿。

思考题:
如何用风险社会理论来看待美国金融次贷危机?

社会危机的发生通常具有突发性和不确定性的特点。公共危机之所以成为危机,是因为其出现会破坏公共安全,严重的会影响社会安定。因此,人类社会一直十分关注公共危机问题,理论界也对公共危机问题给予了充分关注,不仅进行描述性研究,而且进行了大量的分析性研究。

较早产生的一个学说是工具主义理论,它主要来源于主流社会。随后,与工具主义相对应的"表意主义"理论应运而生,也称政治主义理论。为了更好地理解公共危机,社会科学家结合实际进行了更加系统的相关研究,形成了其他一些影响深远的理论,正常事件理论、社会冲突理论和风险社会理论就是公共危机管理理论的代表。

第一节 政治主义理论

政治主义理论和工具主义理论相比,又可称为表意主义理论,对工具主义的功能主义、工具主义假说提出了质疑,认为公共危机的治理实质上是一种"意图",具有"人为"的社会幻觉。

政治主义理论主要是从社会学、政治学、管理学等多个学科视角来探讨社会危机。因此,在实际剖析中,这一理论指出,公共危机的出现不能被简单地认为是单纯意义上的危机事件,它的发生应被理解成是与国家现行政策、法规的缺陷密切联系的。所以,当危机事件发生后,相关组织可以以此为借口进行相关方面的政治运作,从而达到自己的一些政治目的。但应该指出的是,这些政治运作是中性的。它可能是一次革除弊端、创立新制的良性政治活动,也可能是一次恶性活动,因此,政府应该尽量规避上述恶性活动的出现,在危机出现之后主动地启动相应的社会修复机制,修正制度、完善管理,以推动社会变迁。另外,视危机事件大小、性质等的不同,政治运作人的程度及其产生的后果会有很大的不同。

一、政治主义理论下公共危机管理的解释

政治主义理论被认为是研究者提供了一个管理公共危机的新视角,因为政治主义理论认为公共危机不仅是负面事件或有害威胁,而且是"良性危机",在某些方面是政策干预和行动的良机。所以,无论从基本假设上看,还是从核心思想上看,政治主义理论都有其独特的认识价值和现实意义。

(一)政治主义理论的假设

政治主义理论是在批判以往相关理论的基础上建立起它的理论框架的。众所周知,现代公共危机管理研究的思路大多数来源于工具主义等理论的指导,其特点是具有强烈的管理色彩。这类理论对公共危机管理进行研究的基本目的,往往是为管理人员科学处置危机事件服务的,它们只是试图揭示在危机事件管理中命令、控制、沟通和情报等各个模式的状况,从而能够使其研究具有现实的管理实用价值。但是,从另一个角度讲,这些理论往往存在着这样或那样的缺陷和问题。例如,仅仅强调管理,这就意味着忽略了在社会政治范式里如何对危机事件进行科学认定问题;此外,这些相关理论还隐含着定位的偏向,意味着将公共危机管理理解成坏事,将管理策略认定成是为了仅仅处置事件本身。

(二)基本观点

政治主义理论对公共危机管理进行了重新界定,形成了与其他相关理论不同的认识,其主要观点如下。

(1)公共危机属于认知范畴。对公共危机而言,受到充分影响的、足够数量的个人和群体必须了解其所处环境的基本情况及随之而出现的相关变化。

(2)公共危机的起因无论是什么,它总是包含着许多不同层面上的冲突。这既包括个人之间出现的认知冲突,也包括不同组织、不同群体之间出现的利益冲突。总之,一方面,在社会生活中,熟悉的、一般的信仰支撑着现存社会的正常秩序;另一方面,难以预料的社会其他因素和信息不断地冲击着这一稳定秩序。相关学者在对这一普遍现象进行分析认识的基础上,从社会、政治角度对危机事件进行了相应框定,进而提出危机事件的出现从某种程度上讲是社会因子相互冲突造成的。

(3)公共危机管理属于情感范畴。公共危机的发生会不可避免地给社会带来物质损失、人员伤亡及其他不良后果。事件受害人会因危机的出现而产生大量的心理不稳定情况。某些学者就曾经把公共危机定义为一种集体压力情境。当危机被公开处理时,个人心理上的脆弱性和恐惧被强调和加强,危机受害者的自尊和自我认同被削弱了。

(4)公共危机管理具有去合法化成分。公共危机管理实际上是一个动态的过程,是一个去合法化和再合法化的过程。它的具体阶段为:糟糕的社会经济表现→增强政治敌对→现政府难以维持→更深入地包括反政府和反体制的敌对行为→危机因素聚集从而爆发危机事件。从微观层面上看,觉醒的危机事件受害者会对相关管理人员的合法性产生怀疑,采取不信任、不合作的态度,导致去合法化过程的发生。但是,这里需要指出的是,由于这些受害者往往处在社会的中、下层,所以,他们能够与政府进行平等沟通的机会很少,也就是说,他们与相关管理人员之间会形成明显的信息不对称局面。这样导致的

后果便是，危机事件受害者可能会在没有了解危机发生真相的情况下，就采取了某些过激行为。

（5）在深刻的不确定性、观念冲突、集体紧张或外部的不合法化的情况下，社会危机的出现为改变相关规则提供了机会。从这一层意义上讲，当"决策者"确实感受到危机威胁时，其他组织可能会有相反的想法。也就是说，对"决策者"而言是危机，但对其他组织而言是时机，在许多公共危机管理的案例中证明了这一看法的正确性。一方面，"决策者"并没有认识到危机事件的严重性，没有主动进行相应的社会革新工作。此时，社会中的利益集团就会通过某些渠道进行相关的斗争，赢得革除弊端的主动权。另一方面，"决策者"即使认识到公共危机带来的威胁，同时也认识到应该利用这一机会推动社会变迁，但在旧秩序的去合法化过程中，那些隐藏在新秩序后面的人同样会借此走向社会前台，吸引社会公众支持他们所倡导的"改善"旧秩序的措施，因为没有谁会放弃实现自身政治利益的机会。总之，公共危机的发生会为新政策的制定带来某些契机。例如，近些年频发的矿难危机就催生了国家相关安全防范政策的出台。这些新政策会抛弃那些旧有的过时法规、政治模式，从而更深地触及那些通常难以想象的决策权力。因此，管理当局应该适时地把握住这一主导权，进而控制社会稳定，避免新危机的出现。

二、政治主义理论视角下的公共危机管理

政治主义理论重新定义了公共危机管理，确定了分析公共危机管理模式的五个基本维度。①了解控制，即"管理"有关事件的认知意象；②减少冲突，即重新排列社会系统内相互矛盾的因子；③控制情感，即"管理"需要呵护公共危机管理后个人和集体的焦躁情感；④去合法化并再合法化，即重建一些新的能够平衡和共同支持社会和政治秩序的新模式；⑤识别和开发机会，无论从眼前还是从长远来看，每次公共危机管理的发生都为某些个人或组织提供一次机会。这些个人或组织有必要利用这一机会。

以上这五个方面密切相关，缺一不可。其中，既颇具争议又相当重要的方面是再合法化和危机机会开发。其他三个方面则可以看作是实现这两个重要目标的工具。从政治主义理论的角度来看，有关人员可以采取一些具体的符号策略来操纵以上这五个方面。在这些策略中，有的主要从属于认知层面，有的则明显指向情感应激管理或社会政治冲突的减少。

第二节 工具主义理论

工具主义的观点是从管理学视角对公共危机进行科学的管理。然而，这并不意味着工具主义理论对危机事件的认识无话可说，而是说如何认识事件并不是这一理论的重点，怎样更好地处置危机才是它的核心，认识是为处置服务的。

根据工具主义理论，公共危机管理是一种动态的、非程序性的决策与执行过程。所以，它摒弃和颠覆了原来那种在危机事件发生才进行应对的方法，提出了细化分类事件系统后，有针对性地进行全面管理处置的新思路。也就是说，工具主义理论把原来那种事后被动响应的做法转化成了对事前、事中和事后进行全面管理的做法，以此拓宽危机事件处置管理

事中和事后进行全面管理的做法，从而增加处置危机事件的成功率。这一理论的逻辑起点是对事件系统管理过程（即事前、事中和事后）的分析研究。学者们对这一过程的研究可以概括为可行性研究和有效性研究。前者侧重分析管理过程各个阶段所面临的危机挑战、各个阶段间的危机转化情况以及如何对此进行科学应对问题，后者则主要是在讨论管理各阶段因处置力度不当而可能出现的危机事件恶化问题。

一、工具主义理论面对危机事件的新理解

工具主义理论在其他相关理论（如政治主义理论）认识公共危机的基础上，更深层次地阐明了危机事件发生后可能酿成新的危机事件的思想，从另一个角度加深了对危机事件的认识。这一理论主要是从三个方面进行论述的，其主要分析如下。

第一，公共危机管理的对策。从某种意义上讲，应对危机事件过程本身就可以被认为是一次潜在的危机事件，因为在处置危机事件的过程中存在着很多危险因素，这些因素都可能激化成新的危机。所以，有的学者就指出，只要危机出现，那么新的威胁就会无处不在、无时不在。这些威胁因素既可能来源于危机事件本身的内在恶化情况，又可能来源于危机事件相关人员的表现情况。从整体上看，这两者中的哪一方出现纰漏，都有可能带来意想不到的恶果。所以，在公共危机管理的处置过程中，相关人员必须要注意这一危机观思想，并能从危机事件的内倾向发展与管理的外在性应对中发现问题的症结所在，进而采取综合的政策措施，预防这两者交相作用引发其他的意外事故。

第二，公共危机管理的信息。有效信息的不足或错误信息的蔓延，尤其在危机事件发生后的短时间内缺乏翔实的资料和信息，是造成危机事件恶化的重要原因。因此，无论什么样的公共危机管理，危机信息的告知必须翔实、真实和及时。这就要求相关人员在日常工作中能够充分认识到信息在公共危机管理处置中的重要作用。在事前预警、事件发生和事后处置的整个过程中建立起一套科学有效的信息管理系统。

第三，公共危机管理的时间。时间紧迫是所有应急处置面临的普遍问题。当然，时间压力会因危机事件情况的不同而不同。一方面，如台风的来临、核辐射或跨国河流污染之类的危机事件，它们的威胁是逐步形成的，管理人员可以有一定时间来启动相关预案，发布真实信息，形成具体决策，最后积极应对；另一方面，如酒店火灾、交通事故之类直接威胁人民生命和财产安全的危急事件，则需要立即现场响应，在极短的时间内采取相关的应对措施。

二、工具主义理论视角下的公共危机管理

工具主义理论视角下的公共危机管理是指有关各方在事件发生的前后控制行为的全过程。在理想状态下，不同的管理阶段和相应的活动应彼此协调，从而使相关人员能够通过对四个阶段的综合性管理及科学地进行公共危机管理，最大限度地降低其消极作用，最后采取尽可能多的手段来使社会尽快正常运行起来。

（一）管理系统的可行性研究

（1）不同的阶段意味着不同的挑战。公共危机管理需要采取与常规管理不同的方法、技能和策略，从而能够让相关管理人员产生深刻的危机意识，关注公共危机管理导致的不

良后果，也能让相关人员在事前花费一定财力和物力减少危机事件的发生概率，而不是在发生危机事件时仓促做出应对策略。也就是说，在整个公共危机管理的处置过程中，不同的管理人员在不同阶段必须要各司其职，发挥出自己应有的作用。危机事件管理过程中，管理者和管理行动的多样性，激发了研究人员对此进行理论探索的兴趣。经过反复研究和论证，中程理论应运而生。中程理论主要研究公共危机管理的特定层面。关注的对象包括危机事件反应的结构化、决策咨询问题、事件的阐释过程以及由危机事件引出的政策学习等方面。

（2）在什么程度上拓展公平、综合的管理。传统公共危机管理哲学具有明显的不完全性和片面性，存在两种缺陷。一方面，集中关注某些非常有限的、似是而非的破坏性事件；另一方面，关注公共危机的预防。因此，传统理论哲学错误地认为，没有必要对公共危机管理各阶段都投入必要的财力和物力。在相对平和的时期，很多人不会认识到研究公共危机管理的重要性，所以，也不会把它搬上决策日程并进行重点研讨，甚至许多高级决策人员不愿意面对它。因此，他们也不会参加关乎此类的模拟演练。例如，第二次世界大战后，美国总统实际上都没兴趣参与涉及核指挥和核控制的演习。

（3）管理职能分级与转换机理。从理论角度讲，相关学者对公共危机管理各个阶段的研究已经相当成熟，但在实践中，公共危机管理却很难发挥应有的作用。从某种意义上讲，这与危机事件本身的性质有很大的关联性。危机事件有很强的突变性和不可确定性。一旦危机事件发生，很难预料危机事件下一步的进展情况。因此，如果公共危机管理应急响应程序启动，而事件却偃旗息鼓，暂时不向更坏的方向发展，那就很难做出是继续执行响应程序还是中止它的决策。因此，公共危机管理的主要问题是如何确定一个阶段向另一个阶段的转折点，以及如何实现管理者在不同阶段之间进行平滑的调整与转换。在许多案例中，不同阶段或连续出现或同时出现。例如，美国"9·11事件"发生后，纽约当局在紧急搜寻受害者后，一面要满足受害者的物质需要，一面要满足他们的心理需求。

（二）管理系统的有效性研究

有些学者曾经对不当准备和不当响应的消极后果进行过研究。认为准备不当会增加管理的风险；而不当响应会扩大公共危机管理的不良影响。公共危机管理的任何一阶段表现得不充分，都会出现意外后果，造成不必要的损失。四个管理阶段中一些比较常见的缺陷如下。

1. 公共危机管理预防中的缺陷

公共危机管理预防阶段主要有三方面的缺陷。

第一，片面地认为应急资源是充足的。实际上，包括政府官员在内的很多人都没有认识到自己的国家或地区正处在危机高发时期，因此他们是不会选择对公共危机管理的预防进行投资的；而某些国家或地区的政府官员即使认识到自己正处在危机高发时期，他们也不会对公共危机管理的预防进行投资，因为他们认为危机遥遥无期，看不见摸不着，投资是没有必要的。所以在这两种情况下，由于预防措施的不得力，公共危机管理出现的频率就很容易上升。

第二，只关注当地的问题，重大的风险和特定的事件。相关人员，往往只从自己的利益出发，缺少大局观念，很少会以跨地区合作的姿态采取综合的高技术措施来预防危机事件。因为这样做既要解决沟通问题，又会增加预防成本，并且很难确定自己的投资最后是否得到应有的回报。而在实践检验中，显然从宏观层面出发，运用综合的人防、技防和物防的方式更符合现实的要求。所以，增强整体意识，运用高技术手段，这样不仅会提高危机事件出现时的适应能力，同时也会提高应对处置危机事件的能力。

第三，预防的模糊性。预防的模糊性指的是预防措施不够精确，针对性弱，对于不同类型危机事件的预防有待进一步细化。我们所倡导的预防理念是形成更加科学的"一对一"模式（即一种预防措施对应一种危机事件）。

2. 公共危机管理准备中的缺陷

第一，在紧急情况下的紧急处理方案在操作上往往会考虑到安全性，并尝试将所有可能发生的危险都包括在内，这显然是不可能的，也是不科学的。所以，尽管规划者和管理当局认为相关准备措施已经够充分了，但他们还是会多次面对一些从未发生的公共危机管理。

第二，完备的公共危机管理应急预案，有时将促进而非减缓大量涌现的失控危机事件。这是因为危机事件发生后，相关人员可能会被准备好的规划所束缚，试图将这些规划中的做法和项目落实到实践中去，从而犯了纸上谈兵的错误，不能够因事而异，根据危机事件的发展情况变通原来的规划。

第三，日常计划和准备工作，特别是一些紧急情况的仿真训练，在紧急情况下并不能起到很好的应对效果。因为，这些准备计划往往建立在常规训练的基础之上，而真正的危机事件则是反常规的。所以，由于缺乏真正的危机事件现场，缺乏真正的相关情景，预案的演练往往与真实的危机事件不一致，从而使得人们怀疑这些演练的效果。而在实际生活中，有些演练更是走走过场，敷衍上级检查，而不是真正为了应对危急事件做准备。

第四，预案和预备措施可能会变成政治游戏的一部分，成为某些政客取得政治资本的载体。政客们抓住公众对危机事件的关注心理，在某些时候、某些地方加大对危机事件的准备力度，这尤其表现在那些看得见的预防设施建设上。但由于这些准备设施往往没有经过周密而科学的论证，它们是被当作政治工具来使用的，所以实践表明这些预防设施一般没有任何实际意义，或者说意义不大。

3. 公共危机管理反应中的缺陷

众所周知，公共危机管理的处置是一个动态的、复杂的、非程序化的管理过程，所以公共危机管理反应中存在应对争论问题就是理所当然的事了。但是，无休止的争论往往无助于危机事件的尽快处置，相反，这些无效努力很可能对危机事件的处置起到负面作用。

第一，公共危机管理的反应措施，会因不符合某些人的想法而受到广泛的怀疑。相关决策者很可能因为不适应这样的批评环境，再鉴于危机事件本身的不确定性和模糊性等特征的存在，从而放弃原来的反应措施。最后，使得公共危机管理反应转向公共危机管理的反面，决策者不是将危机科学地解决掉，而是让危机处置出现失控情况。总之，公共危机管理决策往往是在群体讨论争执的情况下进行的，参加者受自己知识结构的限制和对危机情境的不同理解，最后很难达成协调一致的相应决策和措施。

第二，即使响应政策能够达成一致，具体的组织行动有可能也是无效的。一方面，可能是因为我们所贯彻的响应行为违背了政策制定的初衷，或者对政策贯彻不力，最后造成了妨碍正常危机处置进程的恶果。例如，我们所熟知的"豆腐渣"工程，这些工程就是执行相关政策出现偏差的例证。另一方面，可能是因为响应政策本身的科学性就值得商榷，或者说政策本身就是不科学的。因此在日常行动中，我们越贯彻后果越严重。例如，荷兰为应对1995年的洪水灾害，当局决定强制迁移25万人，这一决策刚一出台就遭到抵制。批评者强调，迁移人口的花费远远超过了洪水可能造成的损失，而且仅有部分地区会遭受到洪水的破坏，根本不需要迁移如此多的人数。

4. 公共危机管理恢复中的缺陷

公共危机管理处置完结后，恢复工作不仅仅是通常理解的回归原来的社会面貌，而是涉及更复杂的内容。

第一，由于缺乏科学的规划，或者因为公众对某些部门的表现已经丧失信心，那么，危机事件处置完结后，相关人员即使想急于恢复社会的正常状态，但由于上述原因的存在，恢复工作很可能会难以开展。换句话说，即使恢复工作如期进行，其效果也不会很理想，尤其是大的自然灾害或严重恐怖主义所带来的集体损害，相关人员想尽快对它们进行恢复的想法很可能会成为一纸空谈。

第二，恢复工作如果不能够考虑各方面的因素，则很容易酿成新的危机事件。从而形成处置完毕后又释放紧张，以致再起冲突的恶性循环局面。

第三节 正常事件、社会冲突和安全阀理论

正常事件理论和社会冲突理论是近些年来学术界出现的分析危机事件原因的重要理论。这两种理论都借助了政治学、管理学等社会科学的最新研究成果。

一、正常事件理论

作为对公共危机管理成因的典型事件学，其核心内容是对快速发展的高科技体系进行研究。高科技体系是指在社会上拥有高科技、高结构（例如大的化学公司）的系统。总体上讲，正常事件理论是从分析复杂系统结构本身入手来科学解释危机事件为何出现，进而在全面分析系统构件基础上找到合理预防危机事件发生的方法。该理论的中心思想在于揭示了复杂体系的两个特征：复杂的交互和密切的联系。实践证明，正是系统这两个特性的存在，才让我们了解到在复杂系统中危机事件为何会出现并可能持续恶化的原因。随着研究的不断深入，学者对正常事件理论进行了扩展。他们注意到，这种理论与高科技体系相适应，也可以用于分析诸如大型运动竞赛这样的复杂社会体系。最后，对正常事件理论有针对性地提出了预防此类系统发生危机事件的措施：科学合理地安排系统各构件间的空间位置，尽量减弱构件间彼此维系的复杂程度，使得构件之间既能相互关联又能良性运行，从而保障整个系统的正常工作。

（一）高技术系统分析

美国社会学家查尔斯·佩罗在分析研究当前大量危机事件案例的基础上发现：当今社会，许多突发的公共危机事件都与制度本身存在的问题密切相关。换句话说，系统自身的问题是造成这场危机的一个主要因素，这种分析对高科技的大型系统尤为有效。所以，查尔斯·佩罗基于上述发现，重点剖析了系统自身，希望借此找出诱发危机的原因。查尔斯·佩罗对这些具有复杂结构特征的高技术系统的分析内容如下。

（1）高科技系统部件的解析。查尔斯·佩罗在认真分析、研究基于高科技系统组件的技术体系的内部组成，引入了构件这一概念。构件实质上就是对系统内部各构成部分的抽象归纳。因此查尔斯·佩罗指出，这些高科技体系通常包括两个方面：一是具有自然科学特性的技术部件，二是具有社会科学属性的行政管理部件。查尔斯·佩罗把这种系统称为社会——技术型系统，如先进的机械制造公司。这类公司系统中，一方面有着技术性很强的机器设备，它们之间联系复杂；另一方面系统内部的管理机制也是一个相当严密的组织形式。如果这些系统构件之间不能够进行合理的配置和有效的安排，那么它们就会不可避免地影响到整个系统的正常运作。

（2）高技术系统过程分析。查尔斯·佩罗进一步对高技术系统从建成到运作的过程进行了一番梳理。他指出：一方面，这些能够诱发危机事件出现的高技术系统在建造之初，由于缺乏必要的科学论证，往往就存在设计上的诸多问题，这也就为以后危机事件的突然发生埋下隐患；另一方面，在平时的系统运作过程中，如果系统内部某个构件在工作期间出现失灵问题，那么它就会很容易导致整个系统的运行不畅，进而引发危机事件。例如，2007年，辽宁铁岭某钢厂钢水包滑落致多人死亡事故，其直接原因就可以认为是，由于构件之一的钢包出现问题，从而诱发了危机事故。

所以，从以上两个层面讲，单靠相关人员平时的有效管理很难预防这样的公共危机文件的出现。也就是说，这种危机事件的出现是由于系统自身的一些原因引起的。查尔斯·佩罗将其称为正常事件理论。

（二）正常事件理论的内容

在分析危机出现的最原始原因时，相关人员一般不会从系统本身的构成出发来寻找危机出现的缘由，他们更多的是从人为原因角度来寻找解释危机，如在分析某些事故时，大家会下意识地认为是由于使用者在具体操作中的错误造成的。也就是说，在对危机事件的惯常理解中，大家能想到的失误大多是诸如操作失误、安全意识不够、工作经验欠缺等，但是却没注意到事故的出现还有更基本和重要的原因，即这些对所有系统而言共同存在和难以避免的问题：系统本身的缺陷。因此，我们需要的就是这一基于系统本身的正常事件理论。在对系统本身进行分析的基础上，查尔斯·佩罗指出了两种系统构成形式，即复杂的交互性和紧密的关联性。

（1）复杂的交互性。这些组件之间的联系，并不只是表面上看起来的那种一环扣一环的单线式生产，而是由各个部件之间的多维度、网状结构组成的。系统正常运行时，构件间的作用关系是 $A \rightarrow B \rightarrow C \rightarrow D \rightarrow E$。但在日常工作中，因某些非正常原因的出现，A 很可能与 C 发生作用，B 也可能与 E 发生作用，从而打破原来正常的链式运行状况。因此，假设构件 A 和 D 发生作用，而没有像正常运行中顺次作用于 B，那么系统就会因为 A 与 D 的作用而出现某些故障。例如，在某工厂中，冷却系统流出的水 A 被按流程运输到水塔 B 中了，但谁也不会想到水塔 B 中的水 A 会流到中心生产区 D 中引起短路，进而引发火灾。可这完全是有可能发生的，我们的理由如下：水塔 B 的门出现问题，中心生产区 D 离水塔 B 只有几米的距离，另外，中心生产区 D 的防水设计又不到位。因此，通过简单的推理，我们便可知道，冷却系统流出的水 A 会作用于中心生产区 D 上，中心生产区 D 的电线也会因水的问题而出现短路现象，最后，火灾就完全可能发生。

（2）紧密的关联性。关联性是指由于系统中各个部件之间有着错综复杂的关系，因此，当某个部件发生故障时，其他部件也会受到影响，这是由于各个部件之间的关系非常复杂，一旦发生了什么问题，就会影响到其他的部件，从而引起整个系统的崩溃。如前所述，中心生产区 D 发生火灾，假如我们灭火不及时，火情就会很迅速、很自然地殃及构件 E，然后殃及其他构件。而在实际的高技术系统中，如大型化工厂中，人要想在短时间内灭火基本是不可能办到的。因此，从某种意义上讲，在此类大型事故发生后的一段时间内，人是束手无策的，我们只能看着系统紧密关联性在发生作用。这也就是本理论所要传达的要义：此类危机事故的出现，从某些层次上理解是复杂系统的"正常"原因造成的。

查尔斯·佩罗就是以上面这两种特性为基础深入研究，结果表明，"正常事件"之所以会发生，是因为它自身的弱点。他进一步指出，大多数此类事故的出现，并不仅仅只是这两个特性某一方面的原因造成的，而往往是在这两者交相作用的情况下引发并加剧危机事件的发生。总之，在这样复杂的系统中，即使再小的构件故障都可能引发某些小型危机的出现，进而形成连锁反应，最后发展到难以遏制的地步。

（三）正常事件理论运用的扩展

高技术系统（即上面论述的其中含有两种构件特性的系统）并非"正常事件"理论唯一的表现方式。在实际效果中，社会系统也是导致社会治安危机的一种表现。这里的社会系统是指那些由于大量人员在短时间内聚到一个地方或一项活动中，从而造成相应管理压力的大型复杂系统，如大型体育比赛、大规模的摇滚音乐会或综合购物广场等。社会系统的影响主要包括以下方面。

（1）在一个社会体系中互动的复杂程度。人是构件的载体，在很短的时间里发生在他们之间的一种行为关系破坏了正常的秩序。人越多，沟通越紧张，也使系统的正常运转受到阻碍。

（2）人们在社会体系中的密切关系。当人之间发生摩擦、冲突等小问题时，会导致更大的冲突，从而引发更大的危机。

总之，正常事件理论在解释公共危机管理时，不应忽视研究这类由大量人群组成的复杂社会性系统。

通过上面的分析可以得出如下结论：一方面，应注重对高科技体系的科学性分析，以促进公共危机的治理；另一方面，也要注意从人的角度分析个人、组织以及组织间互动等构件所组成的社会性系统。从宏观上说，这两方面都是影响系统安全运行及引发危机出现的重要因素。所以说，只有将这两者结合起来考虑，才能全面地解释、应对和处理此类公共危机管理。

二、社会冲突理论

社会冲突理论是另一种对公共危机管理进行阐释的理论，它是从宏观社会因素的矛盾角度来认识公共危机管理事件的成因，这一理论对公共危机处理中的突发事件的研究具有重要的现实意义。社会冲突理论认为，危机事件是社会各阶层、各利益集团之间的矛盾发展到一定程度后的必然结果。也就是说，政治、经济利益在不同的社会群体中占有的不平衡是造成这一危机的根源。

另外，社会冲突理论在解释危机事件原因及吸收原来观点的基础上，提出了安全阀理论。安全阀的本质是通过构建适度的宽容、开放和灵活的社会机制来缓解社会的冲突，缓解人们的心理紧张，从体制上进行防范。

（一）社会冲突理论分析

现在学界流行的社会冲突理论是在继承和批判了结构功能理论和传统冲突理论的某些观点后形成的重要理论，因此要想深刻理解社会冲突理论，就必须先了解结构功能理论和传统冲突理论的内容。

（1）结构功能理论。结构功能理论是从静态的角度对社会进行研究的，而社会之所以能够有序地发展，是由于它具有一定的规律性。社会要想持续健康地发展下去，就必须要有一定的结构功能，才能维持社会的平衡，才能维持社会的有序，而不会出现社会的全面变化。

（2）传统冲突理论。从动态性的视角对社会进行研究，指出很多社会问题不能用平衡的方式来解决，整个社会系统处在一个完全的不平衡和不断的变动中。在社会系统中，每个环节都存在着矛盾的因素，而这种矛盾因素正是推动社会发展的根源。

（3）社会冲突理论的内容。结构功能理论与传统冲突理论这两个学派的不同学术观点反映了两种不同的社会背景下人们对社会的理解维度。可以说，结构功能理论与传统冲突理论各自说明了一个事物的两个侧面，社会冲突理论就是在融合这两种观点的基础上被当代学者提出来的。

社会冲突说的基本观点是：在坚持不和谐是社会内在特性的前提下，社会各个阶层在不断变化的过程中，必然会产生不同的现象，当这种矛盾超越了社会的承受力时，就会出现一种社会危机，也就是所谓的"公共危机"。正如有些学者认为的那样，社会冲突频繁发生，危机频发的原因是各社会团体利益的斗争。他们认为，社会利益关系的混乱是导致社会团体利益冲突加剧的最主要的原因。

另外这一理论还指出：首先，调整社会秩序，合理分配社会利益，实现矛盾的化解，并在矛盾和缓和的相互作用中寻找发展，维持一个动态平衡、和谐的社会。其次，它着重于"正"的社会矛盾，并着重于它对社会的积极作用。矛盾不仅是社会矛盾的产生，更是一种社会一体化的功能。在某种程度上，各种利益之间的矛盾能够激励政府机构自觉地在社会能够接受的范围内做出相应的调节，以防止社会体制的僵化。换句话说，社会总是在不断地变动，通过适当的动态调节，可以营造出一个宽松的环境，让社会变得更加包容，让各种利益冲突得到合理的解决。

（二）社会冲突理论应用

通过上面的分析我们可以得出以下结论：利益主体多元化的倾向越来越明显，而利益冲突的加剧，在这种情况下，由于社会对利益平衡的制约机制的缺失，使得权力和弱势群体之间往往会发生冲突。这也是当前国内出现的突发公共安全危机的根源所在。

三、安全阀理论

安全阀理论是社会矛盾理论的一个重要组成部分，其思想依据是对社会必须采取适当的控制手段，在社会矛盾学说中用来表达社会矛盾的正面角色。所谓"安全阀"，就是指各个社会都有一套制度或习惯，用以化解各种社会矛盾，并使之融入社会或群体，充当"安全阀"，维持社会和群体的生存，维持原有的社会关系。

（一）安全阀理论的基本内容

第一，合理控制。提倡社会要保持开放、灵活和包容的状态，建立可控制的、合法的、制度化的机制，对社会进行管理。在这个社会范式中，社会需求得到了响应，矛盾得到了化解。例如，在立法过程中，反对恶法的存在，主张多立合情、合理之法，从而让这些法律保障社会成员的合情、合理行为。

第二，释放敌意。安全阀理论还指出，矛盾本身是一种释放敌对情绪和维护团体关系的一种机制，因此，"安全阀"一词可以被用来描述一种法律上的冲突机制，它可以作为一种释放社会不满的方式。发泄不满是一种"清洁空气"，它可以让人们自由地表达出来，从而阻止敌对情绪的滋生和积聚。

第三，转移矛盾。安全阀机制也能从某种意义上将冲突的中心转移，从而避免冲突的累积。即社会压力既可以通过对原对象的不满宣泄，也可以将其宣泄到其他目标上，从而避免影响到正常的社会体系，最终实现整体的和谐。例如，对危机事件受害人进行有效心理干预，就是转移矛盾焦点的很好例证。如果不对他们进行及时的心理干预，他们很可能会把心中的焦虑转移到其他方面，把愤慨发泄到社会当中去。

（二）安全阀理论的应用

制度体制不合理和制度体制执行不到位所带来的缺陷，导致了以利益冲突为主要内容的群体性事件。从社会政治的角度讲，社会针对这一形势，每年都会制定、修改和实施一系列的法律法规，从而保障社会在动态变迁过程中各类权利行为能够有法可依、有章可循。从表面上看，这些法律法规以制度的形式限定了个人的行为，将个人与个人、民众与政府、社会与国家的分离与对立都被显化并被合法化。但实际上，适度的制度和规章可以使这个社会容忍那些不同的团体之间的分歧和冲突，并且把这种分歧和冲突限制在一个社会所允许的限度之内，最终在法律上通过对权利与义务的关系进行调整，赋予了其正当的外表。其实质是从制度设计出发，利用安全阀理论对公共危机进行防范。

第四节　风险社会理论

风险社会到底是什么？德国社会学家乌尔里希·贝克（Ulrich Beck）和英国社会学家安东尼·吉登斯（Anthony Giddens）是制度主义的风险社会说的典型代表。风险社会的概念是由贝克首先提出的，它是对现代社会的一个重要认识。贝克指出，风险社会有两大显著特点：一是人为不确定的逻辑继续扩散；二是将现有的社会结构、制度和关系向更为复杂、偶然和分裂的方向发展。因此，今天的危机和过去的危机是不一样的，它是现代化和现代性本身的产物。

一、贝克的风险社会理论

1986年，贝克提出了风险社会，强调随着工业化、市场化、全球化的不断深入，民众在市场经济、高科技、政府管理等现代因素的冲击下，对整个人类社会构成了巨大的挑战。贝克的风险社会学说在国际上已经得到了广泛的重视，它对风险问题的研究和对策起到了很大的促进作用，风险社会理论在20世纪80年代和90年代就已经被学术界所普遍接受和探讨。

1. 现代性与风险社会

贝克对后现代主义社会进行了阐释，认为这是一个危险的社会，它的主要特点是：人类正面对着来自社会的危险，它的存在对自己的生存构成了威胁。我们所处的社会充满了组织的不负责的心态，特别是有些爱冒险的人为了维护自身的利益而牺牲了自己的生命。

贝克在《风险社会》中提到的"后现代性"成为整本书的开端，他认为"后现代性"是一个模糊而空洞的概念，"后"是茫然无措的代号，自陷于流俗时髦。回应了当时社会学家对社会形态把握失度的尴尬处境。其原因被归结为当时的人们所经历的现代性与工业社会之间显现的对立让人们的坐标系越发模糊，我们已经完全适应了从工业社会的角度去考虑现代性。

贝克把现代化划分为"单纯的近代化"与"反思性现代化"，前者是以传统为客体的现代化，后者是面向工业社会的。在早期的工业革命中，科学理性所要面对的是一种尚未被认识和控制的自然界。在自反性的现代化中，科学理性面临着它自己的现代化，它是一种自我的反抗，"现代化在耗尽并失去了它的对立面后，它现在正在用自己的方式来破坏它。"贝克基于自我反省的社会，将其称为"风险社会"。在贝克看来，传统社会可以概括为"我饿了"，而风险社会则可以表达为"我怕了"。风险社会的危险是与传统的危险相区分的，它是由现代化所产生的。这是一种历史的结果，是人们的行为和他们的疏忽，是生产力发展到一定程度的体现。在任何一个时代，没有人能够保证自己的生命安全，在危险之中，这是很正常的事情。但在当今世界，"危险"这个词语的含义却与过去大不相同。当今的危机是全球性的，人类、动物、植物都不能幸免。

2. 风险分配

在现代社会，财富的社会化生产伴随着社会风险。在经济技术发展过程中，资源稀缺的社会,财富的分配逻辑逐渐转向了发达国家的现代性。在工业化社会,"逻辑"决定了"逻辑"的风险生产方式。风险分配的逻辑与传统社会的财富分布逻辑正好相反,"风险分布的历史显示,危险和财富一样依附于阶层结构,只是以一种倒置的方式存在:财富在上层,危险在底层。"财富是可以被察觉的,而危险是无法被察觉的。空气、食物、水等引发的危险常常是系统性的、无法挽回的。一开始,他们依靠的是专家的因果关系,但是因为风险的影响是全局的,所以最终还是要接受公众的定义。风险的分配相对于财富的分配来说是均等的,"风险在蔓延的同时,也产生了巨大的社会影响,哪怕是有钱人,也不可能幸免。"具体来说,第二次世界大战后,并不是所有人都感觉到了饥饿,但是,核辐射对每个人来说都是一样的。无论是"帝国主义国家",抑或是孤立的"弹丸之地",都会受到现代危险的影响。现代化所面临的困境横跨了国家边界,其传播的方式也是如此。

3. 风险认知

危险是现代化的产物,是令人讨厌的过剩。不管是对健康的伤害还是对自然的伤害,都很难用感觉和眼睛来辨别。哪怕是一些表面上看起来很清晰的事情,也需要一定的社会结构。最近发生的很多危险(核污染、化学污染、食物污染、文明疾病)已经超出了人类的直觉。此外,还存在着许多危险,如理论、实验和测量手段,这些都是通过"感觉器官"来实现的。在一个危险的社会中,人们必须依靠科学的知识来感知危险,而这个危险的存在使得人们不能与原始的经验有直接的联系。换句话说,现代化风险是超经验的或者说是超感的。正因为现代化风险对知识的依赖性,传统的经验无法感知风险的来临,所以当风险来临的时候,最先感知到的人发出的声音是不被理解的,甚至会被认为是"谣言肇事者"。

4. 风险个体化

阶级是以社会等级制度和传统为基础的,德国在第二次世界大战后福利制度的现代化过程中,阶级的"非正规化"现象一直存在。在特定的历史发展过程中,同时也存在着不平等格局,即个体与阶级的形成,以及个体工人社会的产生。贝克在书中解释道,在三个层面上,都反映了个体的现代化:分别是教育、流动和竞争。教育就是对自己的人生道路进行选择和计划。一个有教养的人,是其工作环境的缔造者,也是其社会生活的缔造者。一旦进入劳动市场,就有了流动性。人们已经逐渐脱离了依靠传统或新的关系(例如家庭、邻居、朋友、伙伴)而变得相对独立。而竞争,则是因为生存环境的制度化、规范化,个人在有限的市场机遇面前必然要与其他同质化的个人进行竞争。人们在发达劳动力市场获得个体解放,职业、家庭以及两性关系都因这一转变而发生深刻变化。

5. 政治的自反性

在政治方面,在工业化社会,危险成为现代性自我政治化的推动力。在工业化的后期,在政治上也有一定的反作用。首先,政府干预的权力被边缘化,而政治上的缺失、争取和执行政治权利的工作,在20世纪里取得的成就越大,政治制度的优先性质就会受到更多的怀疑。因为,这样做会导致不同的意见,从而削弱了政治权力。其次,尽管经济与科技政策包含了有效的政策要素,但是它的执行者并不具备合法性。在工业时代结束后,非政治性的社会地位变成了亚政治,总之,它使这个社会变成了一个政治化的社会。这一点可以从两个角度来看。一方面,由于基本权利的确立,各亚政治领域(个人、经济、社会)参与民主决策和监督的可能性已有所区分,并且有了相应的安排。政府最初是以理性的意愿为核心,但在技术上的支配下,政府的决策空间被封闭。另一方面,相关组织也逐渐崛起,他们的决策越来越科学化,甚至连政府也仅仅是在履行一个专业的科学机构的意愿。贝克展望了三种未来的前景,首先是重新回到工业社会,其次是技术经济的民主化,再次是分化的政治。第一个假设是没有意识到工业社会与现代社会之间的矛盾,第二个假设是科层式的议会制度妨碍了企业的科学研究,第三个假设是亚政治应该有更多的机会来产生影响并在法律上得到保护。

二、吉登斯的风险社会理论

(一)吉登斯风险社会的特征

1. 风险具有全球性特征

随着经济全球化的不断发展,世界各地区的政治、经济、文化联系越来越密切,全球化的来临在给世界各国和地区提供发展机遇的同时,也将风险扩散到世界范围内,使风险具有全球化的特征。从人类社会历史发展的进程来看,尽管每个社会都会经历危险,但风险社会中的风险和以往社会相比有明显不同,全球化的"快车"已经超越了时空的限制,将会在全球范围内快速扩散,从而引发全球性的大灾难。在这种情况下,风险社会实际上是一个全球性的风险社会,而风险社会则是在全球范围内产生的。

2. 风险具有人为性特征

吉登斯将"人造风险"和"外部风险"区别开来,"在自然与传统消失之后,这个世界的特征就是由外在的危险转变成了人为的危险",从而使风险具有人为性特征。以往社会所面对的是自然风险的威胁,现代社会正面临着由人类自身造成的各种危害,这种危害已深入人们的生活中,对人们的生存与发展构成了巨大的威胁。

3. 风险具有难以预测性及难以控制性

吉登斯认为,风险社会的出现使其更加复杂和多元化。现代社会的危机已深入政治、经济、生态、文化等各个层面。各种风险相互渗透、相互交织、相互叠加,构成了复杂多样的风险格局。在有风险的社会里,人们对危险的预测与控制也就更加困难。

4. 风险具有二重性

与风险社会这一概念的提出者贝克相似的是,吉登斯也没有对风险持完全否认的态度,事实上他认为应该用辩证的眼光去看待和认知风险,风险具有二重性,既要认识到风险所带来的种种负面的影响,又要认识到风险具有的正面影响。他认为随着社会的发展,人类本身就有了更大的发展空间和更多的机会,尽管各种各样的灾难时刻在生活中发生,但就现实情形来看,在结果发生之前,事情是在朝着积极的方向发展还是在朝着消极的方向发展都是难以预料的。但大多数风险都有着比较严重的后果,有时甚至会对全人类产生重大影响。

(二)吉登斯风险社会理论的主要内容

吉登斯的风险社会论较之贝克的理论具有两个显著的特征:一方面,他着重于制度性风险;另一方面,他对风险社会如何影响个体的日常生活进行了分析。吉登斯认为,一个高度现代化的社会就意味着是一个充满机会和危险的世界。当今世界所面临的风险与早期的现代体制发展不一样，它是由人为的不确定所引起的。区别主要表现为以下四个方面。

第一是风险环境与个体风险的交互影响。一是风险的客观分布模式发生了改变，风险向全球性、突发性和制度性转变；二是在认识风险方面的转变，风险意识本身就成为一种风险。环境的改变是社会经济结构转型的特点。一方面，个人的选择有一定的危险，而且可以选择的范围越来越大，其中包括自身和子女（比如美容、试管婴儿等）；另一方面，个人所面临的风险也会随着个人的选择而变化。所以，个性化的风险不仅是一种制度上的补偿，也是一种个体的风险意识的增强和对危险的反应；个人冒险也重新塑造了体制，从政治上看，是基于阶层的自由到基于个人的抉择与决定。但是，个体化的风险也遇到了体制上的难题。一是个人风险意识的提高，导致对风险非理性的过度反应；二是个体对风险的判断更加依赖于专家系统，但由于专家系统自身的判断不一致，其自身的权威也存在质疑，个人不得不依赖专家系统和符号系统来抵御风险，但又受到系统制度化后的威胁。

第二是它的出现和后果是不可预知的，既不能用传统的办法来处理，也不能满足启蒙运动所提供的知识和强大的控制力。

第三是"严重的后果"是全球性的，它会对全世界每个人乃至整个人类的生存产生深远的影响。当然，吉登斯认为，新的危险并不是因为当今的社会生活变得更加危险，而是因为他们提高了自卫的能力。

第四是风险具有二重性。与风险的提出者贝克一样，吉登斯认为风险不仅仅只代表危险，它不只是损失与灾难的代名词、破坏与劫狱的诠释者，它同时还代表了机遇，是好的事物的携带者，有积极进取的好寓意。他认为，风险具有积极的一面，它体现在提供人类更多的可能性与创造性上，使人们扩大了选择的余地与发展的可能。

三、风险社会理论的应用

首先，它让我们从一个全新的视角来看待普通社会。长期以来，人们对正常社会的重视程度较高，深信人的理性力量和社会发展的有序性，认为没有"裂变"与"突进"这两种不可遵循的规律。因此，就算是"越轨社会学""灾害社会学"这样的社会问题，也是站在正常社会的视角去思考的。他们把失业、贫富差距、环境污染等问题都纳入了正常的社会之中。而风险社会理论则打破了传统的思维模式，引发了人们的反思，使人类进入了一个反思的时代。

其次，风险社会理论可以使人们更好地理解和树立正确的风险意识；长久的和平使我们的风险意识和危机意识减弱，在面对突发事件时，人们往往会产生集体恐慌，从而降低个人甚至整个社会的应变能力。同时，"风险社会"这个概念也使我们认识到，随着经济全球化和科技的迅猛发展，人类正面临着空前的危机。因此，在面对危险的时候，我们必须要保持一颗平静的心态，才能更好地处理危险，避免在危险面前不知所措。

最后，在制度层次上，风险社会的理论是十分重要的。在一个危险的社会里，传统的工业社会体制已被淘汰，一个国家或一个社会无法应对对全人类的威胁，这就需要引起社会结构的深刻改变以及政府体制和角色的转变。在一个全球性的风险社会中，构建一个以风险为基础的全球公共安全系统是当前面临的一个新的挑战。

本 章 小 结

　　这里所要介绍的就是政治主义理论、工具主义理论、正常事件和社会冲突理论、风险社会理论，其目的是使从事公共管理的相关人员能对这些时有发生、难以避免的公共危机管理有一个科学而全新的认识，从而掌握处置这种危机的基本逻辑程序。正如有的学者指出的那样，对公共危机管理的处置方式是一次非程序化的动态决策与执行过程，这与一般的"正常的""常规的""渐进的"的管理方式有很大不同。换言之，普通的公共危机管理机构寻求的是对正常的公众安全问题的解释和处理，它采取的是渐进的、具有连续性和稳定性的逻辑管理模式，而公共危机管理则指向相反的方向，即把对此的管理模式理解成失序、中断、激进和非常态的过程，对其管理也有必要采取超乎寻常的、综合的、行政的与政治的等手段。

思 考 题

1. 为什么说公共危机管理事件包含了合法性因素？
2. 如何用正常事件理论来分析各种突发公共事件发生的成因？

第三章　公共危机管理体制

📋 学习目标

- 掌握公共危机管理体制的定义、内容与原则。
- 了解国内外公共危机管理体制。
- 掌握公共危机管理的组织领导机制和参与机制。
- 掌握公共危机管理的保障机制的定义、特点与原则。

🔍 关键词

公共危机管理　组织领导机制　参与机制　保障机制　沟通机制

📑 案例导入

"6·13"十堰燃气爆炸事故[1]

2021年6月13日湖北省十堰市张湾区艳湖小区的一起大型燃气爆炸事故造成26人死亡、138人受伤、37人重伤。湖北省应急管理局于2021年9月30日18：20将事故调查结果发布在官方网站上。经调查，该事件为重大安全生产事故。

接到报警后，国家应急管理部迅速与湖北省应急管理局、湖北省消防救助总队通过视频进行沟通，并向十堰市人民政府、省消防救助部门的有关责任人了解情况，及时掌握事件的进展，同时要求迅速组织力量抢险救助。十堰市于2021年6月13日11点组建了"6·13"爆炸事故现场紧急指挥中心，并成立8个工作小组。为做好"6·13"突发事件的新闻资讯和发布工作，十堰市还设立了"张湾区'6·13'事件紧急新闻中心"。

十堰市血液中心在2021年6月13日10时紧急号召市民献血。十堰市五堰南街口的献血房、六堰广场的献血室、十堰寿康生命广场的献血室、东城的白浪血液采集中心都已经排起了长队。在媒体方面，在事故发生的第一时间，十堰市就组建了"张湾区6·13事故应急新闻中心"，并组织召开了首场新闻发布会来向社会公众通报十堰市"6·13"燃气爆炸事故的有关情况及救援现状，同时在多个媒体客户端（地方微信、官方微博、官方网站等）以及一些官方媒体进行报道，向社会公众公布事故救援处置情况以及事故调查情况。一些社会救援组织积极加入救援行动，进一步增强了救助力量，大大提升了救助效果。

在此次事故中，十堰市地方政府为确保事故期间的物资供应做好了充分的准备，首先在家属安置的需求方面，十堰市政府对事故影响区域的受灾群众及时进行了妥善安置，并对转移群众的安置点进行环境消杀和提供水、食物等方面的基本物资保障；其次在供电保

---

[1] 佚名.湖北十堰"6·13"重大燃气爆炸事故调查报告公布[J].安全与健康，2021（11）：20-22.

障方面，在十堰市委、市政府的统一领导下，国家电网有限公司湖北电力部分统筹调配力量，快速恢复供电，全力满足现场事故救援用电需求；在通信方面，组织开展抢修，持续做好本次重大事故的通信网络和服务保障工作。在其他的物资保障方面，为保障事故救灾物资以及受害群众物资充足，十堰市启动了应急物资的调度工作，最大限度地保障物资供给，同时还有部分物资来源于社会捐赠，缓解了事故期间物资不足的情况。

在 2021 年 6 月 17 日下午召开的全国安全生产电视电话会议上，国务院安全生产委员会就湖北十堰的一起燃气爆炸事件进行了初步分析，并发布了有关情况。此外，政府还调动民众的力量投入救灾和献血行动中。

思考题：
十堰燃气爆炸事件中哪些机制发挥了重要的作用？

危机管理以体制为载体，具有一定的规律性。为人民群众提供安全服务，保护人民的生命和财产，是现代政府的一项重大职责。政府是提供公共服务、制定政策、执行和处理公共危机的核心。在公共危机管理中，政府既要组织、动员各方力量、资源，又要统一指挥、协调、调度各类组织和人员，以便有条不紊地处理各种突发事件。

第一节 公共危机管理体制概述

如何有效地应对公共危机，这是世界各国政府均在苦苦探索的重大问题。在公共危机管理中，政府肩负着保障公众生命、健康和财产安全的重大任务。由于公共危机管理体制并没有一个统一的模式，为了提高应对的组织性和有效性，各国根据自己的国情，其公共危机的管理体制也是多种多样的。

一、公共危机管理体制的定义

"什么是体制？体制就是一个特殊个体的内部机构。"对政府来说，体制一般是指政府机构的组织形态和功能分配方式，它是一种政府机构为了达到特定目的而进行的制度设计，它反映了政府的基本功能定位。

公共危机管理体制是指在公共危机管理中，从管理目标、组织架构、运行机制、制度规范等几个方面构成的有机体系。广义公共危机管理体制，是指由政府、非政府部门、企业和公民等不同主体组成的一套系统。其中，政府机构是应对危机的核心。狭义的公共危机管理体制，是国家与政府机构在进行公共危机管理时所采用的机构设置、权力划分、运行机制等诸多方面的综合。

二、公共危机管理体制的内容

公共危机管理体制包括组织架构、责任划分和运作机制。在公共危机管理体制中，组织架构是基石与载体；责任划分是基本取向和主要功能；运作机制则直接影响到危机处理的有效性。公共危机管理的组织结构是指在政府职能范围、职责、权力等层面上，通过分工协作，实现公共危机管理。它包含了政府对公共危机的治理机制，以及各级政府部门之间的责任关系。在公共危机管理的组织结构上，要做到精简层级，提高效率，节省资源，合理分工，既要兼顾公共安全需要，又要尽量避免多重管理，避免职能过度重叠和交叉。公共危机管理责任划分，也就是各级政府在危机管理中的职责和职责划分，其内容包括：同一级别的政府内部，各个子系统的职责和职责的划分。在权力分工后，政府所设立的运作机制，可以使各部门之间互相协作、互相扶持、协同运作，构成一个有机的整体。

三、公共危机管理体制的原则

一是以人为本，以防为主。保护和挽救人民的生命是我们的首要任务。"生命第一"，就是把人类的生存利益作为最根本的权利，把人放在首位，这就是我们的立足点和目标。要做到防患于未然，必须加强对突发事件的防范，包括应急预案、教育演练、保障体系等，才能有效地降低和防止突发公共事件。因为最好的处理危机的方法是预防它。

二是权责明确，依法行政。各职能单位要分工，明确职责。政府要不断地完善有关的法律、法规，以实现危机管理的规范化、制度化和法治化。实践证明，公共危机的管理既要依靠经验，更要依靠法律，这既是我们国家法治的基本要求，也是我们在处理公共危机的过程中积累的经验和教训。要防止权利滥用，就必须按照有关法律法规依法行政。

三是指挥统一，运转协调。必须加强领导体制和运行机制，做到科学决策、统一领导、统一指挥、协同配合，共同努力，确保社会稳定。

第二节　国内外公共危机管理体制

随着经济全球化、社会的复杂化和生态环境的恶化，社会风险不但日益增多，各种风险的转化和引发的危机事件也层出不穷，已成为社会治理的一个重要课题。公共危机的处理，不论是事前的减缓和预防，还是事后的应对和复原，都与民众的生命和财产安全息息相关，而且事关整个国家的经济和社会发展。因此建立起一套比较完善的公共危机管理系统，并建立起一套有效的应急机制是非常必要的。

在这样的背景下，从美国、俄罗斯等国家的公共危机治理体系中吸取经验教训，对我们加强和改进公共安全和制度建设及增强公共危机的综合防治能力具有重要的现实意义。

一、美国的公共危机管理体制

20世纪后期，联邦应急事务管理局成立，它是一个独立的政府组织，负责向总统汇报和处理全国的灾害。在21世纪初的"9·11"恐怖袭击事件后，以"独立、专业、综合"著称的联邦紧急救援组织——美国国土安全部，包括海岸警卫队、运输安全局、秘书保卫处等40多个联邦机构，它的任务是对各种危机进行监测、预防、保护、封锁或对危机进行管理、遏制，以及后果管理、追查原因与分析。

美国公共危机管理体制的核心是总统，国务院、国防部、司法部（FBI、移民）等相关部门分工负责，中央情报局等独立机构负责协调。在美国的国家安全管理体系中，国家安全理事会起着举足轻重的作用。自1947年建立以来，它在美国的国家安全问题上起着主导作用。它不但会处理国内的危机，也会处理全球的危机；CIA的首要任务是为总统和国家安全理事会提供信息和应对方案；在危机管理领域，国防部负责收集、分析、汇报军事信息，实施相关的危机处理流程，并与国外进行军事协商；白宫是总统个人的政治顾问。白宫新闻办公室还有一个职责，就是为总统和外国首脑建立电话联系；FED是一个独立的政府机构，它负责向总统汇报和处理全国的灾难；国土安全部的工作就是对美国的情报进行全面的分析和整理。

美国的公共危机管理体制在各个历史阶段都进行了多次的调整，逐步完善，逐步实现了制度化、法治化，并充分调动了社会各方面的力量，使得其公共危机处理能力得到了极大的提升，并在一定程度上降低了公共危机所带来的损失。

二、俄罗斯的公共危机管理体制

苏联解体后，俄罗斯独立出来，其政治、经济、社会危机时有发生。俄罗斯政府对危机的处置十分重视，并逐渐建立和健全应急管理体系。如今俄罗斯已经逐渐形成了一个由FSB、国防部、应急管理部、外交部、联邦通信、情报等组成的管理体制。这种体制具有以下特点。

（1）由总统领导的政府危机决策机关，俄罗斯总统在公共危机处理系统中发挥了关键的作用，可以说，这是一个强大的总统危机处理系统。由于总统不但是国家首脑，也是三军总司令，他还具有许多其他的职权，如立法建议书等。

（2）政府的各个职能部门都比较完善，各个部门的工作分工清晰、相互衔接。政府在危机管理中，一方面通过政府的垂直决策与指挥；另一方面，在相关机构的情报部门之间进行横向的信息交流，强化了各个职能部门之间的协同，形成了一个既分工明确又互相配合的有效整合的公共危机管理体制。

（3）成立了应急救援专业机构。它是一支具有高度专业化和技术装备水平的应急救援力量。

（4）加强反恐的预防与反恐工作，制定了专门的法律以加强打击恐怖主义的能力。

（5）健全应对突发事件和突发公共危机的法律法规。

在紧急情况下，俄罗斯政府及其有关部门要在最短的时间内找到那些可以及时发布政府信息的主流媒体，并与之密切配合，保证其与媒体之间的交流，以增强处理危机的透明度。同时，联邦总统和有关部门的领导人也在向主流媒体记者发表电视演讲，并定期或不定期举行新闻发布会，以此来提升民众的信心，缓解民众的紧张与恐惧，使民众的情绪得到平复。对此，我们可以借鉴。比如，要加快建立健全公共危机管理的法治保障制度；建立健全应急指挥中心，提高应急响应能力。

三、日本的公共危机管理体制

日本公共危机管理体制可分为三个方面：单一灾害管理、多灾综合管理、强化内阁职能的综合性危机管理。日本政府危机管理制度自20世纪50年代开始逐渐形成，由初期的灾害防范机制逐渐发展为以国家为主体，从中央到地方的公共危机管理体制。日本政府于

1996年5月在总理官邸楼下设立紧急处理办公室，以处理公共危机，并在其他相关部门也设立紧急处理办公室。紧急情况下，内阁会议决定建立应急指挥部，处理重要事件，由总理亲自主持。另外，为了避免大型自然灾害时因指挥人员不在现场而造成混乱，因此，政府成立了应急响应小组。日本政府于1998年4月成立内阁危机管理监督。日本政府的危机管理系统是由内阁总理担任最高长官，由安全保障会议、中央防灾会议等决策机构制定危机处理方案，由警察厅、海上保安厅等各省厅根据具体情况建立不同的危机管理部门。

日本公共危机管理体制由政府主导，由安全保障会议、各省级厅领导紧急会议等方式制定，并设有国土、防卫厅等部门，在处理危机方面有其独特的优势。

四、中国的公共危机管理体制

自抗击非典以来，我国各级政府对公共危机管理工作十分重视，并以"一案三制"为核心，在实践中取得了很大进展。但目前我国的公共危机管理制度还存在着许多问题和缺陷，这些问题严重制约了危机管理的进一步完善和发展。毋庸置疑，体制问题的解决难度系数极高，需要巨大的勇气。但体制问题得不到解决，公共危机管理水平就很难实现质的飞跃。

（一）我国公共危机管理体制内涵

当前，我国的公共危机管理体制是"统一指导、统筹协调、分层管理、分级责任、属地监管"，其内涵如下。

（1）统一指导指在党中央、国务院的统一领导下，由各级政府按照职责分工，依法进行公共危机的治理。

（2）统筹协调指由国家组建一个专业的公共危机处理机构，以协调各方面的力量，共同解决突发事件。由于公共危机的综合性、连通性，往往超出单一部门乃至一级的应急能力，需要多部门间的信息、技术、物资、救援力量等多方面的配合，故必须建立一个具有综合协调功能的公共危机管理机构。在当前的公共危机管理实践中，各级政府都建立了一个统一、协调的机构来统筹协调。

（3）分层管理指在公共危机的分类管理中，按照公共危机的性质和特殊性采取专业的处理措施，以实现危机的科学化处理，从而提高危机处理的有效性。建立一个统一的信息、指挥、救援队伍和物资储备体系，并根据危机的类型、成因、表现形式、涉及范围、影响范围等因素，实行分层管理。我国目前按性质将公共危机划分为四大类，每个大类都包含了更多的细分领域。由于公共危机发生的过程、性质和机制的不同，需要的技术、物资和专业技术也各不相同，需要有专门的管理机构。按专业分类、专业技能需求设置专业应急机构、应急体系、应急救援队伍，并以其为主体，承担各类公共危机管理工作。

（4）分级责任指各级政府按照有关法规及自身的公共危机处理能力对不同级别的公共危机进行分类处理。在当前的危机处理中，根据危机的性质、严重性、控制性、影响程度等不同的情况，将其分为四个等级，即特别重大、重大、较大、一般。由于国家幅员辽阔，存在着多种类型的公共危机，因此，中央不可能对所有的公共危机进行集中、统一的管理，而是实行分级负责的管理制度，我国现行的行政体制为我国实行"分级责任"的公共危机管理体系提供了基础的组织保证。在中央一级，主要是对涉及跨省或超过地方人民政府处理能力的突发事件进行处理。县级以上地方人民政府是本行政区域公共危机处理工作的行政主管部门，对本辖区内突发事件的处理工作负有责任。公共危机处理涉及两个以上的地区时，由有关行政区域共同的上一级人民政府负责，或者由各相关地区的上一级人民政府共同负责。

（5）属地监管指条块化的管理通常属于专业性比较强的行业，而且都有自己的专业应急团队，当地政府在做出决策和应对突发事件时，需要专业的应急团队和专业的救灾物资，因此，条块化是必不可少的。就地方政府而言，由于它们身处公共危机的发生地，更能准确把握公共危机发生所造成的影响范围和程度。因此，实行条块结合、属地监管为主的体制安排能够充分发挥两者的作用。这种以属地监管为主导的体制安排，在纵向单位经营领域出现公共危机时，各级主管机关必须在第一时间向上级主管机关报告，并及时向有关部门报告。各级政府机关要服从地方政府的统一领导，与当地政府共同努力，共同应对突发事件。

（二）我国公共危机管理体制的不足之处

1. 社会参与不足

由于政府长期以来对社会公共事务的控制，常常对其漠视、排斥，缺乏参与管理的传统和习惯，缺乏参与体制、机制等相关的制度安排，导致了政府和民间组织在公共危机管理中缺乏有效的协作。不同于过去计划经济时代的单位体制，市场经济更强调个人本位。现代社会分工越来越细致，利益追求更趋多元化，公众权利意识逐渐觉醒，这些都使得政府通常难以通过危机发生之后的临时动员、指示甚至命令有效地激发社会大众对公共危机的关注。只有事先明确政府与社会力量的各自权责，建立起共同应对危机的体制、机制安排，两者才能有效合作。这不仅有利于降低事发后彼此协调的外部交易成本，还能够保证社会参与的质量。

2. 协调应对困难

危机的诱因和后果是多元的、复杂的。公共危机管理是一项系统性的工作，它需要在事件影响范围内的各级政府之间建立起一种有效的沟通和协调机制。由于我国实际中的"条块分割"，"条"与"块"之间协调不够，从而会影响工作的顺利进行。长期以来，我国的危机应对体系主要是横向的单一灾害，各个部门之间的协调工作的能力都很强。但是，各部门间的协作能力弱；权力分配不清晰，职能交叉与管理脱节并存；通信信息、救援队伍、救灾设备等部门分割，重复建设水平低，严重制约着政府资金投入的效率。另外，在专门化和地区化的地区经营中，也存在着"条块分割"的严重问题。

3. 危机管理手段单一

在应对突发事件时，政府常常只注重发挥行政工具的功能，而忽略了公民、市场的参与。政府应该在社会公共事务中发挥领导作用，但它并非无所不能。当今社会中，公众事务的复杂性、技术性对政府提出了挑战。要想对公共事务进行管理，既需要突出政府的领导作用，又要加强对社会公共事务的控制，企业、非政府组织和民间组织等社会力量也要积极参与进来。所以，如何迅速控制事态，减少损失，有效地保护公民的权益，以保证政府行为的正当性，是一个需要我们认真思考的问题。政府不仅要注重政府内部各个职能部门和政府之间的协同作用，还要注重政府和社会的协调和互动。

(三)西方国家对我国公共危机管理体制的启示

1. 有效的法律法规体系

在西方,日本、美国和其他发达国家都对公共危机管理体制给予了高度的关注。在危机发生时,法规能迅速地把危机管理融入一个规范和有序的体系中。各国政府都在积极探索适合本国国情的公共危机管理法律,并随着时代的发展不断加以完善。作为危机管理的基础性纲领性文件,欧美国家的公共危机管理法规都对危机管理主体的职责、权限进行了界定。健全的法律制度,既可以提升政府的危机处理能力,又可以加强参与方在危机处理过程中的应变能力,使其能更好地应对突发事件。

2. 高效的政府组织体系和沟通协调机制

西方各国的危机管理机构都较为完善,基本形成了由政府领导、决策咨询、信息机构等多种机构协同运作的机制。大部分国家的公共危机组织体系由政府领导,由职能机构、后勤保障机构和情报机构构成,其中美国的国家安全委员会和日本的中心灾害预防会议均由政府直接领导,这种机制可以确保各国领导人在第一时间了解到灾难的发生,从而及时发布命令,并确保严格执行命令。美国实行的是"以国家、中央、地方为单位"的管理体系;日本公共危机管理体制的特征是由国家领导人领导、机关统一协调、中央决策、地方政府负责执行。建立公共危机管理的长期交流与协调机制,可以对所获得的危机情报进行及时的交流、通报,并对其进行实时监控。同时,建立一个长期的公共危机管理机制,可以使公众对公共危机管理的经验与教训进行及时的总结,从而使公众对公共危机的认识更加深入,也可在政府对公共危机管理后的责任追究中起到很大的作用。

3. 卓有成效的公共危机教育体系和社会组织体系

在公共危机处理中,公共危机的教育是非常关键的,因此,西方各国对其进行了广泛的宣传和教育。日本的公共危机教育已成为世界上公共危机管理制度争相效仿的典范,日本政府已从小学至大学,构建了一套完备的公共危机教育系统,而其日常媒体也着重于对公众进行公共危机与紧急事件的宣传。公共危机管理中的紧急事件教育可以有效地安抚民众在突发事件中的心理状态,并通过正确的应对措施,成功地进行自救、互救,从而防止危机进一步恶化。在发达国家,NGO(non-governement organizations,非政府组织)、社团等已经发展较为完善,可以充分利用其自身的专业和灵活的特性为公共危机管理作出自己的贡献。美国"9·11"事件爆发后,美国社会团体和民间团体纷纷伸出援手,纽约的民间团体比美国联邦政府更早地为伤员提供了急救。现在,美国大大小小的NGO团体已经有170万个之多,每年可提供6000亿美金的活动援助,成为美国社会的一个不可缺少的力量。民间团体的发展,也为西方国家在复杂的国际形势下提供了一个很好的保障。因为他们认为,他们的政府以及非政府组织和团体都有足够的专业知识,可以在紧急情况下提供有效的援助。

公共危机管理体制是指以国家为主体的公共机构,在应对公共危机的过程中,其组织机构、管理权限、人员配置等方面的制度、方法和形式等方面的统称。而公共危机管理机制则是由公共危机管理体制中各构成因素之间的互动来实现自身的特殊功能。公共危机管理机制是指在公共危机处理系统中,由政府根据自身的实际情况进行调整的基础运作过程和原则。公共危机的管理机制包括组织领导、参与、保障、沟通等诸多方面。

第三节 公共危机管理的组织领导机制

组织领导机制是指直接负责国家安全事务、直接负责危机预防、预警和危机控制的机构和部门，根据规定具体负责、执行相关工作。在危机管理中，管理者的职责始终贯穿于危机管理的每一个方面。本节主要介绍公共危机管理者的职责、素质与如何提高其执政能力。

一、公共危机管理者的职责要求

1. 树立全员危机管理意识

危机意识应当在整个社会中养成，这是作为高层危机管理人员的第一要务。

2. 建立危机管理体制和机制

危机管理人员应当提前做好准备，在危机来临前做出反应和复原的规划；为员工提供相应的应对危机技能的培训；健全危机管理体系；建立有效的危机管理机构；建立预警和信息回馈机制。

3. 第一时间到场

在危机发生的时候，危机的管理者必须在最短的时间内采取行动，以最快的速度控制风险。

4. 应对得当

危机来临时，危机管理人员要身先士卒，面面俱到，不能忽略任何一个细节。

5. 在危机结束后，管理者必须管理复原与重建

这也就意味着，在这个时候，我们所使用的人力、物力资源等将会与危机发生时的初期和中期有所不同。

6. 承担主要责任

在危机发生的每一个阶段，危机管理人员都要担负决策、领导和控制的责任，并对其发展起到重要的作用。

二、公共危机管理者的素质要求

人在公共危机管理中起着举足轻重的作用，它直接影响着国家安全与人民的生命财产安全。因此，政府危机管理人员应是受过专门训练，并且具有过硬的政治素质和高度的社会责任感的社会精英。

1. 具有良好的心理控制能力

有良好的情绪控制能力，比起仓促地分析问题并直接采取行动，更有可能得到更为理性的结论。

2. 具有良好的创新能力

当情况发生改变，危机管理者应立刻做出反应。他们通常不会被动地等待指令，而是要依靠自己的创造力来处理问题，能够预见到变化并根据自己的行为来应对，从而在一定的时间内获得主动权。

3. 学习和求知的强烈愿望

危机管理者必须具备一种善于搜寻的思维，并努力掌握一切有关的资料。危机事件虽突发、无序，但也能让每一位危机管理者都从中吸取经验教训。解决问题要靠智慧和毅力，而危机管理者绝不能懈怠。

4. 拥有超凡的精力、追求和抱负

通常，危机管理者都是精力旺盛、追求卓越和拥有远大抱负的人。他们能快速投入工作，敢于冒险。很多有抱负的人常常被问题的解决所鼓舞，他们最乐于为实现自己的目的而努力。

5. 具有较强的客观判断力

危机管理者必须客观、实事求是地思考问题。另外，他们的判断力也很强。他们知道要做些什么，如何去做，并且能把握好时间。他们专注力强，只有这样，他们的观察力才会变得更加敏锐和精确。

6. 具有弹性的工作态度

危机管理者必须具备从他人视角来看待问题的能力。比如，从家人的角度去安抚、慰问受伤人员和受伤人员的家人，从社会的角度去看待问题，并主动地解决冲突。

7. 具有为他人服务的奉献精神

危机管理工作关乎国家安危，关乎国家利益，具体来说，就是服务于人民。所以，作为一名危机管理者，必须具备一种乐于帮助他人的精神。

8. 具有良好的沟通能力

危机管理者，尤其是公关人员，一般都需要具备友善、诚恳的个性，并能在危机处置中与民众保持良好的联系。

9. 具有较强的适应能力

危机管理者，尤其是危机处理专家，往往能在各个领域高效工作，这要求他们具备一定的风险意识和对很多事情的强烈兴趣。求知欲和专注于各种问题的能力使他们能够快速地适应新的工作并解决问题。

10. 具有很强的团队精神

危机处理是"兵团作战"的经典范例，强调的是团结性和凝聚力。

三、公共危机管理者的领导能力要求

1. 增强危机意识

凡事都要有预见性，在任何危机发生前，绝大多数危机都是有前兆的，在日积月累中，如果对于一些问题没有足够的重视，可能就会错过解决问题的最好时机。因此，领导者必须积极获取各方面的信息，并且要对信息具有明确的分辨能力，具有对问题的敏感度和敏锐度。领导者对于危机要有充分的准备，做到有备无患，这样即使危机发生，各方面也都有良好的应对，以免造成更大的损失和负面影响。

2. 提高预见能力

在危机尚未发生前，把危机扼杀在摇篮里是最好的办法，这就要求领导者对于危机的发生和结果要有预见能力。如果在危机刚开始有预警的时候就立即采取行动，可以防止危机的发生或减轻危机的程度。提高危机预见能力需要增强领导者对危机地点的熟悉程度，还要建立有效的信息沟通系统。

3. 强化心理素质

当危机发生时，领导者可能由于心理承受能力比较弱，而导致盲目逃避，消极放弃，或是易于走极端等。要保证领导者在公共危机管理事件中能够更好地发挥决策的作用，就必须提高领导者的心理素质，确保其在公共危机环境中保持良好的心态和对事件的判断力。

四、错误的危机管理认识

对危机的认识应当是：危机已不是偶然或可能，而是必然和经常发生的，因此，管理者要有一种应对危机的态度，并建立一套正规的危机管理体系。比尔·盖茨曾说过："微软在18天内就可能倒闭。"这种危机意识让人敬佩。

在现实生活中，许多经理人把危机视为非常规现象或紧急情况，他们会竭尽所能地解决这些非常规现象，而把危机看作一个紧急情况。这一心态常常导致危机管理人员仅仅将危机管理的目的放在了消灭危机并使之回归"正常状态"上。他们却不知道，危机处理的"治标不治本"的心态，常常会在危机爆发的时候，通过大规模的人力、财力来解决危机。这样的方式，看似化解了一场危机，但如果不能彻底解决这个问题，那么下一次，就很有可能再次遭遇同样的危机。

公共危机是一种社会危机，它牵涉到社会各个层面的个人和群体，因此，在进行危机管理时，必须调动社会各方的力量，以达到防范和控制危机的目的。

第四节 公共危机管理的参与机制

公共危机管理的参与机制，就是要突破传统的政府治理模式，明确并提高各个主体的角色和作用，实现其合法性，注重包容、吸纳、合作，以此聚合力量。在公共危机管理中，企业、公众、媒体、非政府组织等都发挥着重要作用。

一、公共危机管理中的企业

危机管理是企业必不可少的一部分。突发事件如在公司辖区内发生，公司的人将会首先看到这一幕，所以在向政府和有关部门汇报情况的同时，也应该主动出击。在重大突发事件之后，作为直接利益相关者的企业，其危机处理能力和应对能力将直接影响到其能否有效降低灾害造成的人员和财产的损失。

（一）企业参与的原因

①危机的出现对公司的正常生产和运营产生重大影响；②很多公司都在做持续的经营计划；③社会越来越要求公司承担相应的社会责任。

（二）企业参与的优势

①应急物资的生产；②有自己的应急队伍；③企业具备创新和灵活性。

（三）企业参与的形式

①参加救灾；②带动生产；③捐助；④技术支持与服务；⑤发展保险和金融产品。

二、公共危机管理中的公民

应对危机事件既是对国家能力的一次挑战，也是对整个社会能力的一次全面检验。在危机发生时，公众往往是最直接的危险目标。因为，大部分时候，都是由公众发出社会危机的警报。此外，许多危机的处置也都是由民众直接参与的。

（1）公众危机预防人员和发出警报的人。

（2）直接参与和反馈公共危机的信息反馈。

（3）监督政府在处理公共危机方面的工作。

（一）公民参与公共危机管理的作用

在许多案例中，社会危机的警报来自大众。在地震、火灾和洪涝灾害中，公众通常是事故现场的见证人；而在重大安全事故、犯罪等事件引发的社会危机中，公众常常是事件的目击者或参与者。公共危机管理的成效及成功与否，直接影响到公共机构对危机的及时预警。在危机发生之后，民众自发地自我救援，通常会在政府相关的紧急事件处理部门抵达现场前降低灾害造成的损失。比如，一些国家经历大地震之后，本国人民在警察、消防、医疗和物资援助工作还没来得及准备好的情况下，就已经开始了自救和互相救助，极大地减少了人员的生命和财产损失。最后，危机结束后各个部门和机构进行总结反思，向政府汇报危机处理的结果。因为政府的各个职能部门和组织都有自己的利益和责任，所以，难免会互相推诿、遮遮掩掩、淡化影响，而作为可靠的回送者，他们可以提供客观、准确的信息，让有关方面能够从中汲取经验。

（二）公民参与危机管理的意识

公民意识不仅是政治、经济现代化的一个重要因素，同时也关乎一个国家的文明和民主。从危机处置的视角来看，公民意识是一种"软件"，它直接影响到人们在危机管理中的作用。

三、公共危机管理中的大众媒体

大众传媒是人类社会特有的一种公共资源，也是一种社会力量。媒体具有强大的社会公共属性，既肩负着引导舆论及维护社会稳定的重任，又是一种社会心态的指标。

1. 发现危机征兆

在危机的潜伏阶段,媒体借助先进的资讯网络,能够及时地察觉到危机的征兆,并将信息传达给政府,使相关当局能够对此给予足够的关注,并能在第一时间做出反应。在危机出现之前会表现出一些外在的迹象,例如游行和小规模的暴力。在这一进程中,媒体的回应和报道是一个很有价值的信息来源。在危机处理系统中,要从多角度对新闻媒介进行应对。同时,在公众生活中,通过传播危机意识,使公众对危机的认识达到统一。加强全社会的危机意识,防范和发现各种突发事件,从而实现社会价值观的统一,形成有序的社会秩序。

2. 满足信息需求

在当前的金融危机中,人们对信息的要求越来越高,媒体应该迅速、准确、系统、全面地进行信息披露与解读,以满足人们的信息需要。要想有效地控制危机,维护社会的秩序,防止社会恐慌,一方面,政府机关必须迅速并有针对性地选择新闻资源和传播渠道,以有效控制舆论导向,避免媒体为了争夺新闻头条或为了增加报纸的知名度,发布一些能引起危机的新闻,加剧危机。另一方面,要避免新闻传播不准确或不全面的信息,误导大众,造成对危机管理人员的行为意图的误解,加深社会对危机的恐慌,从而阻碍危机的顺利化解。

3. 引导公众情绪

由于其极具破坏性,这场危机成了大众情绪的激动点,大众的激动程度也受到了传媒的极大影响。正确的传媒导向能使民众的情绪得到平复,并能凝聚起社会的力量,从而达到克服危机的目的。对突发事件进行不当或消极的报道,往往会产生较大的社会消极效应。因此,必须加强与媒体的对话,并充分利用媒体的传播和聚合功能,迅速、多渠道获取、分析、综合利用信息,让市民认识到政府在危机管理中的重要性,以说服群众支持危机的工作。在保证主要渠道畅通的同时,要重视切断各种流言的传播途径,消除其破坏性。

4. 影响政府决策

一方面,新闻媒介将危机的情况和民众的心理状态及时反映给政府,使其做出科学的决策;同时,将政府的应对措施、相关政策等信息及时公布,使政府和社会能够形成良好的互动关系。

5. 塑造政府形象

传媒对政府应对危机的各种举措和成效进行及时的报道,是塑造政府形象的关键。在危机事件得到妥善处理之后,政府应积极运用传媒,以最快的速度恢复其社会结构与职能,并以最大限度的方式,通过媒介的运用,让整个社会对其进行冷静的、理性的思考,从多个侧面、多层次的角度去剖析、发掘其成因,为未来的社会治理提供更多的经验。

四、公共危机管理中的非政府组织

NGO 是一个社会的组织系统,它在推动社会发展方面起着诸多作用。例如:推行政策制定的公正性;执行和增进社会公益;监督执行政府的公共政策;整合民间社会力量,提倡社会变革,推进公益事业;促进公民的参与,促进公民的觉醒。因此,当代 NGO 一方面寻求政府的支持，积极地吸引政府参与到工程中，另一方面又经常参与相关的政策活动，如社会政策的制定、政府的政策制定、政府的政策性服务、对政府的行为进行监测和评价。尤其是，NGO通常拥有一套能够履行其所设定的职能的机构，并且因为其强烈的使命感，他们常常以特定的行动策略和行为方式参与到社会事务和政策实施中，从而显示出其自身的社会影响力。其策略和途径包括组织公益行动、号召公众和参与；参与公共政策的过程包括政策倡导、游说、民意、救济、竞选和策略联盟等。

（一）非政府组织在公共危机管理中的作用

在危机处理方面，无论是在危机后的救援阶段还是在危机的早期预警、监控等方面，都要充分利用非政府组织与民间团体的紧密关系，并将其作为一种公共服务。

从表面上来看，我国的经济、社会发展状况与"人祸""天灾"所造成的社会危机没有直接的联系，但是通过对这些问题的深入剖析，可以看出在经济和社会发展条件较好的地区，在应对自然灾害、疫病、犯罪、贫困、宗教矛盾等方面具有显著的优势。因此，开展项目合作是一项长期性、根本性的举措，可以防止和解决大部分的社会危机。

（二）增强国际 NGO 协作

现代社会伴随着全球工业化、城市化进程的迅速推进，其带来的人口爆炸、环境污染、资源枯竭、贫富悬殊、失业、非法移民、跨国犯罪等问题常常以全球性的社会危机为特点。为应对上述问题，国际社会和国际机构之间已形成一套多边、双边磋商机制，并取得了一些成效。但总的说来，各主要国家的利益群体之间的冲突很难化解。这一切都表明，仅靠政府和国际组织是难以解决的。因此，国际 NGO 在应对这些全球性问题与危机中扮演了日益重要的角色。环境保护团体、国际劳工团体在国际环境与社会问题上扮演着举足轻重的角色。

第五节 公共危机管理的保障机制

"兵不动，粮不进。"在很多时候，一个全新的、能源升级的公共危机所带来的破坏并不比一次低强度的战争少，而且其紧迫性和多变性更甚。想要赢得这一仗，就需要大量的补给。

在公共危机事件发生时，公共危机管理的保障机制是公共危机管理中的重要支持，研究公共危机管理的保障机制，首先应该弄清楚保障机制的内涵、构成、特征、原则等相关概念。

一、公共危机管理的保障机制简介

公共危机管理保障机制是指在应对突发事件时，由国家利用专业的后勤力量为特殊目标提供的安全保障。危机保障领域是专业人士运用专业技能、资源、设备和能力，负责特定的工作、处理突发事件、处理特定的特定工作的人员所采取的行动，其中包括管理、交通、通信、信息、商业、卫生、银行、保险、红十字会等。其具体表现有救援和工程救援、医疗卫生、交通、通信、电力、粮食供应、灾民安置、城市基础设施建设、应急资金供应等。

二、公共危机管理保障机制的特点

（1）保障工作的紧迫性。危机往往在突发事件或紧急事件中出现，时间紧迫，任务紧迫，紧急事件保障的基本任务就是确保紧急事件处置的平稳进行。

（2）保障迅速机动的作业。我国国土面积大，保障力量常常与突发事件发生地点相距甚远，因此需要快速、高效、安全的空中保障以赢得主动，增强自身的生存能力。

（3）灵活多样的保障形式。由于各种突发事件数量众多、规模不同、类型多样，需要保障力量适应不同地区、不同类型、不同规模的紧急情况，做到灵活多样。

（4）环境复杂且具有危险性。在突发公共卫生事件发生后，特殊、复杂、恶劣的环境使得应急后勤工作的危险性大大增加。

（5）确保执行工作难度大。主要是保证速度快、时效高，要求在一段时间内完成的任务量大，给保障带来困难；在环境复杂、危险，保障资源有限的情况下，保证工作的精确性和有效性是十分必要的。

（6）专业的保障部队。为了应对突发事件，要组织后勤保障部队进行紧急情况下的紧急救援。

（7）特定的时间保证。在特殊的时间和空间情况下，为紧急救援活动提供后勤支持。

（8）保障目标的特殊性。它的任务是为特殊群体提供紧急服务，以及在灾难中为需要帮助的人员提供必要的后勤服务。紧急救援与常规保障是共性与个性、一般与特殊的关系。应急保障是在特殊时期、特殊环境下进行的一种特殊的保障行为，其重点是发生在紧急情况下，以保证目前的需要，并与后续的后勤保障相衔接。应急与常规的后勤保障是一个完整的流程。

三、公共危机管理保障机制的原则

在实施保障的过程中，应重点把握以下原则。

（1）时效论。应急预案具有突发性、震撼性等特点，要抓住机遇，尽快投入必要的保障力量来控制事态的发展。如果反应迟钝，犹豫不决，就会失去救援的机会，陷入被动。

（2）效益论。在突发事件后，必须组建优秀、精干的紧急救援队伍，以实现有效救援。参加灾害保险应兼顾社会效益和经济效益，尽量减少人力、财力和物力，以达到有效的保障。

（3）机动配合的原理。应急救援工作要组织灵活、运行协调、指挥能力强、责任清晰。

（4）安全的原理。在紧急情况下，保障部队和保障工作都受到了极大的威胁，而保证保障部队的安全，保证各项工作的顺利进行，是保证应急工作顺利进行的重要条件。

（5）坚持科学发展观。在保证安全的情况下，依据实际的救灾能力，以经济价值为基准，合理配置保障力量和资源，以保证政府的应急管理目标。

总的来说，政府保障管理工作的总任务是制订保障计划，配备保障能力，实施保障项目，考核保障效果，形成"应急保障有实体、机动保障有实案、持续保障有实力"的新型紧急后勤保障制度，以确保政府应急管理体系正常、有效、规范地运行，为打造公平、透明、全面问责的服务型政府而努力。

人们之间的矛盾往往是由于缺少有效的交流而导致的误会。在危机产生、发展的过程中，往往会削弱及减少沟通，造成误会、误判，增加危机升级的风险。所以，在危机处理中，要准确、迅速地传达自己的真实思想和意图，并持续地加强与他人的交流，最终达成一致。

第六节　公共危机管理的沟通机制

公共危机管理中的沟通机制贯穿于公共危机的全过程，其深刻地影响着公共危机的各个层面。本文从公共危机管理沟通机制的内涵、沟通方式和策略、沟通机制的建立等几个方面进行详细的论述。

一、公共危机管理的沟通机制简介

危机沟通的主要特点是积极行动，坚决负责，全面、精确地向媒体提供信息，尽力使受害人及其家人平静下来。

公共危机管理的沟通机制是指以政府部门为核心的公共部门基于危机沟通系统，在危机事件处置的全过程中实现其沟通目标的各种规范和程序的总和，主要包括内部沟通机制和外部沟通机制。内部沟通机制主要由政府内部的横向沟通、纵向沟通和信息存在状况组成；外部沟通机制主要由政府、媒体、公众和非政府组织等不同主体构成。

二、公共危机管理过程中的沟通方式与策略

（一）危机潜伏期

在危机完全爆发前的某个特殊的潜伏阶段，已经滋生了一些社会问题，这些问题引发了公众的不满、冲突和对抗，并带有一定的外在表现，例如大规模的上访、示威和小型的暴力事件。这就要求在危机管理系统中建立一个预警与监测系统，从多角度、多方面进行初步的应对。在此过程中，媒体的回应与报道是非常重要的资讯来源。

媒体能够为危机提供最基础的信息。在危机潜伏阶段，媒体若能发现危机的征兆，将潜在的危机信号传达给社会，让相关部门重视，将其消灭于萌芽状态，就可以预防危机的发生。

（二）危机爆发期

危机的爆发不仅造成人员伤亡、财产损失，还会损害民众的信心，对社会的秩序产生重大的影响，导致社会转型的目标和政策的变化。同时，由于危机的爆发和发展过程具有极强的突然性和震撼性，因此，它也会受到传媒的广泛关注。但是，如果出现对于突发公共事件的不当报道，就会产生很大的社会消极作用。为此，应充分利用媒体的传播和聚合功能使公众了解到政府在危机管理中的作用，争取民众的支持。

1. 以时间为先，以舆论为先，以最快的速度和最准确客观的资讯抢占先机

要控制危机，危机处理主体要做好应对突发事件的准备，有效控制舆论导向，避免媒体为了争夺新闻头条或增加报纸的关注度而发布一些能引起危机的新闻，加剧危机。另

一方面，要避免新闻媒介传递不准确、不全面的信息，造成社会恐慌，阻碍危机的顺利化解。

2. 要做到言行一致，树立信息交换的可信度和权威性

在危机信息发布过程中，危机管理人员要把握好指导原则，充分发挥媒介的传播、引导作用，稳定大众的心态，引导大众作出正确的决策，正确应对突发事件。

3. 明确发言人和信息公布通道

危机的发展过程是动态的，管理者无法完全把握并对其进行全面的控制。因此，管理者应在公共危机事件中设立新闻发言人，并持续地将危机的发展情况告知大众，以引起社会各界的关注。美国知名的危机管理专家库姆斯在他的一本著作中特别指出了危机处理新闻发言人应该具备的知识和技巧，在处理危机时，媒体政策的作用是非常大的。因此，为了保证新闻的连贯性和精确度，必须在与公共传媒进行交流时，将这些信息及时地传达给相关方面，使之能够与外部社会和传媒保持连贯性。此外，在紧急情况下，也应该决定是否有必要设立多名新闻发言人，以备不时之需，确保及时更新资讯，并及时公布危机处理资讯。

（三）危机恢复重建期

虽然危机对于社会的消极作用比它所具有的积极的社会作用大得多。但是，正确处理危机事件并进行有效的宣传，对于调整和纠正社会结构具有潜在的积极作用。正如科塞所解释的：危机事件触发了新的规范、规则和制度，以加强社会生活的参与，从而调节社会关系。

三、建立公共危机管理的沟通机制

1. 正规渠道要畅通

社会是一个巨大的制度组织，在它的发展中，出现危机状况和问题并不奇怪。但是，作为一个社会机构的管理者，对于发生的问题或麻木或遮遮掩掩，故意或无意识地剥夺公众的知情权，就会导致谣言的泛滥，进而引发社会的恐慌和混乱。在社会机构中，人们通常有两种沟通形式，即正式沟通和非正式沟通。正式沟通是指政府机构利用公开的、为大众所熟悉的途径和方法，将有助于组织的协调运作的各种信息传达给大众。所谓的非正式沟通，即"谣言的散布"。流言蜚语的出现是因为人们对于想知道的信息的期望不能得到满足或者不能得到缓解。流言并不一定是毫无根据的信息，而是因为它是在公共场合传播，没有任何规则可言，很容易被人曲解、误传，对社会造成不良的影响。要减少流言蜚语的负面影响，最基本的方法就是要提高官方交流的效率，要把真实情况公之于众，要增强公信的透明度，要保障民众的知情权，要多做宣传，多做解释，加强引导。

2. 建立紧急事件信息中心以确定真相

当危机来临时，第一批到达的人员中往往就有新闻工作者，因此，紧急事件信息中心应该马上建立，以便帮助他们进行工作。如果事故是在禁止区域内进行，那么新闻中心应尽量远离事发地；在发生重大事故的情况下，为了避免出现混乱，不能在现场设立新闻中

心。此外，在紧急事件处理总部和各信息中心的通信系统必须始终保持畅通。在建立了新闻中心之后，要及时通知各媒体，在新闻媒介抵达之前尽量收集与这次危机相关的信息。

3. 保持信息口径一致

很多紧急事件处理机构都会指定一名代表担任发言人，向政府官员、媒体和公众发布最新的消息。如果有多个发言人，则要与管理部门进行及时的交流，并且在外部的讲话中要有统一的语调。选择发言人时，要视其性质和严重程度而定。若发生严重的突发事件，则以有关政府部门发言人为主，但必须具备新闻工作知识，并能与传媒保持良好的沟通。如果这场危机涉及科学技术，那么应该指定一位相关的专家作为发言人。不过，这位发言人必须对整个局势了如指掌，对危机处理的政策制定者有一定的认识，对危机的处理方法也有一定的认识。另外，要建立一个支持小组，帮助发言人掌握整个情况。

本 章 小 结

危机指的是风险和机会，而公共危机的治理就是为了将危机转化为机会，合理地运用危机。对当前我国公共危机管理存在的问题要有清醒的认识，可以通过构建组织及领导、参与、保障、沟通等方式来保障机制的有效运作，同时，在危机发生后的修复与转换上也要建立有效机制，以保证危机管理中出现的问题能得到及时的解决，从而使危机事件得到及时的处理。

思 考 题

1. 非政府组织在应对公共危机中的作用是什么？
2. 如何提高市民对危机管理的认识？
3. 简述媒体在处理公共危机中所承担的角色。
4. 西方国家的公共危机管理在体制建设上有什么可取之处？

第四章 公共危机管理的模型

学习目标

- 了解什么是危机管理模型。
- 掌握三阶段模型。
- 掌握4R模型。
- 掌握斯蒂文·芬克的危机传播四阶段理论。
- 掌握伊恩·米特洛夫的五阶段模型。
- 掌握奥古斯丁的危机管理六阶段模型。
- 掌握薛澜等人提出的危机管理五阶段论及畅铁民的危机管理职能模型。

关键词

公共危机　危机管理　模型　三阶段模型　4R模型　四阶段模型　五阶段模型　六阶段模型

案例导入

郑州富士康员工徒步返乡

自2022年年初开始，全国各地的疫情此起彼伏，新增阳性案例不断增加，给人们的生活带来了极大的不便。根据河南省发布的数据显示，10月底郑州市仍然有大量新增的阳性病例。

2022年10月底，一则有关富士康的新闻突然登顶热搜榜，传言富士康内部发生了疫情。由于感染者和健康的人混住，导致更多的人感染，很多人经受不住随时被感染的风险，选择了跳墙逃走。随之，大批的富士康员工踏上了漫漫返乡路。由于一些中高风险地区实施了整区静默或全城静默，各种交通工具无法运行，导致富士康的员工们只能步行返乡。员工们徒步返乡的视频和照片被发到了网上，刷爆了各个社交媒体，引起了网友们的热议。

随着网络的快速传播，该事件持续发酵，网友纷纷表示了对徒步回乡的富士康员工们的同情。随着事件影响持续扩大，2022年10月30日上午，有记者联系到了富士康一位工作人员，该工作人员表示："在看到网上的内容后，内心也是五味杂陈。厂里实行闭环管理，我们现在除了工作，只能待在宿舍，点对点上班。"据悉，当地政府已向富士康派驻驻厂工作组。

10月30日16点23分，微信公众号"郑州发布"发布《富士康给员工连发三条关爱通知：去留自愿，做好保障，并附上返乡乘车地点和电话》。当日晚些时候，记者从郑州航空港区疫情防控指挥部获悉，富士康将统一组织人员和车辆，全力以赴确保富士康员工顺利安全返乡。据了解，本次疫情发生后，航空港区立即进入应急状态，组建省市专家指导团队，开展疫情风险评估和形势研判，加强一线处置。本轮疫情传播速度快，但病毒载量低。后来富士康厂区并未发生重症感染现象，疫情总体可控。

自此，短时间内轰动全网的"富士康员工徒步返乡"事件暂时告一段落。

思考题：
在该案例中使用了哪种模型？请结合案例简要陈述。

简单来讲，模型就是对原型的抽象与模拟（仿真），是对真实世界某些方面的简单化表示。它是认识主体为达到一定的认识目的，依据相似性原则而构造出来的一种抽象系统，以代表作为研究对象的真实系统即实际存在的事物。换言之，模型是实际现象的抽象化，实际现象经过抽象则被简化，而经过简化的模型能够更好地揭示实际现象的基本特质。模型可以分为实物模型和意识模型，前者如地球仪、建筑模型等，后者指用以表示现实事物的想象化特征的表示形式，如符号、图表、数字、概念等。公共危机管理中运用的一般是理论模型。所谓理论模型或概念模型，指的是一组概念或命题按照其相互间的本质联系被组织在一起，从而形成一个逻辑结构严整的框架。模型可以使人们从某一特定视角窥视到万象纷繁的现实事物的奥秘并发现其运动规律，从而使研究对象的本质特征得以凸显，形成抽象认识。模型是进行科学抽象的重要工具，是研究过程中搜集资料和经验观察的指南，具有启发思考以及预测行为或事件所导致的结果的作用，模型的选择决定对被观察对象进行解释的路线和方向。参考模型的概念，公共危机管理的模型就是将人们从过往危机经历中感知到的一些规律性的东西，通过抽象的方式，将其简要、清晰地表达出来。自20世纪80年代开始，专家学者对公共危机的研究日益兴盛，建立了许多公共危机管理模型，本章将介绍7个使用率较高的模型。

第一节 公共危机管理的模型概述

"模型"这个概念大家并不陌生，如建筑模型、汽车模型、飞机模型等，模型在现代生活中并不鲜见。模型是现实世界部分化、序列化、简单化和抽象化的代表。通过模型进行思维是人类思维的一个典型特征。模型突出了原型的本质特征，忽略了次要因素，使错综复杂、变化无常的现实世界更易于为人们所把握。模型作为研究原型的中介，也是一种重要的方法，它有助于人们分析和理解研究的对象，有助于人们解释和阐述研究的问题。

一般来讲，模型可分为具体模型和抽象模型。具体模型主要指与原型在形态上几何相似的模型，如示意沙盘、模型飞机、交通地图等。这些模型对原型是一种形象的说明，使人一眼望去就会联想到现实生活中的真实事物，突出表现了模型的相似性特征。而抽象模型主要是指用语言、符号、图表、数字等抽象形式反映原型内在联系和特征的模型。

模型不仅仅是现实世界的简单替代物，而且是现实世界抽象化的代表。在危机管理中，概念模型得到了广泛的应用。这些概念模型是危机管理者为了帮助人们理解和解释危机产生的原因，认识和分析其社会效果，思考和预测潜在的后果并及时有效地降低危机的不良影响。这些模型体现了对公共危机思考的不同角度，为应对公共危机提供了多种途径。

为了更简单直接地了解复杂的世界而构建了模型，将复杂的原理进行简化。然而要注意的是，当运用这些方法的时候，我们实际上正在把主观强加于客观，人为地创造一种认识世界的方法，从看似并不存在程序的现实中提炼出一种程序。模型来源于人类的经验，但绝不是人类经验的再现和翻版，而是人们对客观现象的一种认识方式，是人们的理论知识、价值观念和个人信仰的综合体现。因而，在危机研究中，我们要非常谨慎地对待模型所代表的"真实"。这种"真实"往往只是一种主观的构建，是人们对复杂现实的一种人为的想象。因此，我们应对此保持高度的敏感。

关于危机的定义，目前学界应用最多的是荷兰学者乌里尔·罗森塔尔的观点：危机就是对整个社会的各个方面都造成了巨大的威胁和严重的破坏，极大地影响了社会系统的正常运行，人们需要在最短的时间内做出决策的事件。危机的概念最早在国防和军事领域应用，随后逐渐应用于企业等私人部门；近些年来，政府和公共领域的危机逐渐被人们所关注。

危机事件的发生和蔓延极其迅速，具有风险性、震撼性、爆炸性等特点，政府在面对具有高度不确定性的危机事件时，短时间内无法及时收集到全面、可靠的信息，无法照章办事。那么，从时间系列的角度分析，危机事件是否遵循一个进程或是发展周期呢？我们的回答是肯定的。危急状态是不可能一下子形成的，人们也不可能将失衡状态一下子就拉回到正常秩序，危机问题的形成与最终解决都需要时间。一般而言，通常我们将危机发展演变的过程笼统地分为以下三个阶段：危机前、危机中、危机后。作为危机管理主体的政府部门以及其他各项组织形态，必须根据危机发展周期的不同特点采取相应的应对策略，要因地制宜，对症下药。本章主要列举了广为流传的几个模型，对危机管理过程的各个阶段政府应当采取什么策略和措施，有哪些需要注意的问题，如何尽可能地将危机事件的发生控制在某一个特定的阶段，使它不向性质更为严重的下一阶段演变，提供了一个参考性的框架。

危机阶段的划分是专家学者们关心的一个重要问题，虽然他们对于危机管理阶段的具体划分依据和划分方式不同，但基本上大同小异，每个学者都会将危机划分为若干个阶段。虽然划分依据不同，但相同的是，他们都会为每个阶段提供针对性的危机应对策略，希望尽可能将事态控制在某一阶段，避免危机进一步扩大。

公共危机管理的模型指的是通过对以往大量具有代表性的危机事件的经验进行分析总结，进而形成的一种固定的且具有普适性的范式，固定范式的出现对于危机事件的紧急处理以及提高危机处理效率具有重要作用。不同的学者对于危机管理过程的划分依据和划分方式不同。本书主要介绍几种较为常见的模式，分别是三阶段模型、美国罗伯特·希斯的4R模型、美国斯蒂文·芬克的危机传播四阶段模型、美国伊恩·米特洛夫的五阶段模型、美国诺曼·R.奥古斯丁危机管理六阶段模型，以及我国学者薛澜等人提出的危机管理五阶段论和畅铁民的危机管理职能模型。希望通过列举这些模型，能够在借鉴诸位专家学者的理论的同时，给大家带来一定的启发，为我国的危机管理领域提供新的思路和方案。

第二节 三阶段模型

一、危机管理的三阶段模型

三阶段模型是很多学者所推崇的模型，在现实生活中使用频率也很高。这个模型的每个阶段也可以进行细分。本书将三阶段模型细化为危机前的预防与管理阶段、危机中的应急处理阶段，以及危机的善后总结这三个阶段。

1. 危机前的预防与管理

预防阶段是人们最容易忽略但又极其重要的阶段，是进行危机管理的前提，通过危机预警可以从源头上极大地减轻危机所带来的破坏性。通过危机预警可以识别危机的信号，发现危机的存在，以便采取有针对性的应对策略。因此，专门的危机管理部门应在这一阶段监测危机先兆，对未来可能产生的危机采取预防措施，加强防范，尽可能避免危机的发生。但是，要注意的是，虽然任何事件的发生都会有先兆，但有的先兆是明显的，有的先兆却很难发现，有的先兆仅凭人们的理性判断即可识别，而有的先兆只能通过专业设备才能测算出来。因此，应当随机应变，灵活使用危机预警方式。

做好预防工作是危机管理整个过程极其重要的一步，可以说，只要做好了危机预防工作，就完成了危机管理工作的一半。在危机处在萌芽阶段时及时进行控制和管理，就可以在很大程度上减轻危机带来的不良后果，甚至有可能将危机彻底消灭。因此，在危机预警阶段，应当迅速编制应急预案，开发各类危机事件发生后的辅助决策系统，做好危机发生后的应对准备，为决策提供依据，尽可能以最小的成本获取最大的收益。

危机预防需要做到以下几点。

（1）树立正确的危机意识。古人言：生于忧患，死于安乐。人应当居安思危，即使在日常的工作中也应保持警惕，时刻保持危机意识，切不可"临时抱佛脚"，也不可在危机发生后才紧急采取临时性措施。向整个组织中的所有成员灌输危机意识，提高全员危机意识，可以促使组织增强抵御未知风险的能力。只有将危机管理充分融入日常工作，才能消除隐患，有效防止危机发生。

（2）建立危机预警系统。现代组织与外部环境具有紧密的联系，是一个开放的系统。危机预警系统最重要的是及时准确地反映所接收到的信息，在对信息进行分析处理后，应及时针对这些信息调整应对策略；要关注组织在公众心中的形象，及时向公众公布危机现状和组织应对策略；还应自我审视和评价，找出自身不足，积极吸取先进经验，取长补短，积极改进系统。

（3）组建危机管理小组。组织应将有危机处理经验并且对组织内外部环境熟悉的组织成员纳入危机管理小组。小组中一定要有职位较高的人总揽全局，但这并不意味着小组的最高领导人一定是组织的最高领导人，更重要的是领导力和影响力，能够控制小组工作进程和事态发展。此外，小组中还应有专业人士，为危机管理提供专业意见，在处理危机过程中应做到处变不惊，严谨细致，抓住时机，果断决策。

（4）进行危机管理的模拟训练。组织内部应定期进行危机模拟训练，锻炼组织成员的危机应对能力，提高危机防范意识，提高成员的心理素质，避免在危机到来时手忙脚乱，乱了阵脚，错过危机应对的关键时机，还可以检测已拟定的危机应变计划是否切实可行。

2. 危机中的应急处理

这个阶段是整个危机过程中最核心、最困难也是最复杂的阶段，其重要程度可想而知。危机事件通常是突然爆发的，来势汹汹，人们在没有防备的情况下会措手不及，毫无头绪，整个阶段都在紧急状态中进行。留给人们思考对策和处理危机的时间很短，对于已经发生的危机事件，人们必须在有限的时间内尽可能多地整合资源，制定应急预案，采取紧急行动，尽可能控制和解决危机事件，避免事态向更坏的方向发展，减轻危害。

危机事件往往时间紧、影响面大、处理难度高，因此在进行危机处理时，应尽可能做到以下6个方面。

（1）沉着镇静。作为组织的领导者，遇事沉着冷静是必备的个人品质。在发生危机事件后，应保持镇静，冷静思考，稳住局面，迅速找出事发原因并尽快实施应对策略。

（2）策略得当。即选择适当的危机处理策略。危机处理的策略主要包括以下方面。

① 危机隔离策略。当组织内部发生危机事件时，各个部门、各个环节间会产生连锁反应，牵一发而动全身，若处理不当可能会造成更大的危机。因此，在出现一种危机后，应迅速采取措施，及时切断危机与其他领域的联系，隔离危机。

② 危机利用策略。组织可以利用危机造成的危机感提出合理化建议，提高组织运行效率。

③ 危机排除策略。即采取措施，消除危机。

④ 危机分担策略。组织可以通过联合其他组织，寻求其他组织的帮助，扩大危机承受主体的数量，以此来分担危机。

⑤ 避强就弱策略。危机事件的解决往往不能一蹴而就，危机应对的策略也可能多种多样，决策者应尽可能选择影响和危害较小的危机应对策略。

（3）应变迅速。危机事件通常是突然发生的，留给人们的反应时间极少，这就要求人们在应对危机时要迅速反应，果断决策，以最快的速度应对危机，刻不容缓，一旦错过危机应对的最佳时机，可能会造成不可估量的后果。

（4）着眼长远。在处理危机时，应当更加关注组织的长远发展，不能只顾眼前利益。

（5）信息通畅。科学有效的信息系统可以为后续的危机处理提供保障，在保证信息通畅的条件下，为人民群众及时提供最新资讯和进展，可以充分获取群众的理解和支持。主要应做到以下几点：一是通过多种媒介主动向公众通报危机事件发生的原因和具体情况，避免造成社会恐慌；二是对于向公众披露的信息应当谨慎用词，统一口径，尽可能地表达清楚，避免公众误解。三是设立全天候开通的危机信息处理中心，随时接受媒体访问，也可以让公众时时了解危机的现状和进展；四是慎重选择新闻发言人。一般是由危机处理的主要负责人来担任新闻发言人，因为他们是掌控全局的人，对危机的现状、进程、危害等尽在掌控之中，可以清晰准确地回答公众的问题，以打消公众的疑虑。如果在处理危机过程中涉及一些技术问题，则应由技术方面的负责人发声，向公众解释，才更有说服力。新闻发言人作为向公众传播及时信息的人员，必须做到坦诚、公开和负责，以平和的口吻和姿态客观公正地向公众说明情况，提出应对措施，稳定人心，对于一些自己并不清楚的或者尚未有定论的问题，要实事求是，不可信口开河，以免失去公众的信任。对于无法给出答案的问题，应礼貌拒绝并给出合理原因。

（6）在危机情境下，更需要增强公众对组织的信任感，因此，可以寻求权威机构的帮助，协助调查，共同化解危机。

3. 危机的善后总结

这是危机管理的最后一个阶段，也是可能会被人们忽视的阶段，在危机管理过程中的地位不容小觑。这一阶段的主要任务就是在对危机后果进行评估后及时恢复整改，吸取教训，做好重建工作。危机事件在给组织带来不良后果的同时，也为组织带来了学习和修正的机会，因此，在危机发生后应当认真系统地进行反思和总结。危机总结主要可以通过调查、评价和整改三个步骤来实现。

（1）调查：调查危机发生原因，了解受损情况；

（2）评价：对整个危机管理过程进行全面评价，包括危机管理小组安排、危机管理预案、危机决策等，根据评价结果查漏补缺；

（3）整改：根据评价结果，将各类问题归纳总结并整改。

二、三阶段模型的优缺点

三阶段模型是根据危机生命周期来进行危机管理活动的，这种划分方式的优点在于将危机清晰明确地划分为三个阶段，可以对每个阶段进行针对性管理，妥善处理危机。

但是，这个模型忽略了建立系统的危机管理体制，危机管理者易产生消极应对思想，而且我们很难精准界定危机的每个阶段，情况瞬息万变，即便识别出了危机阶段，危机可能已经发展至下一阶段，及时应对就更加困难了。

第三节 罗伯特·希斯的 4R 模型

一、什么是 4R 危机管理理论

危机管理的 4R 理论是美国危机管理专家罗伯特·希斯（Robert Heath）首先提出的，危机管理 4R 模式由缩减力（reduction）、预备力（readiness）、反应力（response）、恢复力（recovery）四个阶段组成。[1]

组织领导者若需要用该模型进行危机应对，需要自行将危机工作任务按照 4R 模型进行划分，一般可以划分为四类，分别是：减轻危机影响，做好应对准备，积极应对危机，以及从危机中恢复。

---

[1] 肖鹏军. 公共危机管理导论 [M]. 北京：中国人民大学出版社，2006.

二、4R 危机管理理论的内容

4R 危机管理理论的内容见表 4-1。

表 4-1　4R 危机管理理论的内容

危机管理过程	内容
缩减力	确认危机的来源，进行风险评估和风险管理
预备力	建立监视和预警系统、对员工进行培训，提高应对危机能力
反应力	分析危机影响，制订危机管理计划，具备必要的资源和技能
恢复力	控制危机后，将人力、财力、物力及工作流程恢复到常态

1. 缩减力

危机缩减管理是整个危机管理的核心，因为通过危机缩减策略可以很大程度上减轻危害。在危机前期扼杀危机的苗头，可以达到事半功倍的效果。

（1）环境。准备就绪状态意味着每个人都做好了应对突发事件的心理准备，因此，降低风险的战略可以确保预警信息及时发出，同时也有利于提高风险的预警能力。

（2）结构。缩减危机的策略包括保证物归原处，保证人员会操作一些设备。在某些时候，还要根据环境需要进行改进。同时，也要保证设备的标签无误，说明书正确且易读易懂。

（3）系统。在保证系统位置正确或者有所富余的情况下，管理者能够运用缩减危机策略确定哪些防险系统可能失效，并相应修正和强化。

（4）人员。在应对与复原工作中，具备良好的应对与复原工作的人才将会是减少危机出现概率及减少危机影响的重要因素。经过高效的训练和实践，可以提高上述技能。这些训练旨在提升人们对危急事件的预测能力，使人们对不同类型的紧急状况了如指掌，并提升其高效处理问题的技巧。减少开支的战略也包含了有意义的倾听报告，它是一种头脑风暴的方法，用来确定怎样提高应对能力和复原能力，乃至设法解决或减少危机。

根据危机管理的 4R 理论，我们可以了解到，好的危机管理是从组织产生时就存在的。危机缩减策略应融合于组织环境和组织系统之中，与组织融为一体，任何时候都是组织的核心作业。

将以上这些管理活动作为组织持续运转和管理的一部分，有利于组织降低风险和威胁，降低危机冲击所致的成本。组织通过一系列内外部风险评估，一旦察觉有危机风险，应立刻采取措施，规避或清除风险，避免危机爆发。同时，还应提高组织内全体成员的危机意识，时刻保持警惕，在面对危机时保持镇静，思考解决方法，尽可能将危害降到最低。

2. 预备力

预警系统和监视系统相辅相成，共同服务于危机管理系统。该系统在监视危机发展状况的同时会紧密关注每个细节变化，并将危机信号输出，再传达给负责人。

在发生危机的时候，能够更快地做出应对，从而保障人们的生命和财产安全。除此之外，一个健全的危机预警体系还能够对危机的发展方向、发展过程以及最后的结果进行非常直接的评价和仿真,从而提醒有关人员尽快做出相应的应对。

预警系统从两个不同的角度分为动态的或静态的、移动的或固定的。这些类型是综合了缩减力的四种类型要素的综合体系。

对于预警的接受和反应,不同的个体之间存在着不同的差异,这在很大程度上依赖于个人的经历和信仰,也依赖于预警中内容的改变,其中的重要参照要素有消息的清晰度、连贯性、权威性,以及以往预警的权威性、危机或灾难出现的频率。在接受者发现信息清楚明了,多个来源支撑该信息,信息的出现多次重复,来源十分可靠时,他们就会对这个消息做出快速的回应,否则可能会忽略这个消息,甚至是处在等待和继续观望的状态,这样就有可能失去选择或者执行反应的最佳时机。

危机经验告诉我们,被预警的受众人群中,有20%的人会做出与预警相反的选择,这样的人包括:表示未接收到预警;喜欢自己亲自证实消息;害怕结果及其他原因,他们相信自己比危机预警中提建议的人懂得更多。针对此类人员,应制订特殊的管制方法,并制订可能的、必需的救助计划,以便及时、有效地处理现实的危机。

3. 反应力

反应力是指在已经遭遇危机后,组织应对危机的速度,以及以什么样的策略解决危机。首先,在反应力这个层面,组织应当尽可能争取更多时间来应对危机;其次,应当尽可能多地搜集全面真实的信息和事实依据,为后续的危机处理做好充足的准备;最后在危机真正来临时,在各个危机预案中选择最优方案,积极应对危机,将其危害降到最低。

4. 恢复力

恢复力体现在两方面:一方面是组织应在危机结束后及时挽回组织形象;另一方面是组织应在危机结束后进行经验总结,避免重蹈覆辙。

在危机被控制住后,最重要的就是挽回危机所带来的损失。首先应确定危机的影响程度,然后制订有针对性的恢复计划,使组织尽快走出危机阴影,步入正轨。组织在进行恢复的同时,还应积极反思,抓住机遇,吸取教训,总结经验,提升组织风险应对能力。

三、4R 危机管理理论的优缺点

该理论以四个过程为核心,分别是降低做危机情景的攻击力和影响力,让公司做好应对危机状况的准备,努力对已经出现的危机做出反应,尽力应对并从中恢复。

4R 模型的最大特点就是提出了其他模型从未提出过的缩减力,模型中的缩减力贯穿整个危机管理过程。在预备模块中,利用简化的风险评价方法判断出了该预警体系的功能,并对其进行了确认;在反应模块中,缩减力能够协助企业管理者识别出风险的来源,找到有利于应对危机的方法;在恢复模块中,通过复原模型对复原方案实施中的危险进行评价,从而使恢复工作产生更大的反弹效果。

与三阶段模型不同的是,4R 模型没有根据时间序列进行危机阶段划分,模型的四个模块是应用于危机事件全过程的,这会给危机管理者带来困惑,很难准确判断在哪个危机阶段该运用怎样的应对策略。

四、4R 危机管理理论的启示

4R 危机管理理论的主要启示是要积极地管理风险而不是被动地等待风险转化为危机，较好的危机管理方法是建立一种 ABC 的结构。A 即 away（远离），表示远离风险或危机的根源；B 即 better（更好），要比要求做得更好以抵制风险或危机的根源；C 即 compatible（相容），要与那些最能抵制风险或危机根源的制度相容，建立有效的危机管理框架结构。

第四节 斯蒂文·芬克的危机传播四阶段模型

美国著名的危机管理专家斯蒂文·芬克在 1986 年提出了危机传播四阶段模型，该模型也称为"F 模型"。该模型揭示了组织危机的生命周期，即征兆期、发作期、延续期和痊愈期。

一、危机传播四阶段模型的四个阶段

第一个阶段：危机潜在期。危机潜在阶段是一个危机事件的开端，因不易察觉而常常被人所忽略。但这个阶段的危机往往是最容易处理的，这个时期的危机是以小问题的形态存在于组织中的，只要危机预兆显现被人发觉并处理，就可以避免危机爆发。因此，在这个阶段，组织需要提高组织成员危机意识，检查组织内部所有可能存在的隐患，并有针对性地制定危机应对预案。

第二阶段：危机突发期。危机突发期的特点在于其存在时间短，但给人们的感觉却是很长的，会对人们的内心造成极大的冲击。此阶段代表危机正在发生，组织正在遭受危害和侵袭。在这个阶段，组织最需要做的就是应对危机，组织中专业的危机应对团队应通过专业手段尽可能地遏制危机发展势头，控制住危机情势，避免事态向更消极的方向发展，尽可能将危机的破坏力降到最低。

第三个阶段：危机蔓延期。危机蔓延期是持续时间最长的阶段。若想缩短这一阶段，需谨慎处理，应对得当。虽然这是四个阶段中持续时间最长的阶段，但若是组织已成立危机管理团队并有成熟的危机管理预案，也可能为组织带来转机。此阶段最重要的就是通过组织一系列危机管理活动，减轻危机对组织造成的伤害。此外，组织领导者还应对危机和危机管理方案进行反思和复盘，根据现实情况及时调整对策，通过使用动态化应对策略，能够更加有效地应对危机。

第四阶段：危机解决阶段。这个阶段的组织已经彻底摆脱危机，恢复正常。但不可掉以轻心，危机具有循环往复的特性，要谨防危机卷土重来。

二、四阶段模型的优缺点

芬克的这种危机阶段分析理论为危机研究提供了一个综合性的循环往复的危机全过程。该模型选择了与三阶段模型一样的划分方式，将危机从出现到蔓延再到结束的整个过程呈现出来，各阶段显现出不同的特征。但同样的，我们很难界定每个阶段，也很难实施有针对性的政策。此外，该模型较少提及每个阶段的细节，因此显得过于简单和直接。

第五节 米特洛夫和皮尔森的五阶段模型及其优缺点

一、米特洛夫和皮尔森的五阶段模型[1]

这个危机管理五阶段模型是由美国的米特洛夫（Lan Mitroff）和皮尔森（Pearson）提出的，五个阶段分别是信号侦测阶段、准备及预防阶段、损失控制阶段、恢复阶段和学习阶段。

（1）信号侦测阶段：识别危机发生的预警信号。在任何危机发生前，都必然或多或少地出现一些端倪和迹象，这就需要我们在日常生活中能够时时留心身边的异常，一旦出现反常情况，应当重视起来，因为这很有可能就是危机突发前的预兆。在识别预兆后，应当预想该情况继续发展下去可能会导致的最坏结果，然后有针对性地进行准备。这是一个极其重要但又很容易被忽视的阶段，若是提前在危机发生前就发现端倪，很有可能成功阻止危机的发生。

（2）准备及预防阶段：根据识别到的危机信号做好充足的准备来应对危机。古语有云："凡事预则立，不预则废。"由此可见提前做好准备的重要性。若识别到了危机的预警信号，就意味着很有可能会发生危机事件，危机管理者应立刻重视起来，制订详细的危机应对计划，尽可能预设出所有可能，并确定好有针对性的策略，调集各种人力、物力及其他资源，控制舆论，避免民众产生恐慌及造成混乱，做好一切准备应对危机，尽可能减少潜在的损失。

（3）损失控制阶段：在危机事件发生后，尽可能控制住危机，使得负面影响和组织损失最小化。危机事件具有不确定性、破坏性、突发性等特点，我们无法准确判断危机事件发生的走向和结果，所以在危机发生后，应时刻关注危机动态，根据事件发展的状态及时修改应对策略，尽可能降低危机对经济、政治及民生的影响，减少危机带来的损失。

（4）恢复阶段：在危机结束后，尽快恢复组织活力，实现正常运转。在危机结束后，应及时向公众告知危机事件的情况及处理结果，避免民众恐慌。对于受到危机事件影响的地区进行勘查和救助，在遇到严重的自然灾害后应及时进行灾后重建，为民众提供充足的生活必需品。对于受到影响的企业，应给予一定的政策扶持，尽快使社会秩序恢复正常。

（5）学习阶段：从此次危机中获取危机经验，吸取教训，提高组织危机应对效率。度过危机后，人们的生活回归平静，似乎已经没有什么可担心的了。但绝不应就这样将危机抛之脑后，我们要做的就是从这次危机中总结经验教训，反思哪些应对策略不合适或不及时，哪些方面是做得好的。可以将正确合理的应对措施制定成政策，在今后再次遇到类似情况时就会有据可依。在危机已发生时减少制定危机政策的时间，增加应对危机的时间和机会，提高危机应对效率，降低危机造成的不良影响。

二、米特洛夫和皮尔森的五阶段模型的优缺点

米特洛夫和皮尔森的五阶段模型非常重视预防，也重视如何限制危机的影响，避免危机向组织的"健康"部分传播，同时强调了如何通过危机管理促进组织从危机中恢复。此

---

[1] 肖鹏军. 公共危机管理导论 [M]. 北京：中国人民大学出版社，2006.

外，经过回顾和自我批评审视阶段，又可以成为下一个阶段的开始，为另一个信号侦测阶段以及探测、预防阶段提供有效反馈，将危机管理过程形成一个循环。而且该模型更积极主动地关注危机管理者在每个阶段应做出的决策。

第六节　诺曼·R.奥古斯丁危机管理六阶段模型

一、奥古斯丁的六阶段模型

美国学者奥古斯丁（Norman R. Augustine）将危机管理划分为以下六个阶段。[1]

1. 第一阶段：危机的避免

这个阶段的主要工作是预防危机和避免危机。任何危机事件在发生前都会有一定的预兆，这些预兆分为显性的预兆和隐性的预兆。显性预兆可以通过理性分析和经验判断出来，但隐性的则需要专业的技术设备才能测量出来。预防阶段做得好，可以在很大程度上避免危机或减轻危机的不良后果。

2. 第二阶段：危机管理的准备

各方面的准备工作是危机管理工作的重中之重，同时组织还要做好预防失败的准备，预防失败后组织需要直面危机，谨慎选择危机应对小组成员，建立危机应对中心，制订相关计划，确保通信设备通畅等。准备要尽可能完备，这样才能提高危机应对效率。准备不足可能会使组织付出高昂的代价。

3. 第三阶段：危机的确认

这一阶段要求危机管理者尽快识别危机并确认原因。在这个阶段，需要尽可能多地搜集信息，组织获得危机相关信息后应立刻对信息进行系统的分析和整理，从根源上寻找危机发生的原因。在获取危机信息和寻求解决办法时，可以寻求专家学者的帮助，倾听人民群众的意见。

4. 第四阶段：危机的控制

在危机已经蔓延开来，影响面越来越广的时候，要分清各项应对工作的轻重缓急，领导应果断决策，争取在最短的时间内控制危机。高层领导应当出面，告知民众真实情况，稳定民心，同时，组织各部门应协同运作，动用一切可以调动的资源应对危机。危机发展有极强的不确定性，在有限的信息和条件下及时、迅速地做出合理决策至关重要，切忌过度猜测和分析，以免延误最佳时机。

5. 第五阶段：危机的解决

在这个阶段，速度至关重要，应根据危机的原因实施最有针对性的方案。

6. 第六阶段：从危机中获利

危机管理的最后阶段就是总结经验教训。危机的结束并不意味着危机管理过程结束，

---

[1] 肖鹏军.公共危机管理导论[M].北京：中国人民大学出版社，2006.

组织应当立足于现实情况，对危机事件自始至终进行全过程、全角度、全方位的梳理和分析，找出引发危机的根源，弥补政策漏洞，完善组织制度，及时查漏补缺。当再次遇到类似情况时，组织可以根据以往的经验有条不紊地处理危机，大大降低危机带来的不良影响。

二、奥古斯丁的六阶段模型优缺点

奥古斯丁的六阶段模型将危机的整个过程进行了较为详细的划分，并且主张危机并不是百害无一利的，我们可以从危机中获利，汲取经验教训，但要根据危机发生的时间顺序对危机进行划分。在现实情境中，很难准确判断当下危机所处的阶段，即使通过各种技术手段缜密分析，准确判定了危机阶段，也很可能已经错过了应对危机的最佳时机。

第七节　薛澜提出的危机管理五阶段理论

在借鉴了许多危机管理领域的专家学者的理论后，清华大学的薛澜等学者将危机管理的过程划分为以下五个阶段：危机预警及准备阶段、识别危机阶段、隔离危机阶段、管理危机阶段，以及危机后处理阶段。[1] 同时，每个阶段都提出了相对应的危机管理措施。危机管理者应当掌控全局，预测发展态势，尽可能控制危机，避免因危机大范围扩散而造成不可挽回的后果。

一、危机预警及准备阶段

危机管理的第一个阶段是危机预警及准备，这个阶段常常被人忽略，不受重视。但是，若在这一阶段就能识别危机并控制危机，就不会对组织和社会造成太大的影响，由此可以节约大量的人、财、物，维护社会秩序。这种经济又简便的方法可以带来事半功倍的效果。

（一）避免危机

避免危机通常是不易被察觉的阶段，因此被许多管理者所忽视。但这一环节却是有效控制危机的最佳阶段。要想从根源上避免危机，应做到以下几点。

1. 动态预测

要想预防危机，首先要了解组织内外的各种潜在威胁，预想可能造成的后果，提前设计应对方案，将这项工作融入组织的日常工作中，根据组织内外环境的变化及时更新应对方案。如果可以做到及时监测，就可以从源头上减少危机事件的发生。

2. 避免过分自信

危机管理者应避免受惯性思维和认识盲区的束缚，只重视危机后的紧急应对而忽略危机潜伏期所呈现出的征兆，未能做到居安思危，过度相信组织的危机抵御能力，未能将危机控制在一定范围内，从而造成不必要的损失。

---

[1]　薛澜. 危机管理 [M]. 北京：清华大学出版社，2003.

（二）危机管理预案

在危机预警失效或预警不及时等情况下，我们无法准确预测危机，在必须直面危机时，组织应做好充足的准备应对危机，加强战略规划和物资储备，确保通信设施正常，稳定民众情绪。

（三）组织系统建立

危机发生后，政府应及时、迅速地组建危机应对小组，搭建权威性的危机应对平台，提高政府在紧急情况下危机决策和危机应对的效率。政府的危机管理组织体系还应当根据现代公共治理发展的要求吸纳社会组织各方有序参与。

（四）社会模拟演习

很多时候，危机是无法避免的，我们可以提前演练，模拟危机场景，在危机真的到来时，可以凭借经验灵活应对，防患于未然，这样不仅可以提高组织的危机意识和危机管理效率，还可以查漏补缺，弥补危机应对系统的不足。

二、识别危机阶段

这个阶段的主要工作是通过危机监测系统监测到各种危机信号，确认危机。若在这一阶段能准确识别危机，危机管理者就有充足的时间处理危机和控制危机。

在危机大规模爆发之前，往往会有各种迹象和征兆，需要引起危机管理者重视，否则，一些看似不起眼的小冲突不断累积就会酿成大祸，危机萌芽阶段是防范危机最好的时期，危机管理者应争取在这一阶段控制事态发展，解决问题，避免危机大规模爆发。

危机情景下信息的不完全、不及时、不准确，给危机管理者带来很大的麻烦。因此，信息是影响危机管理成效的关键性因素，在搜寻信息过程中要注意以下三点。

1. 信息来源

随着现代信息社会的发展，我们每天都处于大量的不同类别信息的包围之中。在传统的报纸、杂志、电视、广播等信息传播渠道的基础上，近些年随着网络的扩张，大众传媒在塑造公众价值观念、强化公众意识、反映和引导社会舆论等诸多方面发挥着巨大的作用。

2. 信息收集

在明确了信息各式各样的渠道和来源之后，下一步的工作就是从这些信息源着手，尽可能地收集可能与组织潜在危机相关的信息，总结归纳隐藏在信息背后的核心要素。

3. 信息整理分析

组织监测和扫描到各种危机发生的信息后，下一步马上要采取的行动就是要对这些危机信息进行系统的整理、分析，发现其中存在的主要问题以及隐藏在问题表象背后的本质原因。

三、隔离危机阶段

从危机前兆阶段发展到危机事件的全面爆发，中间有一定的过程。首先，危机的全面爆发一般具有特定的导火索，致使危机事态的发展达到一定的"点火温度"。其次，危机事件进入紧急阶段，直至最终全面爆发，必然经过一个危机的升级过程。危机升级往往也是破坏力增强的过程，使危机容易造成更大的人员伤亡和财产损失，社会秩序也更趋于无序和混乱状态；危机管理人员面临的任务更为艰巨，时间更为紧迫，危机管理的压力更大等。伴随危机事态的逐步升级与不断深化，要求组织必须发挥危机管理机构"防火墙"的作用，控制危机事态的蔓延，保证组织其他部门的正常运转。

（一）取舍原则

在隔离危机阶段，果断决策至关重要。危急状态下，时间紧迫，信息不对称，危机管理人员面临巨大的压力。要想有效应对危机，管理者应遵循以下原则。

1. 迅速收集信息

危机进入紧急阶段后，危机信息复杂多样，真假难辨，危机管理者无法获得所有相关信息，也无法确定危机信息的重要性。在隔离危机阶段可以做的是尽可能多地收集各方面的信息，辨别信息的重要性和真伪，为接下来的危机应对奠定基础。

2. 始终把对人的影响放在首位

危机事件会造成人员伤亡，影响正常生产经营，破坏组织秩序，给社会带来恶劣的影响，其中安全和救助成为民众的首要需求。就短期目标而言，各种类型的危机事件应对的最主要目的是减少人员伤亡和财产损失，其中人员的生命安全则属于核心的目标，必须牢固树立"生命第一"和以人为本的原则。

3. 简单的评估

在危机隔离阶段，应当对危机应对工作进行简单的评估，分清主次和轻重缓急，抓住重点，统筹兼顾。当然，必要时危机管理小组可以聘请有关方面的专家协助进行技术鉴定。

（二）危机"防火墙"

隔离危机阶段的主要工作目标就是将危机尽可能隔离开来，避免危机进一步蔓延。在这个阶段，要分清主次，抓住重点，解决主要问题，使这些专职的危机管理机构和人员在危机事件爆发时真正起到"防火墙"的作用。

1. 启用危机管理机构

危机发生时，应当让专业的危机应对小组进行危机管理。在遭遇突发事件时，组织可以在第一时间派安全服务小组负责处理，在注意保护可追查线索的基础上调查事件的起因和症状，加强防御，进行漏洞分析，查找事件的源头，在最短的时间内修正系统，使组织正常工作，并加强监控系统，提交详细的事件记录和跟踪报告，做到透明化处理，尽可能根除事件影响。

在危机期间，危机管理小组成员应当专职从事危机应对的相关工作，这样组织不会因为偶尔的几次意外事件而中止日常工作的开展，在整体上可以保证组织运行的连续性。当然，还应当对防火墙实行集中的管理，对防火墙的运行状况进行全天候的实时监控，并要求危机管理小组按时提交管理服务报告，提出安全策略建议，动态调整安全策略。

2. 决定主要人物的介入程度

许多危机事件的破坏性极大，波及范围较广，需要组织主要领导出面，协调各部门间的工作，确保危机应对的权威性和强制性，同时，随时监控危机事态发展的具体情况，保证组织和外界保持畅通的通信，表明组织应对危机的信心和决心，维护组织在社会公众中的地位和形象。

3. 保证组织内其他部门正常运转

危机事件的发生可能会影响某个或某几个部门，但尽可能不要影响到整个组织的正常运行。要充分保证危急状态下组织各部门的正常运转，很重要的一点就是要提前储备好各种备用资源（如备份设备、迂回路径等）。组织的应急方案必须对系统中所有的关键资源进行备份，备用资源会根据运行中的资源情况随时进行更新。当危机事件发生、故障出现时，整个出现故障的资源退出工作状态，备用资源取而代之。

（三）组织内部运作

危机发生后，信息便成为决定性的因素。与危机相关的各种信息的及时收集、反馈和相关数据分析的效果，往往都会影响到危机管理的成效。因此，组织应当及时向所有的组织成员及利益相关者通报信息，而不要让他们仅从公众媒体上得到有关组织的消息。

正如上述所言，危机管理的内部信息通报和外部沟通都极其复杂和难以控制。在信息技术高度发达的现代社会中，由于大众传媒日益增大的影响力，以及危机信息瞬息万变且庞杂等原因，导致组织决策层对信息的了解和把握程度也是不一样的。为确保危机信息发布的连续性和一致性，组织应当指定固定的发言人，不仅可以使谣言止于权威渠道，也可以让更多人知情，这也意味着更多人因有所预防而免于伤害。

四、管理危机阶段

当危机状况较为严重时，组织结构可能也会遭受破坏，人民群众的生产生活受到严重影响，组织应努力寻求可能的办法，打破当前局面。如果危机问题得以解决，危机就有可能得到减缓；如果问题没有得到根本的解决，危机只是暂时的减缓，那么危急状态就有出现再次升级的可能性。

（一）人员调度原则

危机情景下，人力资源成为一个重要的约束条件。一方面，威胁生命、健康、重大公私财产安全的危急事件，容易使正常的宪法和法律秩序趋于瘫痪，受灾民众心理不稳定，这需要组织的最高领导层出面稳定民心，同时，危机事件应对也需要组织各部门和人员的协同运作，动用组织的各种资源争取迅速控制危机局势；另一方面，对于那些因工业技术而引起的突发事件（如危险物品、辐射事故、水坝决堤、资源短缺和大面积建筑物着火等），在处理过程中应当特别注意科学性、技术性，切忌盲目行事，这就需要大批技术专家的参与。

让主要人物亲赴危机事发现场，发挥领导者的人格魅力，不仅表明组织对危机事件的责任和重视，具有凝聚和威慑的作用，提高工作人员的自信心，而且组织的主要领导人在危机现场也便于调动组织内外的各种资源和各方积极沟通，并实施有效决策。国外的反危机策略专家将领导亲临第一线指挥的任务归纳为三项，人称 3C 策略，即命令（command）、控制（control）和沟通（communication）。特别是在处理国际冲突等十分复杂的危机事件时，组织的决策者和危机管理人员（国家的最高决策机构和领导机关）必须谨慎从事，认真对待。

（二）实时决策模式

由于危机发展急剧变化性和潜在的巨大破坏性，危急状态下很多事情都是不确定的，都要在特别短的时间内决定，而时间是稀缺资源，机会稍纵即逝。因此，无论是安排组织工作的优先次序还是主要人物亲赴危机现场，都必须强调快速决策，争取时间尽快控制危机事态并解决危机。

首先，要做到快速决策。对组织高层决策者和危机管理人员而言，决策能力是维持组织生存必须具备的、最起码的素质。这些决策能力包括快速判断、快速反应、快速决策、快速行动及快速修正的综合能力。当危机解决的机会出现时，组织应在科学的危机信息调查和准确的危机预测基础上迅速做出决策，把握机遇，及时控制，解决危机，否则就可能失去宝贵的解决危机的机会。

其次，尽量避免过度分析。危急状态下，组织决策者和危机管理队伍要在信息极其有限的条件下迅速做出决策，必须避免优柔寡断、犹豫不定、过度分析的倾向，否则就有可能让灾害蔓延，造成更大的生命和财产损失。

（三）媒体沟通方式

新闻媒体作为危机管理组织的主要合作对象之一，在危急状态下发挥着极其重要的作用，承担着多重任务。危机管理组织从控制社会秩序、防止危机升级和减少不必要的恐慌等实际情况出发，想要有目的、有选择地控制信息源和信息传播渠道，这就涉及妥善利用新闻媒体力量的问题。

危机管理组织要妥善使用新闻媒体的力量，必须把握以下几个原则：首先，要和媒体合作，做媒体的合作者，利用新闻媒体宣传、阐释组织的危机管理政策，掌握新闻媒体的舆论导向；其次，要恰当处理好和敌对媒体的关系；最后，要控制住谣言，保持一个权威的、主流的声音。

五、危机后处理阶段

危机事件结束后，组织还需要做的一项工作就是危机的处理工作。在这一阶段，组织应当立足于现实的危机问题，明确大规模的危机事件发生之后组织工作的目标取向和政策导向。为此，组织需要很好地了解、确定和解决两个重要任务：第一，危机善后处理，即组织以危机问题的解决为中心和契机，配套地解决和控制一些与危机问题相关的、可能导致危机局势再度发生的各种社会问题，巩固危机管理的成果；第二，从危机中获益，即组织通过对危机发生原因、危机处理过程的细致分析，总结经验教训，提出组织在技术、管理、组织机构及运作程序上的改进意见，进而进行必要的组织变革。

（一）危机善后处理

经过组织成员危机管理前四个阶段的共同努力，危机事态得以完全被控制，危机事件最终被解决。但是危机事件具有极大的不稳定性,给组织以及整个社会带来的不良影响可能会持续很长一段时间;另外一些危机具有明显的多因性、变异性和互动性,集中体现组织面临的各种问题的复杂性和尖锐性。因此,从极度紧迫的逆境状态解放出来以后的政府及其他组织还应当进行危机后的定期跟踪、反馈工作,确保危机事件得以从根本上解决。

1. 变危险为机遇

危机是把"双刃剑",危机处理结束并不意味着真正的结束,组织应在危机结束后积极反思,寻找不足,利用此次危机处理经验,培养组织成员危机意识和危机应对技能,提高危机应对能力。重塑组织在公众心中的形象,变危机为机遇,激活组织活力。

2. 危机后的恢复重建

危机对社会秩序造成了破坏,人们的正常生活受到了极大的影响。因此,政府及其他组织要尽快帮助受灾群众进行生产自救,以便尽快推动社会正常的企业生产和商业经营秩序。这些活动内容包括:给予企业必要的经济援助,弥补其在危机中的损失,启动生产;组织、调节供销渠道,及时提供民众生活的日常和急需物品,保障公众的正常生活;说服参与冲突的成员回到工作岗位,陈述发展生产对解决危机问题和社会矛盾的重要性;强化相关的社会福利政策等。实施这些措施的主要目的是发展经济,稳定政治,重新恢复和建立各种秩序。

(二)独立调查制度

在危机后处理阶段,政府应当设立独立调查制度,公正甄别事件诱因,举一反三,汲取教训,最大限度地减少类似的灾难、事故的再次发生;同时,独立调查委员会还应当进行责任归属、纠纷处理及补偿分配等工作。

1. 建立独立调查制度

探究危机事件诱因需要有一个独立于行政之外的司法体系和独立调查制度,具有相对的独立性并具有相当的权威性,以公正甄别事件诱因。同时,独立调查委员会作为督察机关,有权将调查报告连同有关建议向新闻界公布,以寻求社会舆论力量的支持,给监督对象以压力,迫使其改正。需要说明的是,在建立权威的独立调查制度的同时,政府及其他组织应当强化行业协会的自律和监管,建立和完善行业质量监督体系,充实行业监管队伍,建立行业调查委员会、惩戒委员会、技术鉴定委员会,提高行业监管的权威性。

2. 公开甄别危机诱因

危机事件的发生往往具有多元化的社会诱因,从某种意义上说,危机是一定时期内潜在的社会制度问题的外化表现。因此,第三方性质的独立调查委员会必须从政治、经济、文化等多方面、多角度地公开甄别危机事件发生的诱因。独立调查委员会不仅要查明事故发生的原因、人员伤亡及财产损失情况,检查控制事故的应急措施是否得当和落实,查清事故的性质和责任,提出对事故责任者的处理建议,更要提出事故处理及防止类似事故再次发生所采取措施的建议。写出的事故调查报告也应当尽快公之于众,一方面,让民众了解危机事件真相,以正视听,并使整个社会从中汲取教训;另一方面,组织在总结经验教训的基础上,能在技术、管理、组织结构及运作程序上加以改进,避免以后类似的危机事件的再次发生。危机带来的各种各样的危机后遗症会严重影响人类的社会行为和心理活动,因此，危机发生后，组织必须采取各种策略和措施，公开甄别各种危机后遗症，抚平受灾民众的灾难心理创伤，尽快让他们恢复生产、生活的信心。

（三）诊断"危机后遗症"

1. 危机后的社会心理

俗语说："一朝被蛇咬，十年怕井绳。"人们对危险或威胁的体验会诱发一种复合性负面情绪——焦虑。由于危机事件往往造成巨大的人员伤亡和财产损失，对社会生产、生活带来巨大的震荡和破坏，因此，危机后社会公众的心理往往呈现反弹和低落的状态，对危机事件产生恐惧。

2. 危机后的社会结构

危机的发生会使得社会结构和功能不同程度地失调。因此，在危机事态被完全控制或即将得到圆满解决的时候，政府及其他危机管理者应当根据特定的危机情势的发展尽快恢复社会结构和功能的正常运转。

3. 危机后的学习机制

发生的每一次危机对组织都是一次新的考验。组织也可以从中获益，发现原有危机管理体制中存在的种种问题，进而加以修正和改进。

4. 危机后的组织变革

在现实社会中，突发性危机事件往往是组织变革的主要促进因素之一。在常态秩序下，组织自身无力修复和遏制其结构、功能失调时，危机正是激发组织进行积极变革的外部刺激物和动力。经历了危机，组织可以在面对新环境时进行调整。一个灵活的社会通过冲突行为而受益，因为这种冲突行为通过规范的改进和创造，保证了它们在变化了的条件下延续下去。

因此，由危机而引发的组织变革是对组织行为、组织策略的一种基本的刺激反应模式。如果组织能够把握危机的契机，迅速对危机发生诱因、危机管理过程进行细致分析，总结经验教训，适应新环境的变化，提出在技术、管理、组织机构和运作程序上的改进意见，开展积极主动的、渐进性的变革，那么，危机就有助于维持组织系统的活力和生命力。

六、薛澜危机管理模型的优缺点

在薛澜的危机管理模型中，各阶段联结起来可以形成一个循环周期。按时间序列对危机全过程进行划分，可以在每个阶段实施有针对性的应对策略，尽可能将危机控制在某一阶段，但是人们通常很难准确识别危机阶段，会错过最佳的危机应对时机，而且该模型忽略了危机管理体。

第八节 畅铁民的危机管理模型

在前几节中提到的模型大多是以危机发展的时间序列为依据对危机事件全过程进行划分，这些模型的优点在于危机事件被明确划分为几个阶段，每个阶段都有针对性的措施。

但事实上，危机的每个阶段很难界定，即便识别出了危机阶段，危机可能已经转移至下一个阶段，使得危机应对的时效性减弱。此外，这些模型还忽略了危机管理体制的建立，容易产生消极应对的情况。

一、危机管理过程的五个方面

绍兴文理学院教授畅铁民按照管理学的管理职能理论建立了危机管理过程模型。这个危机管理模型将危机管理过程划分为五个方面：危机信息分析、危机应对计划、危机应对组织、危机应对领导和危机应对控制。[1] 具体分析如下。

（1）危机信息分析。主要针对危机管理的对象及危机的来源、征兆、态势和扭转机会进行分析。从而为后续的管理职能确定目标和管理对象。

（2）危机应对计划。主要针对危机风险预防与控制、预警系统的建立、危机反应与恢复计划进行相应的管理活动。该项职能是危机管理成功的核心，因为无论任何管理活动，对管理者而言，要有效地实现目标，其首要职责就是做计划。危机应对计划是指导企业危机管理各项活动的行动纲领。

（3）危机应对组织。组织职能是管理职能中第二项重要职能。企业在确定危机应对目标和计划后，要保证任务圆满完成，就必须将实现计划要完成的各项工作进行合理的分配，将各类任务交给合适的人选来负责完成，并且要保证人与人之间、部门与部门之间的协调，以保证企业危机管理活动能高效率运行。

（4）危机应对的领导。危机中的事项千头万绪，部门冲突和人员之间的冲突相互交织，这就需要权威的领导者具有相应的素质和能力，并有效地进行危机应对决策，指导人们的行为，同时要沟通人们之间的信息，增强相互之间的理解，统一思想和行动，激励各个成员为最大限度地减少危机的损害而努力。

（5）危机应对控制。危机应对控制是保证企业危机应对计划与企业实际危机管理活动动态相适应的管理职能，以保证危机管理活动朝着企业应对计划和目标的方向进行。危机应对控制系统越完善，企业的危机管理目标和计划就越容易实现。

二、畅铁民危机管理模型的优缺点

该模型突破了以危机发展的时间为划分依据的模式，而是着眼于全局性、系统性的规划和控制，强调组织和组织中的领导在危机中的作用，强化了系统的管理体制建设，重视危机信息分析和应对计划，但该模型没有提到危机结束后的处理。

本 章 小 结

本章共分为八节内容。第一小节介绍公共危机管理模型，让大家对模型有一个初步的了解和基本的认识，第二节至第八节分别介绍了三阶段模型、罗伯特希斯的 4R 模型、斯蒂文·芬克的危机传播四阶段模型、伊恩·米特洛夫的五阶段模型、诺曼·R.奥古斯丁的

---

[1] 畅铁民.企业危机管理[M].北京：科学出版社，2004.

危机管理六阶段模型,以及我国学者薛澜提出的危机管理五阶段论和畅铁民的危机管理职能模型,这些都是国内外著名且常用的模型。本书对这些模型进行了简单的介绍,希望大家对危机模型有一定的了解,也希望对我国未来的危机处理有一定的借鉴意义。

思 考 题

1. 危机管理的模型是怎样形成的?依据是什么?
2. 三阶段模型将危机分为了哪三个阶段?请简要陈述其内容。
3. 4R 模型的内容是什么? 4R 模型有怎样的意义和启示?
4. 斯蒂文·芬克的危机传播四阶段理论将危机分为哪四个阶段?
5. 伊恩·米特洛夫的五阶段模型将危机划分为哪五个阶段?
6. 奥古斯丁的危机管理六阶段模型将危机划分为哪六个阶段?
7. 请简述薛澜等人提出的危机管理五阶段论。
8. 简要论述畅铁民的危机管理职能模型。

第五章　公共危机的预防和准备

📝 学习目标

- 提高对公共危机预防和准备的认识。
- 掌握公共危机预防及其机制的含义、特征、原则与意义。
- 掌握公共危机准备的含义、特征、目标与原则。
- 明确公共危机准备的主要内容。

🖱 关键词

公共危机管理　公共危机预防　公共危机准备　公共危机预防机制

🖨 案例导入

浙江省应对台风"烟花"

2021年7月23日，浙江省气象局发布台风警报：强台风"烟花"正逐步向浙江省沿海地区靠近，预计会出现"强风、暴雨、高潮"等极端天气，对浙江沿海各城市的基础设施以及公众的生命财产安全造成一定的损害。在这种情况下，浙江省政府及各相关部门积极地制定危机预防和准备对策，采取一系列措施来应对危机的发生。浙江省各地各部门充分调动一切力量，把各项防台风救灾措施抓细抓实抓到位，尽全力确保人民群众生命财产安全。具体措施如下。

一是加强危机的预测和预警。气候、生态资源、水利工程等相关部门加强预测预警，精确做好强台风、大暴雨、风暴潮、海啸和江河水位、城市内涝存水等危机的预测分析和预警工作。当天气情况变得极端，并且达到政府部门设置好的临界值时，第一时间将预警信息点到点精确送至村县责任人、危险地带的民众中，有效提升危机预警信息的传递速率。

二是进行人员安全转移工作。各地全面分析研判和排查受威胁人员，充分发挥"安全码"精密智控作用，根据上下对接确定的应转移人员数加大转移力度切实做到6个100%。受强台风影响而严重损坏的区域立即公布进入紧急防汛期，采用停业、停学、封闭交通路面、关闭旅游景区等应急处置措施，终止一切与防台风活动不相干的室外活动，实施一切可能的策略来防止出现伤亡事故。

三是对高危区域进行重点防御。①做好沿海地区防台风工作。浙江沿海区域一定要及时封闭飞机场、港口、高速路等，贯彻落实公司、石油、化工厂、核电厂的安全管理措施。②高度重视海塘山塘水库安全工作。高度重视对水利枢纽、河堤堤防等的巡视和防御，在强台风、强降水期内增加巡视次数，一旦发现紧急情况，要及时妥善处理。③做好城市内涝防治工作。认真落实高处建筑物、广告牌、绿化树等抗风保安措施；严密监管高风险的房屋，开展动态性巡视，严格按要求做好腾空防控，防止人员回流。

四是做好紧急救援的准备工作。高度重视对危机救援力量的准备，严密监测重点地区的情况，做到精确调度，快速解决危机事件，依据危机发展的情况提前预订应急消防救援、专业技术防汛和社会救援等力量，做好应对危机、抢险救援的准备，保证紧急情况发生时第一时间展开救援行动。尤其是全面预测、分析断水断电等非正常情况，配合充足的救援物资和装备。做好交通出行、电力工程、通信、供电等基础设施的维修准备，尽力确保基础设备可以正常运转。

五是进行高强度全覆盖的宣传动员。各级领导依据台风状况发布危机动员和危机应急宣传和演讲，要充分利用电视机、广播节目、互联网、手机信息等途径将雨情、水位、防灾避险信息的内容及时告知广大人民群众，引导广大人民群众形成危机预防意识和紧急避险观念；各地向全社会发布援助力量的呼救信息，动员社会各界力量积极参加救灾工作。

浙江省政府通过全面、系统的危机预防措施，大大提升了浙江省对台风的防范应对能力，使得政府部门在台风危机来临时能够快速反应，精准救援，真正维护和保障了人民群众的生命财产安全，真正做到了为人民服务，以实际行动深刻诠释了对党忠诚、不负人民。

思考题：
1. 结合案例中浙江省危机预防的措施，思考公共危机的预防主要包含哪些内容。
2. 结合浙江省的危机预防工作，谈一谈自己对于公共危机预防和准备的理解。

随着我国公共危机管理的不断发展，危机管理的重心也在不断前移，从对危机事件发生后的被动解决转到了对早期环节即危机产生前的积极管理、积极预防。公共危机预防和准备也就逐渐成为我国公共危机管理的首要环节。预防与准备的关键是在危机发生前，通过政府部门的组织与社会各界的参与和协作，在思想观念、法制、体制、机构、人力资源、物资供应、技术性等各个方面提前做好准备。即使危机突然爆发，政府也可以通过事先建立的危机预防和准备机制，及时采用各种各样的预防和准备对策来防止危机进一步扩大，最大限度地减少损失，清除或降低危机有可能产生的各种各样的危害，进而降低危机的发生对社会和公众带来的各种不良影响。

第一节　公共危机预防概述

一、公共危机预防的内涵

公共危机预防就是指危机发生前，政府部门和社会为防止危机发生、避免危机进一步扩大以及降低危机损害而采用的各种对策，包括思想准备、机构准备、规章制度准备、技术准备等。危机预防主要包含对危机环境的剖析以及管理范围内的社会、经济发展等情况的评估，以期找出可能造成危机的主要因素，尽早进行处理。危机预防目的就是为了减少危机发生的概率，尽量减少危机发生导致的伤害和不利影响。

公共危机事件的无序特点表明，大部分危机事件是突然发生的，很难在危机发生前加以防范。公共危机预防的类型大致可以分为以下三种。

（1）公共危机的事先预防。它主要是通过设计一系列的程序，从危机监测场所接收并处理关于突发事件的报告和其他相关的信息，从而了解以往类似事件的发生所依赖的各种先决条件是否已经出现。如果有先兆出现，有关部门就要主动采取行动，以清除这种先决条件延续与发展的基础。

（2）公共危机的预测预防。它是公共危机预防中比较重要且比较困难的一种类型。虽然科学技术的不断进步可以使自然灾害得到更准确的预报，技术灾害也可以通过加强管理来预防，但是人为因素所导致的公共危机却是无法预料和不确定的。

人为因素所导致的公共危机常常是由于社会冲突的加剧而引起的。在某些情况下，一些区域突发的公共危机事件可能会引发其他地区类似危机事件的发生，而社会冲突的累积和加剧通常需要相当长的一段时间。所以，从宏观上把握社会、经济发展的动向，从微观上关注细微的蛛丝马迹，对各地突发的危机事件进行系统的信息交流，可以为危机的预测提供良好的先决条件。

（3）公共危机的再发性预防。公共危机事件事后的再发性预防就是指在公共危机发生之后，对于危机事件产生的原因进行细致的分析，并积极地采取相应的措施，以期清除危机事件再次发生的先决条件，防止危机事件的再次发生。

二、公共危机预防的特点

（1）战略性。危机预防对国家以及地方政府来说，是事关全局的管理活动，一旦疏于对危机的防控，很有可能会引发重大的危害，对人民的生命财产安全以及社会的秩序都会产生重大的影响，因而具有战略全局性的特点。

（2）科学性。对公共危机的预防要依据相关的法律法规和规章制度，按照一定的标准和程序对危机进行科学规范的预防，以增强危机预防的效率和效果。

（3）主动性。危机的不确定性和风险性决定政府必须主动采取预防措施，将危机化解于无形之中。

（4）潜在性。危机预防工作贯穿于政府管理工作的各个方面，而不仅局限于危机处理培训、危机预警机制等具体制度上。其中对危机意识的培养更是重中之重，要使政府真正树立起危机预防的意识，真正地重视危机的预防工作，而不只是浮于表面。良好的危机意识是最好的危机预防措施。

三、公共危机预防的目标和原则

公共危机预防的目标是遵循系统性、专业性等原则，实现公共危机应对中的关口前移，维持对突发性风险的预见能力和紧急事件发生后的应对能力，维护人民群众生命和财产安全，维护社会稳定，及时地预防公共性风险。

危机预防的原则主要包括以下几个方面。

（1）系统性。风险预防应该始终坚持系统化的工作原则，不能一味地滞留在"点"上，要尽量综合运用系统的分析方式，充分考虑到各个阶段、多种类型的风险，做到全面分析。

（2）专业权威性。要积极听取权威专家的意见和建议，充分发挥他们的作用，并借助专业的分析方法和手段,应用现代科技和方式,全面参考世界各国有关的概念和科研成果进行风险防范与管理。

(3)综合全面性。风险的发生往往是多种因素共同作用的结果,不能仅分析其中一种因素或原因,要综合考虑各个方面的影响和干扰的因素,并应用综合性的分析方式对危机的产生进行全面的分析。

(4)针对性。要紧密联系各地区、各部门的具体需要和主要目标,依据风险级别、能否清除或减轻风险、能否接纳剩余风险等要素,有针对性地开展管理工作。

(5)应用性。要重点围绕突发事件应急管理方面的状况和标准,本着简便易行、实用优先的原则开展各项工作。

四、公共危机预防的意义

凡事预则立,不预则废。政府管理公共性危机的关键应该是预防,应该积极主动预防和处理危机,降低危机发生的概率和范围。预防就是对很有可能发生的危机开展事前预防和控制,从而避免危机事件的发生,或降低危机发生后对人民群众的损害。美国危机管理专家麦克尔里杰斯特说:"预防是处理危机的最好办法。"政府部门应依据过去和现在的已经了解到的危机的相关要素,运用相关知识、工作经验和有效的方法,预知未来的危机事情是不是发生、发生了什么事件、在哪儿发生、怎样发生等,并推断危机的未来发展趋势。政府机构在进行公共危机管理时要遵循以预防为主导、坚持不懈、积极主动预防和科学民主的理念与标准,从源头上切断危机发生的可能性,积极主动维护正常的社会秩序,保障人民生活的稳定。

预防工作是政府部门公共危机管理的第一步,也是非常重要的一步,是政府部门在危机发生前所采取的措施和方式。近些年,世界各国持续不断地发生各种公共性危机事件,危机的方式和类型更加多元化和繁杂化,对国际社会秩序构成严重威胁。针对这种情况,政府部门要采用多种方法,提早做好危机发生前的准备工作,预防或减缓公共性危机事件的发生,维护社会的平稳运行。良好的公共危机预防能使政府部门以最小的成本获得最大的管理效益。危机发生前的预防大大减少了解决危机的成本费用,降低了广大人民群众生命财产安全受到危机损害的程度,进而大大提升了政府部门在群众中的影响力,在群众心目中塑造了一个良好的形象。

第二节 公共危机预防机制

一、公共危机预防机制的内涵

公共危机预防机制可以定义为公共危机预防系统各构成要素相互作用的关系及其运行过程和方式。它是指政府部门依据对危机事件发生的概率与范围等情况进行的评估和监测,以及综合考虑到危机可能会对社会秩序、经济发展、人民生命财产安全等带来的危害和影响,从而使危机事件的管理人员对危机进行危机鉴别、危机评定、危机处置、危机调控等,对危机实施有效控制、妥善处理危机所导致的损失,并期望以最小的成本获得最大安全保障的一种管理过程。

危机预防机制的目标是遵循系统性、专业性等原则，实现公共危机事件应对中的关口前移，维持对突发性危机的预见能力和紧急事件发生后的应对能力，维护人民群众的生命和财产安全，维护社会稳定，及时地预防公共性危机。

公共危机预防机制是一个完整的管理体系，它主要包括以下几个方面。

（1）组织机构系统。政府应当设立一个由中央到地方的公共危机预防机构，这个组织机构主要负责整体的危机事件防范工作，包括制订与地方相适应的公共危机防范规划、监督预防计划的实施，并且在计划实施过程中进行统一的协调以防止计划实施偏差等问题的发生。

（2）危机信息处理系统。这个系统应当具备一套完整的信息处理体系，主要承担信息的搜集、整理、存储、传递、分析等工作，并对突发事件的发生以及公共危机预防过程中产生的各类问题做出及时的反馈和评价，从而为建立、健全公共危机防范体系提供充足的信息保证。

（3）物资保障系统。这是一种紧急情况下的储备体系。一是提供各类应急物资和装备，满足民众日常生活需要的物资；二是要有足够的生产能力，以确保在物资短缺的时候可以快速地生产出需要的应急物资。

（4）技术支持系统。它是一种包含了公共危机识别、预防、监控、预警、控制和处置救援等危机预防全过程的新的技术体系，它可以通过持续地改进各种公共危机事件的处理方式、工具和手段等来提高有关部门预防和处理公共危机事件的效率和综合能力。

（5）专家咨询系统。它作为政府机关危机管理系统的外部大脑，其组成部分主要包括各专业各领域的权威专家。它有一定的独立性和自主性。它的使命是协助政府部门制订危机防范方案，并提供应对措施及建议。

二、公共危机预防机制的特点

（1）科学性。从相关的理论和实践中我们可以看出，突发事件并不必然成为一种公共危机。如果我们平时注意防范，并且预防和防范工作到位的话，许多突发事件就不会转变为危机事件了。因此，政府部门在危机预防的过程中必须遵循科学的预防和防范机制。

（2）系统性。危机预防和防范机制是一种全新的管理理念与管理方式，它借鉴并吸收了近代以来相关的危机管理理念，是对现有的管理体系的继承和发展。所以，在建立危机预防和防范机制时，必须把危机预防和防范机制当作一个整体来逐步完善和推进。

（3）实践性。总体来说，危机预防和防范机制是一套完整的、具有实践性和可操作性的计划体系，它的作用就是遏制突发事件的发生并防止一些突发事件转变为公共危机事件。因此，危机的预防和防范机制并不是简单的几份文件和几套纸面方案，而是一种可行、可实践的机制。

（4）专业权威性。危机预防机制的建立一般要积极听取权威专家的意见和建议，充分发挥他们的作用，并借助专业的分析方法和手段，应用现代科技和方式，全面参考世界各国有关的概念和科研成果，进行危机事件的防范与管理。

（5）应用性。危机预防机制一般重点围绕着公共危机事件管理方面的状况和标准，本着简便易行、实用优先的原则开展各项危机预防工作。

三、公共危机预防机制的原则

1. 主动性原则

危机预防机制是一种具有预见性、自主性的危机管理系统,因而,政府部门在预防机制的执行过程中需在危机事件产生以前积极主动发觉风险源,察觉到危机发生的先兆,尽力做到早预防、早准备,防患于未然。

2. 与危机处置相结合原则

公共危机的产生一般被看作是概率事件,一些公共危机事件具备突发、不可抗拒等特征,我们也许阻止不了一些公共危机事件的产生,但如果我们可以通过建设合理的公共危机预防机制,在危机发生前对其有所预料,在平时的工作中有所预防,提升对公共危机事件的认知,并与公共危机事件的处理相融合,积极主动做好公共危机事件的处理和援助准备工作,那就能够大幅度地提高危机处理的效率,从而大大减少公共危机事件所带来的损失。

3. 因地制宜原则

公共危机预防机制的建立,主要是为了防范其所在地区、所在部门可能出现的公共性危机事件。所以,在国家统一的管理机制下,各地方政府应结合当地的具体情况来制定相应的公共危机预防机制,采用有目的性的防范措施,以免造成各种资源的浪费,从而进一步地提升危机预防机制的科学性和目的性。

4. 常抓不懈原则

建立、健全公共危机预防机制应当被作为公共危机管理的一个重要环节来实施,应当坚持不懈,持之以恒,并将其列入政府部门的日常管理工作中去,每时每刻都要当心,不能够心存侥幸。不仅要防止危机预防机制流于形式,而且也一定要注意防止预防机制变得僵化,应当依据主观、客观因素的不断变化及时地纠正和调整危机预防机制。

5. 全民参与原则

建立和完善公共危机预防机制应当遵循全民参与的原则,只有充分调动人民群众的主动性,让群众积极主动地参加危机预防机制的建设工作,才能让危机预防机制更加健全,才可以更高效地开展危机预防工作,减少公共危机预防机制各方面的成本,进而全面高效地实施危机预防策略。

6. 综合全面原则

危机事件的发生往往是多种因素共同作用的结果,不能单单分析其中一种因素或原因,要综合考虑各个方面的影响和干扰的因素,并应用综合性的分析方式对危机的产生进行综合全面的分析。

四、公共危机预防机制的主要内容

公共危机预防机制的建立是公共危机预防乃至公共危机管理的基础。良好的公共危机预防机制可以提升整体危机预防的效率,降低危机预防的成本。一般来说,完善的公共危机预防机制一般包括:危机预案演练和评估机制、完善的危机信息处理机制、人才培养机制、宣传教育机制以及专家咨询机制等。

（一）危机预案演练和评估机制

预案的演练和评估机制就是在危机管理预案制定的基础上，建立评估等级，一方面对危机事件的严重程度进行分类，另一方面对方案的可行性进行评价，并对方案进行模拟。具体来说，就是通过对风险源的调研和分析，找出其中潜在的危机问题，选择可行的解决方法并设计相应的解决方案。危机管理方案的制定、演练和评估必须遵循完整性、预测性、主动性、实践性和时效性等基本原则。针对各种危机的严重程度，采用不同类型和层级的危机应对对策，以减轻其所造成的影响和后果。

（二）完善的危机信息处理机制

危机预防机制的一个主要方面就是建立完善的危机信息处理系统，因为突发事件具有突发性和不确定性，因此危机事件的发生与否在很大程度上无法由单一部门来进行预测，一般需要不同的机构与部门之间的互相协作和共同努力才能实现最精确的决策，从而制定合适的预防方案。所以，危机预防机制应当在建立一套完整、多元的信息处理系统的基础之上，通过将零散的信息整合在一起并进行有效的分析，来判断危机事件的发生和发展状况，并制作相应的风险防范报告。另外，在信息搜集方面，我们要建立一个公共的危机信息情报网络来保证各部门之间的资源共享与协同合作，并建立一个垂直纵向管理、横向协调沟通的交流体系，这样才能充分地分享各种资源，保证信息的准确和完整，从而更好地推进危机预防工作。

（三）人才培养机制

人才培养机制就是指政府为了应对潜在的突发公共危机事件，对危机管理过程中所需要的包括科研、医疗卫生、行政等领域的各种人才积极进行培养，使他们具有专业的知识和技能，以应对危机事件发生的方式和过程。国家政府积极地鼓励科研、医疗卫生等领域的专家学者加强对危机事件和管理的科学研究，加强在职人员的危机应急基本理论、基本技能的培训，不断提高危机事件发生前的预测能力、危机事件发生后的应急处置能力以及各危机事件应急专业队伍的水平，尽量把危机扼杀在摇篮之中，同时尽力减轻危机事件带来的各种不利影响。

（四）宣传教育机制

危机预防中的宣传教育机制就是通过有计划、有组织、有系统的灵活多样的宣传教育活动，由有关组织在全社会宣传和普及应急专业知识，使相关的专业知识普及化并提供公共危机管理的专业教育等，以提高人民群众的安全防范意识和应急能力，主动采用有益于本地区、本单位处理紧急事件的行为，解决危机事件源头，降低危机发生的概率，维护人身安全和健康的方式和过程。危机忧患意识是危机预防的出发点，只有具有危机忧患意识，才可以更有效地开展公共危机预防。塑造强烈的危机忧患意识，可以使得危机预防信息渠道变得多样化，从而进一步降低危机事件发生的概率并将危机事件产生带来的影响降至最低，使社会的发展维持在一个动态平衡状态，所以必须提高人民群众的危机忧患意识。

政府及各社会组织宣传教育的具体内容应包含下列五个方面。

（1）危机应急管理及相关领域的基础理论。它不但包含危机应急管理的有关理念与应急管理基础领域的介绍，还包括对企业管理方法、民主建设、法律法制等专业知识和技能的详细介绍，以此全面提高目标群体相应的素质和能力水平。

（2）危机应急管理的全部流程。这包括危机应急管理的所有受理程序与过程，主要包含危机预防、危机准备、危机处置与解决、危机后的恢复重建等。

（3）危机应急管理的专业能力。这一方面主要是以提升专业救护队的紧急救援能力和援助效率为主要目的。

（4）各部门之间的协同合作。各部门内部以及部门之间的协作、互动交流与沟通能够促进各部门之间互通有无，相互学习，了解对方的管理模式，进而提升危机应急管理的效率，避免不必要的死伤和损失。

（5）人民群众和志愿者培训。由于人民群众的自救和他们之间的互相援助是进行危机援助的绝佳方式，因此专家教授的危机应急管理知识与技能就能够帮助他们彼此之间互相援助。

（五）专家咨询机制

危机预防机制中的专家咨询机制，一方面是指政府在危机预案的制定以及在评估等环节中积极地听取相关专家的意见和建议，从而制定出更加完善、系统的危机预案，找出更合适的危机处理方式的过程；另一方面也指政府邀请专家学者经常开展一些讲座和活动，向观众讲解如何应对危机以及危机预防的相关知识，使公众们能够对公共危机的预防有更深层面的了解并且掌握一定的危机预防方法的过程。在危机预案制定和评估的过程中，政府自身的知识和力量毕竟是有限的，可能会缺乏一些专业的知识和技能。并且政府在制定预案的过程中还可能会出现当局者迷的现象，这时就需要听取"旁观者"的建议。另外，在培养公民危机意识的过程中，由于进行宣传教育的并不是专业的人员，对相关内容解释得并不一定完全深入，公众可能会出现对相关的危机预防知识一知半解的情况，这就需要各领域的专家学者对相关内容进行详细的解释。可见，建立一个完善的专家咨询系统是十分必要的。

第三节 公共危机准备概述

公共危机准备是公共危机管理的另一个主要层面。危机准备一是要制定应急方案，提早预测分析危机很有可能爆发的时间和范围，并提前准备多种公共危机的应急计划方案。一般来说，要以最坏的方案作为底线。二是要创建危机应急准备机制，明确危机准备的目标、原则以及主要内容与程序。公共危机准备就是为了解决潜在性危机事件而开展的各类准备工作，主要包括应急体系建设规划与实施、应急预案管理以及一系列应急保障准备。在应急系统建设方案的指导下，必需的应急准备工作包含应急预案管理、应急管理人员的培育、公共性应急文化教育的开展以及综合应急保障等各个方面。

一、公共危机准备的含义

公共危机准备是指为了有效开展公共危机事件应对活动，保障应急管理体系正常运行所需要的应急预案、城乡规划、应急队伍、经费、物资、设施、信息、科技等各类保障性资源的总和，是针对可能发生的公共危机事件，为迅速、有序地开展应急行动而预先进行的组织准备和应急保障工作。公共危机准备是为了紧紧围绕应急响应工作中的人力资源、物资供应、资金等领域进行的应急保障资源准备。

二、公共危机准备的特性

公共危机准备主要体现在处理公共危机事件的人力资源、物力资源、资金、道路运输、医疗服务、通信保障等方面，保障应急救援工作的需求和受影响的人民群众的最低生活保障以及复建工作的顺利开展。公共危机准备有以下几个基本特性。

（1）应急资源准备工作的迅速性。因为公共危机事件大小不一、所处的环境非常复杂、在时间和空间上具有可变性，所以应急保障资源从资源贮备到事件发生地，在时长、空间、保障物资供应的总数、品质与种类上都需要精确，要保证运用最少的人力资源、物力资源、资金起到最高的保障实际效果。与此同时，还需要充分考虑社会的发展和环境的变化进行应急保障资源的动态管理。

（2）公共危机准备方法的多元性。公共危机事件通常是通过各种各样的社会突出问题引发的，其产生的原因和环境因素非常复杂。另外，公共危机事件大小规模不一，类型也不一样，其潜在性的伤害、演化的灾难同样难以确定。危机事件的这些特性要求政府部门在公共危机准备的过程中所运用的方式和方法要十分灵活，针对危机发生地区及周围环境的多元性，因地制宜地选用公共危机准备方法，使得公共危机准备方法多元化。

（3）公共危机准备的协同性。公共危机事件的特性决定了应急准备过程中筹集资金、物资设备等稀缺资源的困难程度，而应急资源又是公共危机事件能否被成功处理的最基本的因素。因而，公共危机事件产生后，应急组织体系内部的工作人员要在规范的标准和程序流程下精确运用应急保障资源，实现应急保障资源的充分和高效率运用，防止重复配备，减少浪费。公共危机准备务必具备极强的协同性，要做到统一指挥、明确责任、协调运转、程序流程简单化。

（4）公共危机准备的科学性。依据地理位置、自然生态环境、经济发展区域、城市种类等的差异，应急资源的分布应当有所不同，对于危机事件发生的高概率地区，其应急保障资源的配备应当更多；反之，对于低概率区域，应当酌情减少相应的应急资源配置。应急保障资源的科学合理地分布不但能节省成本，还可以确保应急援救能够及时进行，进而最大限度地减少伤亡事故和经济损失。应急资源配备的原则是"兼顾全面、保障关键"，即确保处理危机事件的核心相关部门、重点工作的资源需求，尤其是稀缺资源的科学合理地运用。

三、公共危机准备的目标和原则

（一）公共危机准备总体目标

公共危机准备的目标是在"防患于未然"的基本原则的前提下，强化工作要求观念、快速响应观念、灵便的保障观念，做好危机准备的服务保障工作。应急准备工作包含应急指挥平台、信息通信、援救应急装备、应急工作组、道路运输、医疗服务、社会治安、物资供应、资金、应急庇护所等。在公共危机事件产生以前，积极做好各项准备，包含安全事故救援准备、应急预案准备、组织机构准备、应急保障准备等，以避免公共危机事件升级或扩张，提升应急处理和援救的效率，最大限度地降低公共危机事件的产生，以及产生的损害和危害。

（二）公共危机准备的原则

为了能够及时、有序、高效率地做好公共危机事件的各项工作，真正做到指挥统一、调度统一、分级负责、互相协作，确保应急准备工作的顺利进行，应急准备工作需要遵循以下原则。

（1）综合集成，系统适用。公共危机准备是包含专业知识准备、思想准备、相关的法律法规及规章制度的准备、应急预案的准备、应急装备的准备等。公共危机准备工作要全方位地开展，涉及人力资源、物资设备等资源的分配、应急预案制定与演练、公共安全教育、互帮互助协议等各个方面。各地区、各部门依据社会经济发展和遇到的公共危机事件的具体情况进行危机准备的合理布局与科学规划，建立健全物资储备保障规章制度、经费预算保障规章制度、通信保障管理体系等其他基础制度与体系建设。同时，也要实现不同地区和部门之间的应急保障资源共享，提升综合性保障能力。

（2）快速响应，居安思危。各地方政府和专业部门、有关单位依据紧急救助特性与要求，遵循平战紧密结合、居安思危的原则，配置了公共危机现场快速援救的救援装备和器械，建立了具备应急安全防护作用与危急准备紧密结合的通信网络。建立快速响应、平战紧密结合的专业救护队和综合性应急救护队，不断提升危急援救的快速响应能力与综合性保障能力。

（3）多方参与，动态更新。公共危机准备要充分发挥企业事业单位、社团组织、人民群众的积极作用。大型现场援救的救援装备等应急资源可通过与有关公司签署应急支援服务协议，灵活运用政府支持、合同签订、授权委托等方法来进行配置和补充。另外这些应急救援设施每一年维护和保养的一些费用可以由企业或政府部门来承担。要创建应急物资供应信息数据库、监控互联网、警报系统和应急资源生产制造、贮备、部署和应急配送系统，健全应急工作程序，保障应急所需物资和日常用品的按时供给，提升对物资储备的监管，保证应急准备工作精确有效地开展。

第四节　公共危机准备的主要内容

一、制定公共危机应急预案

公共危机应急预案的制定是公共危机准备工作的基础，解决公共危机事件的第一步就是制定明确规范的应急预案。危机应急预案是根据对危机事件的评估和鉴识，在明确危机事件的类型、产生的时间和范围以及事件的严重程度的前提下，对危机管理工作所需的人力、物力、财力等资源进行预先的安排。制定应急预案的目的是提升应急管理决策的合理性，提升危机管理人员的应急观念和应急能力，明确各危机处理主体的责任与义务，提升危机处理的效率。应急计划的制定工作要根据对危机事件的调研和剖析，明确突发性事件的特性、特点和可能产生的社会危害和影响，从而制定一系列危机管理流程。

应急预案编制的目的在于实现危机事件爆发前的前期准备以及危机事件产生时的合理解决和处理，将不良影响和负面影响降到最低。在应急预案编写环节中，应当遵循下列原则。

1. 依靠科学，依法规范

制定和修正应急预案要充分调动全社会各个方面尤其是权威专家的力量，充分发挥他们的作用，推行科学民主决策，采用先进的监测预警和危机处理技术，保证防范和解决危机事件的科技水平和实力，提升危机应急预案的技术含量。应急预案必须符合相关的法律法规、政策法规和规章制度，并和相关政策对接；与强化政府部门社会治理和公共服务职能、推进行政管理体制改革相结合，应当依据相关程序流程制定和修订危机应急预案；要依法执政，依规执行危机应急预案。同时，也要高度重视对公共安全管理的研究，采用先进的预测分析、预警信息、防范和应急管理技术，提升防范和解决危机事件的科技实力、内容与范畴。保证危机应急预案的全面性、规范化、科学性和可执行性。

2. 统一领导，分工负责

制定整体的危机应急方案须在中共中央、国务院的统一带领下，坚持分级分类管理、条块结合、属地为主导的基本原则。省、市人民政府是解决本地区内比较重大的危机事件的主体。依据危机事件的严重程度、可控程度、所需要的资源数量、影响程度等多种因素，分类分级设置和实施危机应急预案，推行岗位责任制度，明确相关责任人以及领导管理权限。

对具体的各部门、各单位的危机应急预案来说，必须在国务院的统一带领下，组织相关部门、企业制定和修订本单位危机事件应急预案。严格依据分工负责、属地为核心和分类处理、协调合作的基本原则，推行各级危机应急响应岗位责任制度，明确部门责任人和管理权限。

3. 加强协调配合，确保快速反应

对于整体的危机方案的制定，要不断加强资源整合。要依照条块结合、资源优化配置、减少行政成本的要求，灵活运用现有资源，尽量避免重复建设，充分发挥我国的社会主义制度优越性，展现我集中力量办大事的优势。同时，要确立不同种类的危急事件应急管理的主导部门及其岗位职责和管理权限，其他的有关部门、企业单位也要紧密配合；要全面借助和充分发挥部队、武警在处理危机事件中的巨大作用，同时基层民兵在处理危机事件中的重要作用也不能忽视。

4. 预防为主，平战结合

要落实防患于未然的观念，树立居安思危意识，要时常做好处理危机事件的心理准备、危机应急预案准备、体制准备、工作准备等。不断进行危机应急演练，做到居安思危。同时，需要重点完善信息上报管理系统、决策管理系统、防灾减灾宣传系统以及复建管理系统。应当建立专业、扎实的危机处置团队，提升专业团队和志愿服务队伍的危机处理能力，做好对广大群众的宣传工作，并定时开展危机演习。要强化值勤和危机联动机制，危机事件爆发后，各部门迅速启动，快速解决危机事件，尽量避免人民群众生命财产以及自然环境等方面的损害。

危机预案的主要内容一般包含相关的组织体系和各部门应承担的责任义务、应急反应机制、应急保障体制、恢复和复建对策等应急准备、应急响应、应急处置和应急恢复的全过程。具体内容主要包括以下几个方面。

（一）通则

（1）制定目的。概述编写危机应急预案的重要性与作用。如提高规范化管理，提升危机处置能力，有效防范公共危机的出现以及快速解决公共危机事件，降低危机事件的影响和确保人民群众的生命财产安全等。

（2）制定依据。主要根据我国相关的法律法规、政策法规、政策要求与国家相对应的危机应急预案来制定应急预案。

（3）应用领域。主要指危机应急预案对某一区域、某一类公共危机事件做出响应。危机应急预案仅适用于相应的行政机关管辖区域和工作职责范围内，层级明确，操作性强。

（4）工作标准。主要要求明确、详细，如统一领导、分类管理、条块结合、职责明确、反应迅速、运行高效、优化资源配置、信息分享、防患于未然、处理快速等标准。

（二）危机应急机构与责任

危机应急机构的指挥是危机应急预案的重要内容，危机应急预案的主要功能是创建统一、井然有序、高效率的危机指挥和处理模式。

（1）公共危机事件的处理必须建立相应的危机指挥机构，确立负责人、组成人员及其相关的权力。

（2）确定应急指挥牵涉到的相关部门及相应权利与义务。

（3）以危机事件应急回应的全过程为核心，确立公共危机事件发生、汇报、解决、善后处理等各个环节的领导和联动单位；以危机准备与相关的物资保障组织为支线，明确参加危机响应工作相关部门的工作职责。

（三）防范与预警

危机应急预案的对象是预期发生的公共危机事件，并有针对性地搞好危机发生前的准备工作，因而防范和预警管理机制是应急预案的重要内容。

（1）信息检测。明确预警信息检测、搜集、汇报、公布的形式与程序流程，完善信息源剖析、基本数据监控、风险评估和危机等级分类等制度。

（2）预警行为。包括确立危机预警的方式、渠道以及监督管理措施和信息沟通与通告程序流程。也包含在危机预警期内所采取的应急对策以及相关的危机准备工作。

（3）预警支持体系。完善预警信息系统和相关的技术应用平台，确立系统使用、维护和改进的规定。

（4）预警级别发布。确立预警级别的确认标准、信息确定、公布程序流程等。依据公共危机事件的严重程度和紧急程度，分成一般（Ⅴ级）、较大（Ⅲ级）、重大（Ⅱ级）、特别重大（Ⅰ级）四级预警信息，色调分别为蓝色、黄色、橙色、红色。

（四）危机应急响应

危机应急响应是危机应急预案的主要内容之一，就是危机指挥组织在应急指挥中运用相关的信息反馈系统，有效运用应急资源和力量，抓住时机提升危机防控力度，避免局势进一步恶变，针对产生的公共危机事件，把它的影响程度降低到最低的水平。其主要内容一般包括下列七个方面。

（1）应急响应等级。依据危机事件明确科学合理的等级规范，依据危机事件的可操控性、严重性和影响程度，分成一般（Ⅴ级）、较重大（Ⅲ级）、重大（Ⅱ级）、特别重大（Ⅰ级）四级，执行相对应等级的应急响应方案并采取相应的行动。公共危机事件的等级层次与预测预警等级息息相关，但是也很有可能不一样，可以根据危机事件的实际情况来确定。

（2）应急响应行为。依据危机事件的等级确立危机预案的实施等级与前提条件，确立处置主体、领导机构的职责、管理权限及要求，明确应急处理的全过程等。针对海外、跨区域等需要部门协作的公共危机事件，可以根据危机事件的实际情况实施不同类型的对策，防止可能出现的衍生事件。

（3）信息上报与处置。确立信息收集的范畴、具体内容、方式、上报程序和期限，危机信息的报告和处理应当合乎政府部门信息公开的相关规定。若危机事件涉及中国香港和台湾地区，以及境外人员或可能会影响到海外，必须向有关区域和国家通告的，应当确立通告流程和部门单位。

（4）领导和协调。危机事件的指挥要遵循所在地为主导的基本原则，创建地方政府统一领导、危机事件主管机构为主导、各有关部门参加的紧急救援联动机制。确定领导机构的职责与任务，建立健全决策机制、汇报、请示报告等制度，完善信息剖析、专家指导、损失评估等环节。

（5）危机应急处理。主要包括制定详尽、科学合理的危机事件解决处理预案、处置措施，确定各个应急领导机构派遣应急专业团队的数量和处理措施，团队集中、部署的具体方案、机器设备器械、物资供应以及药物调运的程序流程、各应急团队间的合作程序流程等。

（6）信息公布。依照危机应急预案的相关规定，遵照求真务实、及时准确的基本原则，确定信息发布的内容、方法和流程，尽快召开相关的新闻发布会。

（7）应急行动整体结束。在危机事件得到控制之后，确立解除紧急状态，终止应急响应的相关措施。

（五）善后处置工作

（1）善后处理。确立对受灾人员的安置、物资供应和征用赔偿以及抗灾救灾的各项政策、疾病预防、保险赔付工作等。

（2）社会援助。确定社会、个人和相关组织机构的协调、捐助物资的管理和监管等事宜，援助受灾地区的人民群众。

（3）结果评定。包括公共危机事件解决后的剖析评价、调查研究报告、经验和教训汇总及改进意见。

（六）总体应急保障

（1）人员保障。列举出各种危机响应的优秀机构和人员，包含政府部门、部队、武警部队、群众团体、机关事业单位、公益团体和志愿服务队伍等。确立社会动员标准、范畴、流程和必要的保障机制。

（2）资金保障。确定应急费用的来源、适用范围、数量及监管方式与措施，实施应急状况下政府部门经费保障策略。

（3）物资保障。包含资源调配和管理生产方案。依据实际情况和相应的需求，确立实际的应急物资储备、生产能力贮备、生产程序技术规划贮备等。

（4）通信保障。创建通信系统维护和信息收集等制度，保证危机处理期间的信息流通顺畅；确定应急处理涉及的各部门的通信方式和应急期内党、政、军领导机关及现场指挥的通信实施方案。

（5）交通保障。包含各种运输工具的总数、分布、作用、使用情况等信息，驾驶员的应急准备对策，征用企业的计划方案，交通管制规划和线路规划等。

（6）医疗服务保障。包含医疗救援的资源分布、救护能力及专业技能、灾害过后的医疗卫生疾病控制力和各个部门的应急准备保障体系等。

（7）人员安全防护。制定紧急避难、人员疏散、援助人员安全管理措施等，计划和建设基本满足危机事件的人员避险场地。

（8）技术和设备保障。包含技术架构和贮备、应急设施、危机事件区域可以应用的应急设施的种类、总数、性能、备用预案和相对应的各种体系等。

（9）维持治安。制定应急状况下维持治安稳定的各种准备和计划方案，包含警务人员部署、分配、实施方案等。

（七）预案监管

对危机预案的严格监管，就是重视危机预案的演习、宣传策划和培训，强调预案不但要让大家看到，更为关键的是用于实践活动，在演习中发现的问题可作为危机预案修改和调整的参考。

（1）危机预案演练。确定应急演习的范畴、具体内容、组织与工作标准等。

（2）宣传培训。包含危机应急预案、应急法律法规以及紧急避险、自救互救的应急基本知识的宣传，应急管理与援助人员的常规化的专业培训和工作标准等。

（3）奖罚与责任。确定监管主体和惩罚，确立奖赏目标、方法以及责任追究流程和制度等。

制定危机应急方案，即依据以往所发生的各种危机状况，根据预设的各种危机种类、规模和水平，配置对应的设备设施与团队，建立相应的处置程序与流程，为危机决策和危机指挥提供参考。制定危机管理规划，科学合理有效地开展危机管理决策，对危机的有效预防起着至关重要的作用。

1. 能够增强危机决策的科学性

危机决策的过程合理性来自对危机状况的分析判断，来自对应急资源的充分准备和科学合理的配备。制定公共危机管理应急预案，在分析过去危机处置经验和教训的前提下，依据危机所发生的规模、水平、层级等确立对应的警示等级、处置方法与程序流程，一旦危机事件突然发生，只要通过对危机爆发区域的监测或相关的危机信息监测，就可以依据相对应的危机级别来明确对应的危机处置方案，进而提升危机决策的科学性。

2. 能够增强应对危机决策的时效性

危机管理决策的关键在于及时性和科学合理性。能在最短时间内做出最好的危机管理决策，对减少危机的危害性起着至关重要的作用。而制定危机管理方案，逐一列举不同类型的危机可能出现的规模、水平、级别等，使得一旦发生危机，只要掌握了危机的相关情况，就可以按危机管理方案予以处理，大大缩短了危机决策的过程和时间，进而大大提高了危机处置的效率。

3. 能够增强危机指挥的规范性

危机发生时，需要专业人士依据明确的、有条不紊的程序流程去处置，才可以及时地解决危机，最大限度地减少危机的危害性。

制定危机管理应急预案，依照精简、统一、高效率的标准对不同种类、不同级别的危机事件进行编排，不同级别的危机事件由不同级别的相关机构、指挥专业人员进行处置，一旦明确危机事件的等级，就能够依照危机管理应急预案，对危机进行相应的指挥和处置，大大提高危机指挥和处置的规范性，在一定程度上降低了危机处理的盲目性。

4. 能够增强危机指挥的权威性

危机指挥的公信力和权威主要基于两个前提条件：一是指挥者的专业能力，二是指挥者的合法性。前面一种表明指挥者对业务的认知水平，后面一种表明指挥者行使相关权力的正当性。危机管理应急预案明确规定了指挥者的指挥程序与流程，并特别规定了指挥者发生空缺时的递补标准，只要依据相关标准成为指挥者的人首先要了解危机处置内容、流程和决策方案，其次要具备一定的专业水平和能力，否则就没有资格成为指挥者。在公共危机发生时，一旦相关的指挥工作人员发生空缺，那么就依照递补标准进行递补，这样所产生的指挥者也可以将专业性与合法性紧密结合，这样的结合也就形成了危机指挥的公信力和权威性。

二、开展公共危机管理规划

公共危机管理规划对各地区的稳定发展和建设来说是必不可少的。公共危机管理规划要充分分析和考虑各个区域的特性，精确预测和分析各区域要重点预防的公共危机事件，详细分析各区域危机管理体系基本建设所遇到的主要问题，制定和完善公共危机管理机制、加快重点项目建设和建立健全危机管理体系等总体目标，要转变现阶段局部地区和单位过于注重产出、轻收益的现状，进一步改变趋利轻安的状况，深入推进防灾减灾宣传和危机管理整体规划、制定工作。

因此，我们应该做到以下几个方面。

（1）加速推进基础设施规划和建设，确保其质量。应当严格依据适度、优先发展的基本原则，逐步建设安全、高效率的设施体系。要注重基础的交通安全设施建设，逐渐建立健全以城市公共交通为主体，道路、铁路线、航空公司、水路运输和管道输送等多种方式相结合的运输体系。应当统筹协调和建设城市供电、排水管道、生活垃圾处理、废水处理等基础设施。应当不断完善优质、高效的现代化电力网。优先保障和保证学校等公共区域的设施建设和资源供应，并在建设过程中严格遵守相关的建设标准，将它们建设为安全、牢固、广大群众最安心的设施和建筑。

（2）加速防灾减灾体系建设。加强主要的防灾减灾设备和灾害监测预警平台建设，完善包含防汛、防旱、抗震等级、消防安全、人防工程等内容的综合性防灾减灾体系。执行城市地震安全工程项目，提高城市地震灾害防御力，高铁动车、城市地铁与轨道等重大工程项目要逐步完善地震灾害危机管理体系。同时全国所有的重点监测和防御城市要加速建立更为完善的综合防灾减灾体系，全面提升城市的防灾减灾和援助能力，进一步加强对关键设备和核心资源的防护工作。

（3）坚持以人为本的原则。以人为本，首先就是高度重视公众的身心健康，并在此基础上采取有力的措施，实现和满足广大群众日益增长的物质、精神等方面的需求，不断提升广大群众的生活水平和质量，尤其是要解决好广大群众"衣、食、住、行、生、老、病、死"等重点问题。因此，为了防范公共危机事件的突然爆发，切实做好危机的预防工作，坚持以人为本的原则，政府应当在群众集中的区域建立和完善应急避难安全通道，在城市广场、绿化地区、城市公园等特定区域应当完善与流动人员密度、城市规模等相对应的应急避难场所，要加强对应急保障物资和装备的储备，健全应急避难管理条例和流程，保证在危机爆发时群众，尤其是老弱病残等弱势人群的人身安全。

总而言之，要详细地制定城镇经济发展整体规划和城市综合防灾减灾规划等总体方案，住户住宅区、商业街区、经济技术开发区、工业区、临港区域及其他功能分区的空间规划要以安全为前提条件。不断加强各项目执行前的评价论述工作，把安全生产的基本原则与相关的保障措施落实到城乡发展中的各个领域、各个阶段。通过对公共危机事件处置的功能以及对实际的处理情况的分析和设计，城乡建设规划具体能够分为三种状况：①城乡建设规划最开始设计的时候就应当将公共危机预防、危机处理的要求等列入规划建设中，作为规划建设的硬性指标；②以前的城乡建设规划早已完成方案设计，其中已不能满足现阶段危机应急管理需要的，理应依据相关法律的规定并按照相应的程序修改相关的规划；③目前的一些房屋建筑以及其他建筑物和其他设备已不合乎或者不符合实际的公共危机事件处置的需要，但是这些设施的改造很有可能短时间内无法彻底完成，对此相关地方政府应该采取必要的预防措施，及时制定修改方案，并逐渐组织实施。

三、培训公共危机管理人员

当今社会公共危机事件时常产生，世界各国政府部门都对公共危机管理的能力提出了更高的要求，这对于各部门相关的人力资源问题提出了很大的挑战。[1]一方面进一步地提升了各个政府部门对于专业人员的需求；另一方面也使得政府部门不断加强对应急管理人员的培训，培育具备战略思维和良好的决策能力、协调工作能力、沟通能力的应急管理者，塑造具有良好的应急管理理念和素质以及强大的执行能力的应急管理工作人员，使他们可以快速整合资源，井然有序地做好公共危机事件解决处理工作。

四、开展公共危机应急演练

公共危机管理要遵循理论与实践相结合的原则，单单制定危机预案是不够的，还要注重开展危机预案的演练。危机预案的演练就是各级政府部门依据各地区制定的危机应急预案因地制宜地对其所属地区内参与应急管理的相关组织与部门，以及可能会受到危机事件

---

[1] 李雪峰. 应急管理通论[M]. 北京：中国人民大学出版社，2018.

影响的公众进行危机爆发的演习活动。开展危机应急演练的目的是切实提升政府部门处理危机事件的能力，使得政府部门能够快速反应，有条不紊地进行危机管理工作。同时，也为了提高人民群众面对危机的各方面素质与能力，包括心理素质、互助能力、逃生能力等，进一步消除人民群众面对危机的恐惧感，增强他们面对危机的信心和勇气。积极地开展危机预案演练可以在一定程度上减少危机可能造成的影响和损害，降低公众生命和财产的损失，其对于危机爆发时的应急管理工作具有重大意义。

五、进行全方位的公共危机应急保障

综合性的应急保障主要包含人力资源、资金、物资以及法制、技术装备等方面的保障。[1] 人力资源保障主要是指专业的应急管理人员和应急队伍、相关的应急组织和机构等的保障。资金和物资保障是指应对危机事件时，相关的应急救援资金、储备资金以及日常用品、药品等的保障。技术装备保障是指危机管理过程中能够用到的相应的运输工具、通信设备、卫生设备等的保障。各政府部门和全社会要持续提高对应急保障的资源投资，不断提高应急保障能力。危机产生时，一方面社会中的各种资源会遭受破坏；另一方面领导者通常并没有足够的时间整合全国各地、各个方面的资源，危机处理所需要的各种各样的资源将明显紧缺。俗话说："远水难灭火。"危机所在地方以外即便有更多的资源，此时也难以发挥作用。因而，政府部门应当培养更多专业的应急管理人员，强化应急物资和资金的保障和准备工作，设置专项应急资金，将危机管理工作所需的资金列入政府预算中，进一步提高保障能力。另外，建立应急技术装备保障机制，加强对应急技术装备的研究和创新，进一步提高公共危机管理的成效。

目前，我国正面临着在较短的时间内承受多变性和全球性的社会问题的困境，社会危机事件的可变性、突发性、长久性和其可能造成的不良影响严重威胁了群众生命财产安全，给政府治理工作增添了考验。一直以来，政府部门习惯于危机后的被动应对，往往忽视了危机爆发前的事前预防，导致危机发生时不能够及时地采取措施应对危机，进而造成不必要的伤亡和损失。也就是说，政府对危机活动的应对存在着一定的不足，主要体现在以下几个方面。

（1）政府部门和公众的危机预防和准备意识不足。危机准备意识是指从长久发展战略视角来预测分析危机未爆发时即处于正常的阶段时有可能遭遇的各种各样的紧急状况，并且充分做好应对危机措施的准备的观念或意识。只有在危机发生前有意识地做好预先的准备工作，政府部门才能在危机真正来临时做到有条不紊地处理危机事件，切实保障人民群众的生命财产安全，公众也可以在危机来临时做到不害怕、不恐慌，最大限度地减少危机可能带来的损害。

（2）欠缺专业的危机准备组织部门。要是没有专业的危机准备部门，就可能会致使政府机构在公共性危机产生前难以发觉隐藏在潜伏期里的各种各样可能会爆发的危机事件，同时，也会使得政府不能够建立规范的公共危机准备机制，对于政府部门处理危机时所需的相关资源不能够及时地配置以及使其所依靠的相关的法律法规存在一定的缺陷。

（3）危机准备相关的法律法规不完善。法律法规的完善对于危机准备工作具有十分

---

[1] 王宏伟. 公共危机管理概论[M]. 北京：中国人民大学出版社，2021.

重大的意义。我国也是十分重视建立危机管理相关的法律法规，目前我国针对危机管理工作出台了一些法律法规，如《地质灾害防治管理办法》《突发公共卫生事件应急条例》等，尽管这些规章涉及危机管理的方方面面，但是它们大多与公共危机处理有关，涉及危机的响应与救援、危机的恢复、重建等方面，对于这些工作的具体流程和规范有一个明确的界定，但是却很少提及危机准备工作，缺乏与危机准备相关的法律法规，从而使得危机准备工作在进行的过程中会遇到不少的阻碍。

（4）危机准备的人才、物资、技术设施等资源不足。各类应急保障资源是解决危机的重要因素。依据危机可能发生的地点以及危机自身的特性、特点、影响范围、有可能造成损失的水平等要素，提前对应急管理人员进行相关专业知识的培训，同时，提前储备一定数量的电力能源、药物、食品、生活用水、日用品等，以应对处理危机的要求。目前我国的资源储备机制存在着储备意识淡薄、人才储备不足、专项资金不够、储备种类比较有限、总数不够、地区差异大等问题。应急资源是解决危机事件的重要基础，应急资源的缺失必然会对应急事件的处理产生一定的影响。

面对这些不足，政府部门应当积极地采取相应的策略和对策，以便更好地做好危机的预防和准备工作。主要应包括以下方面。

第一，加强危机专业知识教育，提升危机准备意识。良好的危机意识是处理危机事件的基础。一方面可以在一定程度上避免公共危机事件的发生；另一方面，政府部门与人民群众先在思想方面对危机事件有充足的认识，才能在危机来临时更好地执行各种各样具体的危机处理对策，降低危机带来的危害。

第二，建立健全专业危机准备机构。我国应当创建专门的应急准备机构，主要实施公共性危机发生前的管理工作。目前，我国的危机准备工作存在着指挥调度不统一、信息资源不共享、物资和资金等配置不及时等问题，而面对这些问题，我们最好的解决办法就是建立专门的危机准备部门。该部门应当以危机准备工作为核心，积极制定应对各个方面危机的紧急防范措施与危机预案，同时，联合各个危机管理部门，共享危机信息和数据等资源，积极进行人力、物资、资金等资源的培育，以保障处理危机的技术物资设施等的配置。

第三，健全危机准备的法律法规。完善的法律法规是危机管理工作的基础，我国的立法机构应当加强危机准备领域的立法工作，制定和完善与危机准备相关的法律法规，这对于危机准备工作的实施具有重大意义。

第四，完善应急准备保障体系。应急保障体系的建设也是危机准备工作中重要的一环。要完善应急准备保障体系，首先要加强对应急管理人才的培养。强化应急管理人员的危机准备专业知识的培训，培养综合性的人才，切实增强危机管理人员处理危机的能力。对于危机管理需要的交通设施、医疗卫生设施、危机预警技术等大力进行扶持，创新新技术、新设施，加快技术设施的更新换代，使得危机管理的各项工作能够更好更快地实施。

本 章 小 结

本章共包括两节内容，第一节主要阐述了公共危机预防的含义、特点及其意义，然后重点论述了公共危机预防的机制，主要包括社会管理机制、风险防范机制以及宣传教育机制。第二节主要阐述了公共危机准备的内涵、特征、主要内容以及公共危机准备的目标和原则。随后通过分析我国公共危机准备的现状，论述了我国公共危机准备工作存在的问题并提出了一些建议。

思 考 题

1. 简述公共危机准备的内涵。
2. 公共危机预防机制主要包括哪些内容？
3. 简述公共危机预防的意义。
4. 公共危机准备工作包括哪些内容？
5. 简述我国公共危机预防和准备工作存在的问题。

第六章　监测与预警

学习目标

- 提升对公共危机监测和公共危机预警的认识。
- 掌握公共危机监测的目标、原则与作用。
- 理解公共危机监测的机制。
- 掌握公共危机预警的功能。
- 掌握公共危机预警的分级和级别调整。
- 掌握公共危机预警系统建立的过程及其构成。
- 理解公共危机预警的机制。

关键词

危机监测　危机预警　警报　警示　预警系统　突发事件

案例导入

贵州电网公司"天地空"一体化山火监测预警系统

贵州地处我国西南地区，山区丘陵在全省的覆盖面极广，甚至达到了92.5%的覆盖率，全省的平均海拔约在1100米。为了确保当地全体居民的用电需求，其高压电线线路大多数都在山林中分布着。

2021年4月3日，南方电网贵州电网公司的电力预警系统多次发出预警。经过调查，电网公司工作人员发现220千伏线路中的020号至021号突发山火，火势不断蔓延，情况不容乐观。工作人员立刻向上级部门发送山火预警信息。随后，相关专业人员赶往现场进行调查核实。事故因发现及时得到了妥善处理，避免了一起因山火引发的停电事故。

贵州电网公司还积极推动卫星山火监测系统的使用。因为贵州地区纬度较低，并且常年处于多云状态，因此容易受到多方面自然因素如地形、多云等方面的影响，这也就导致了卫星遥感技术检测的正确率较低。为此，贵州电网公司通过多次收集有关山火监测预警的数据，通过人力与科技相结合的山火监测预警方式，不断改善卫星遥感技术，并且积极督促各单位落实卫星山火检测的现场核查与风险防控，从而达到预防山火发生的目的。同时，通过与多方机构合作，建立起当地自然信息数据库，向电网公司提供数据支持，进一步提升卫星监测的准确率和效率。

铜仁玉屏供电局通过无人机对周边山区的多条高压线路进行巡查，织起高压电线线路的防火网。通过卫星山火监测系统、无人机巡线、人工巡逻以及输电监控系统等多手段相结合的方式，构筑山火"防护墙"。贵州电网目前已经构建起"天地空"一体化山火检测预警系统，防止山火事件的发生并且确保供电线路的安全，保障当地居民用电需求。

贵州电网公司的天地空一体化监测预警系统是一个集监测、预警、诊断、报警、控制等功能于一体的系统，它可以实时监测电网的运行状态，及时发现电网的异常情况，并及时发出预警，以便及时采取措施，防止发生安全事故。该系统采用了先进的技术，如GIS技术、遥感技术、数据挖掘技术等，可以实现对电网的全方位监测，并可以根据电网的运行状态及时发出预警，以便及时采取措施，防止发生安全事故。

贵州电网通过使用卫星山火监测系统对整体山林区域的高压电线进行全方位监测，在某些地形复杂及受自然影响因素较大的地方，通过多次收集数据，改善监控技术，从而提高监测的准确率。通过山火监测系统监测到的某些异常区域，由工作人员及时前往查看，确保输电线路及山林的安全状况，在经过人员确认出现异常状况后，及时通过山火预警系统向上级部门发出信息，寻求人力支援。

2021年10月1日至2022年3月24日，数据显示贵州电网所检测到影响输电线路的山火热点共计84个，均不干扰线路的正常运行。

思考题：
1. 结合本章内容，你认为可以通过哪些危机监测方法预防火灾？
2. 结合材料及本章内容，你认为在进行危机监测预警时应当遵循哪些原则？

监测与预警是危机管理主体根据经验教训，以及以往积累的情报和资料等，对目前出现的各种问题现象，运用数学及逻辑推理等方法进行缜密的分析判断，对危机事件发生的概率及规模做出大致判断并及时向社会公布，以便公众及政府部门能够及时做好准备，规避危险，减少损失。

在危机发生前，往往会持续出现某种征兆，对这些征兆进行持续的监测，并通过分析及时预警，可以有效地将危机所带来的危害降至最低。为此，建立高效的公共危机监测及预警机制来提升政府部门和社会公众应对危机的能力，并不断改善该机制，是对管理者能力的一项重要考验。

第一节 公共危机监测

一、公共危机监测的定义

监测有广义和狭义之分。广义的监测是指监测主体对潜在风险、问题、危险区域等客体的监视、观测，并进行实时跟踪，收集有关信息后及时发送、处理，以供分析判断之用。狭义的监测则是指以科学的方法手段收集某些危险物质、危险区域、具有重大问题的物体或事件、危害社会公众权益的突发情况的信息，严密地监测各种有可能会导致公共危机的因素，对相关危机事件的信息和资料进行收集和整理，然后通过系统研究、分析判断之后得出结论，为后续危机管理工作提供信息帮助。危机监测是一项从源头上治理危害的保障工作。简而言之，危机监测通过观察和测量某些可能引起突发事件的风险源来防止危机事件的发生,是一个实时动态的过程,监测机制指的是一种围绕监测活动为中心构建的工作机制。

危机风险监测重点是要对引发危机出现的各个方面因素进行准确的预测和预报,及时发出精准预报的前提必须建立在对致灾因素进行准确、全面、及时的监测和报告之上,因此这就需要依靠一定的科学技术和信息技术来全面持续地进行监测,并且通过不同部门的沟通和交流,使危机预警和处置服务的开展可以达到统一整合,从而能够相对轻松地应对重大公共危机诱发因素的复杂性与事态演变的不确定性。

以下几方面的含义是公共危机监测所具有的:一是公共危机监测的事件涉及危机事件发生前、中、后整个过程;二是危机监测的目的是获取有关危机的信息供后续危机预警及处理之用;三是危机监测的手段不仅包括人工,同时也包含现代科学技术手段;四是危机监测的对象不仅包括人为类危险事件,同时也包含了自然灾害类事件;五是危机监测的主要过程是利用各种工具实时收集有关危机的信息进行研究判断,并需要及时向上级进行汇报。

我们需要注意公共危机监测涉及两方面:一方面是公共危机的监控,另一方面是公共危机的测量。公共危机的监控是各类主体对客体的一种观察行为;而测量则是各种主体将问题现状的严重程度利用数字等指标将其量化,并根据事先设立好的标准来判断该问题是否严重,只有该问题超过某一标准时才能够定义公共危机。对此只有某一主体持续不断地对某一问题进行监控并且其通过收集某些数据认为该问题也需要被划分为公共危机领域之内时,这种行为我们称之为公共危机监测。

二、公共危机监测的作用

对公共危机进行监测为公共危机管理工作提供了信息基础,通过对问题现象的实时监控和收集数据信息,尤其是对那些具有重大危险性质的因素进行全方位监测,解析相关信息,能够为后续危机管理工作提供很多便利。总的来说,危机监测在危机发生前和危机发生的过程中发挥好作用,才能够实现其自身的最大价值。

(一)发现潜在风险,及时进行预警

危机监测通过对潜在风险因素进行监测,及时了解该因素的发展趋势。倘若该因素处于可控范围之内就相对较安全,这时候可以选择寻找有效解决措施予以解决又或是先放一放看该因素后续发展情况;但一旦该风险因素朝着恶化的方向发展,有向危机转变的征兆,那么就需要及时采取措施来予以解决。因此,通过公共危机监测可以有效地获取有关危险源的信息并及时做出判断,从而及时向有关部门发出预警信息,为后续危机管理工作提供支持。

(二)监测危机事件,有效解决危机

当公共危机已经发生时,实时获取有关危机发展趋势的信息对公共危机管理来说是至关重要的。相应地,获取应对危机的危机处置方案的运转情况也是危机监测的一项重要任务,客观环境是会不断变化的,危机问题也会随着时间的推移不断变化,如果危机处置方案没有很好地适应危机变化的情况,那么很有可能无法取得预期效果,此时就需要危机监

测系统来及时获取有关危机和危机处置方案的运作信息，并及时予以更改，启动新的危机处置方案。因此，一个高效的危机监测系统为获取危机处置方案的效果以及后续调整和解决危机提供了巨大帮助，为事后的危机处理评估提供了参考依据。

监测的有效性会直接影响到危机管理的有效性，并且也会影响到政府部门对危机的认知和公众对政府部门的信任度。

三、公共危机监测的目标与原则

（一）公共危机监测的目标

危机监测的目标就是加强对各类风险因素监控的能力，提升对各类突发事件发生、发展以及伴随风险事故的认知了解，从而完善危机管理系统，提升应对危机的能力，尽可能地减少危机所带来的损失。

对公共危机进行监测首先需要确定监测的对象，并采用现代信息技术对危机本身、已经遭受过危机的地区和即将遭受危机的地区实时监测，从而及时获取有关危机的各种信息，如危机的规模、性质、严重程度等。通过对这些数据的采集，可以为后续危机管理提供数据信息方面的支持。目前物理、化学、生物以及信息技术的发展，新时代所产生的GPS技术、遥感技术、空气污染监测等设施为危机监测提供了技术方面的支持，大大提升了危机监测活动的准确性和及时性。

危机监测的主要目标包括重点国家基础设施、国家运输线路、国家能源运输设施、国家重点部门、化工厂、核工厂、航天基地、国家重点工程等，以及党政机关部门、军队驻地、城市经济圈、电视台等，也包括与人们日常生活息息相关的商场、地铁、公路、铁路等生活设施，以及供水、供电、供热、供气等关乎人民基本生活的设施。诸如此类目标都应当是危机监测的主要目标，尤其是那些关乎国家安全及关乎人民健康的领域更是危机监测的重点。

（二）公共危机监测的原则

在公共危机监测的过程中，相关部门的行动必须要符合规定，遵守一定的原则，这些原则主要有以下几个方面。

（1）监测的法治化原则。危机监测活动要符合事先制定的危机监测流程并且在危机监测过程中要符合相关法律规定，不能为了监测活动而损害人民群众的权益。

（2）监测的导向性原则。公共危机规模大小的不同决定了危机监测的规模也相应地有所不同，在面对较大规模的危机时，运用大量的人力、物力和财力对其进行全面的监测会造成浪费，因此必须要快速抓住危机的重点与关键，着重监测那些危害程度大、出现频率高的危机因素。

（3）监测的群众基础原则。在危机监测的过程中，政府部门的专业监测团队在履行职能的过程中，同时也要注重发挥群众的力量。拥有广泛的群众基础，就相当于拥有了一个广阔的信息网，可为危机监测活动提供极大的便利。

（4）监测的真实性原则。在危机监测活动中要如实客观地记录有关危机的信息，并且要如实上报，不能够为了自己的前途而隐瞒对自己不利的信息，倘若事后发现少报及不报的行为，必须要严肃处理。

（5）监测的保密性原则。有些危机活动可能涉及国家安全，在向社会公布相关信息之前首先要向上级部门请示，那些属于保密级别的信息不得向外部发布。

（6）监测的信息化原则。随着现代互联网信息技术的普及，危机监测活动要善于利用互联网信息传播的便捷性、快速性、准确性等优势来为监测活动服务，及时获取网络上有关危机的信息，不断完善情报资料库。

四、公共危机监测机制

从监测的手段来看，包括定性监测和定量监测。定性监测一般是指对事物的发展性质、突发事件的发展趋势、网络舆论的发展方向等方面进行内容监测，从而确定该事务的性质；定量监测一般是指对突发事件的各种相关信息和所处的内外部环境各要素相关数据进行观测和记载，分析采集到的各类信息和数据，对监测对象的风险等级进行评估，例如对受污染水质、空气中有害气体的浓度、水位高度等方面的测量。

从监测的形式来看，既可以是对突发事件的监测，又可以是对连续事件的监测；进行监测既可以采用随机抽取的方法，又可以采用连续监测的方法。

从技术方法来看，突发事件的监测、监控主要运用控制论、应用系统论、信息论的原理和方法，结合监测技术、计算机技术、通信技术等现代高新技术，对监测对象的状况进行实时监测，快速采集与监测对象相关的各类信息并进行评价，从而得出评估结果，发出预警，然后采取行动并解决危机。

建立监测机制主要包括以下几方面内容。

（一）建立突发事件监测网络

突发事件监测网络包括各种类型的突发事件的专业监测网络和综合性的监测网络。主要是由专业型监测网络和综合性监测网络来构成，专业型监测网络主要是针对某些特定危机进行监测，具有较强的针对性，而综合性的监测网络则更具有普适性，它具有一整套能够应对大部分危机的运作程序，能够在危机刚发生时迅速处理，避免组织危机进一步严重。由于自然灾害、事故灾难、社会安全事件和公共卫生事件具有不同的性质，所以应建立专业监测网络和综合性监测网络，并配备相应的信息数据库和操作人员，划分监测区域，确定监测重点，明确监测项目，对可能发生的突发事件进行缜密监测。

（二）完善突发事件监控系统

随着GPS技术、遥感技术、计算机技术、通信技术等现代科技手段的发展，对危险源、危险区域采取实时监控能及时获得有关危险源、危险区域以及重点防护目标的数据，并做出分析判断，防止危险事件的发生，确保安全。突发事件监控系统的完善及建立能够更快发现危机发生的征兆并及时发出预警，减少危机发生所带来的损害。

（三）健全突发事件信息监测制度

加强危机监测值班制度，确保事事有人监测，人人都有监测目标。严格执行领导带班制度和全天候值班制度；明确领导的责任和权力；选拔业务熟练、工作认真、细心的人员到相匹配的工作岗位上去；严格执行岗位责任制，领导和员工要恪尽职守，认真工作，盯紧每一处危机，做到不脱岗、不懈怠、不放松、不玩忽职守；完善岗位轮换制，在人员工作交接时尤其要注意那些可能会忽略的危险区域，确保新员工在了解完所有需要注意的危险区域后再上岗。

（四）扩大信息报告员队伍

信息获取是危机监测不可缺少的一环，但仅靠科学技术手段并不能够确保完全获取有关危机的信息，为此仍然需要靠人力来获得有关危机的信息。信息报告员分为民间信息报告员和专业信息报告员，民间信息报告员主要是官方在各个地区招募的志愿者，并对他们进行相关知识和技能方面的培养，以便他们在日常生活中或者危机发生时能及时利用既有的知识来收集有关危机的信息，并报告给危机管理部门。专业信息报告员是只在官方机构内部专门招募的工作人员，并给他们配备专业的仪器设施，分配相应的工作任务，负责应急管理有关信息的收集、整理、汇总、汇报。建立信息报告员培训机制，并且每年组织培训工作，对这些信息报告员予以培训，以使他们掌握最新、最便捷的报告方式，并对那些对危机处理工作有重大帮助的民间或专业信息报告员给予相应的奖励。

五、公共危机监测的方法

危机监测目前所使用的方法主要包含群众监测法和专业团队监测法。

群众监测法主要是依靠群众力量，采用各种现有的设备，通过观测来收集最为直观的危机信息等，并及时向相关部门予以汇报，以便采取紧急救援措施。例如，2022年6月浙江省龙泉龙南乡凤阳村应急管理局项荣华在防汛巡查中就发现村北侧存在"圈椅"状裂缝，再加上近期频繁下雨，有可能会引发山体滑坡、泥石流等现象，便紧急向上级部门进行汇报。接到险情报告后，该地政府部门立刻以最快的速度开展安全告知和人员转移，30分钟内成功转移群众9户14人，并在山体滑坡隐患区域及时采取隔离措施，避免了发生更大的险情。此前，龙泉市应急管理局在该地区249个村庄中发动群众成为应急管理员，村民们纷纷报名，为当地应急管理工作提供了很大的帮助。在危机管理工作中，"众人拾柴火焰高"，群众的力量不可忽视，也不应忽视，群众往往能够为保障人民的生命财产安全作出巨大的贡献。

专业团队监测法主要是指召集各领域的专家人员组成危机监测小组，通过利用各种信息技术手段如3S遥感技术、互联网信息技术、卫星监控等手段及时发现各种潜在的风险，并通过专家集体探讨有效的解决方案，为危机管理提供帮助。在现实的危机监测过程中，要将群众监测与专业团队监测结合起来运作，构建多位一体的综合监测机制，通过多种途径、多种方法综合全面地收集信息。

第二节 公共危机预警

一、公共危机预警的内涵与功能

（一）公共危机预警的含义及类型

"预警"一词最早从军事上而来，直到现在也是频繁和广泛地应用在军事领域上，原来是指通过预警能够提前发现、分析并判断敌人进攻的信号，并把这种进攻信号的威胁程度报告给指挥部门，以便提前采取相应的措施。之后，人们把该词逐渐延伸，还应用到了社会、经济、政治、自然等其他领域当中。预警逐渐成为一个广义的概念。公共危机预警就是根据有关危机现象过去和现在的情报、数据和资料，运用逻辑推理和科学预测的方法和技术，对某些危机现象出现的限制性条件、未来发展态势和演变趋势等做出预计和判断，并发出精准的警示信号或信息，能够使政府和公众提前了解到危机发展的态势，方便及时采取应对举措，防止或断绝产生不利的后果。

预警与上文中的监测是两种不同的概念。监测主要是指对于公共危机的监控和测量，其主要是为了收集与危机相关的信息，而预警则是在分析有关危机的信息基础之上，通过判断危机各方面的性质来决定是否向社会公众发出警示，以便及时采取有效措施尽可能减少损失，这是一种具有采取行动的行为。为此，我们在学习时要注意区分好这两个概念，但同时我们又不可完全将这两种概念区分开来。危机监测是为了收集有关危机的信息，没有这些信息就很难对危机进行分析，从而无法判断是否需要向社会发出警示；同样，只有预警才能够采取措施来尽可能减少损失，从而使监测所得到的信息发挥其作用。由此可见，危机的监测与预警是相辅相成、相互统一的关系。

此外，预警的主要目的是使社会公众及相关管理人员及时采取有效措施，从而使自身或社会的损失尽可能降至最低。为此就要相应的有一套规范的流程：发现危机发生的征兆；通过危机监测获取有关信息；对这些信息进行分析探讨并得出结论是否需要予以警示；若危机将要发生，则以最快的速度向社会发出警示信息；社会公众及管理者要采取行动应对危机。至此，危机预警的一整套流程才算完成。

（二）公共危机预警的功能

公共危机预警处于危机发生的前兆阶段，在这一阶段中如果能够采取有效的措施向社会发出预警并采取行动来解决、应对危机，那么就能够将危机所带来的损失降至最低。其功能主要包含以下几个方面。

（1）预测功能。事先通过对社会生活领域中的一些特殊指数进行分类研究，公共危机预警中心就能够发现一些敏感性指数的反常变动，并预示着其发展征兆。

（2）警示功能。监测政治社会生活领域中的一些特殊参数和项目，同时做好谨慎的分析研究，确定可能会出现的一些影响公众权益的问题，政府再根据监测数据和结论并通过各种途径向有关机关或社会公众发出提醒，从而适时制定处理政策。

（3）延缓功能。危机预警可以尽可能地利用已知条件和潜在条件减少危机事件的数量并延缓危机发展的速度，以便公众和政府部门及时采取有效措施减少危机带来的损失，避免危机的扩大和升级。

（4）消解功能。针对一些现实性问题，政府也能够采取必要的举措起到协调和化解的功能。从某种程度上来说，这也切断了潜在危机事件出现的可能性。

（5）教育功能。通过公共危机预警可以有效地培养公众及政府部门的危机意识，这样在下次危机到来之前，公众便能够采取有效的措施来保障自己的安全。

"狼来了"这个故事我们大多数人都听过。有时候，政府部门即便通过事先的监测、预测预料到某些危机现象有可能会到来，但危机现象也有可能会由于某些特殊原因自行消解,那么这时是否会产生"狼来了"这种效应呢?答案毋庸置疑是否定的。"狼来了"这个故事人尽皆知,但它的本质是一种欺骗,而危机管理者通过谨慎分析之后,预料到有可能会发生某种危机现象,并及时采取有效措施向社会公众和政府部门发出警告,即便最后是虚惊一场,社会公众也并不一定会埋怨,社会中人们反而有可能会认为这是一种尽职尽责的行为,因为风险是不固定的。但事后危机管理者需要向社会发布声明来为自己的行为进行解释,以便缓和可能会产生的部分人心中的不满并及时进行道歉。

二、公共危机预警分级和级别调整

(一)公共危机预警分级

危机预警分级是依据事先制定的评估标准,再根据有关危机现象的信息和评估结果确定相应的预警级别,标示预警颜色,并及时向社会发布预警信息。预警分级应根据事故发生的概率、事故危害程度以及对社会造成的影响来综合地进行考虑、评价和分级,通常考量的标准主要以人、财、物的损失作为判断。

《中华人民共和国突发事件应对法》(以下简称《突发事件应对法》)第四十二条规定的具体内容写道:预警级别的划分标准是由国务院或者国务院确定的部门来制定的。可以预警的事故灾难、自然灾害和公共卫生事件的预警级别,按照突发事件发生的紧急程度、发展势态和可能造成的危害后果分别用红色、橙色、黄色和蓝色,相应地标示为一级、二级、三级和四级。一级是最高级别。四十三条规定,当可以预警的自然灾害事故灾难或者公共卫生类事件即将发生或者发生的可能性概率上升时,县级以上的地方各级人民政府应当根据有关法律、行政法规和国务院规定的权限和程序发布相应级别的警报,决定并宣布有关地区进入预警期,同时向上一级人民政府报告,必要时可以越级上报,并向当地驻军和可能受到危害的自邻或者相关地区的人民政府通报。

预警级别不同,要求采取的相应措施也会有所不同。《突发事件应对法》第四十四条、四十五条就分别对三级四级预警和一级二级预警的响应措施做出了规定。三级、四级警报发出以后主要采取预防、警告、劝导等措施,主要包含以下几个方面:及时收集相关信息,加强监测、预报和预警工作;启动应急预案;组织相关专家、学者运用现代科学技术手段进行风险评估;定时向社会公布与公众相关的突发事件信息,并做好信息管理;及时向社会公众发布警告,公布相关部门咨询电话,宣传减轻危害的常识。一级、二级警报发出以后除了采取上述有关三级、四级预警措施之外,还应当采取以下更全面、更具有防范性、保护性的措施,主要包含以下几个方面:应急救援队伍及人员随时进入待命状态,后备人员做好随时救援;及时调集救援时的必要装备,配备应急设施和规划避难场所;确保公共基础设施安全、正常运行;维护社会治安,加强对重点单位的保护;向社会大众及时发布避免危害的劝告;及时疏散、转移或撤离,并及时安置某些易受突发事件危害的人员,对其重要财产进行妥善转移;对易受突发事件危害的场所进行控制,对容易扩大危害的公共活动进行限制;法律规章制定的相关防范性措施。

(二)公共危机预警级别调整

突发事件作为一个客观事物是会随着时间的推移而不断变化的,当突发事件发生改变并且之前的预警信息已经不再适用当前的突发事件的情况时，应急管理部门的应对措施就应当及时进行调整，并告知社会公众，以便让社会公众保护好自身的生命财产安全。《突发事件应对法》第四十七条规定，发布突发事件警报的人民政府应该根据事态发展的情况，并且应当按照相关规定来相应地调整预警级别，重新发布警报。事实证明不可能发生的突发事件或者突发事件的危险已经解除了的，发布警报的人民政府应该立即解除警报并终止预警期，解除已采取的相关措施。

另外，对于预警级别的调整不能过于频繁，如果调整过快，则会给社会公众带来一种无力感，不知道到底应该采取何种措施来保护自己；当然，调整也不应过于延迟，否则就会错失最佳防御时期。理想的情况应当是根据突发事件发展的现状及时进行分析，并进一步判断是否需要采取相应措施来保护社会公众的安全。任何突发事件的应对除了要考虑行政机关控制和消除紧急危险的应对需求和应对能力，还要重点考虑到行政紧急权力对现存国家体制、法律制度和公民权利产生的消极影响和改变，以便于能够及时避免。紧急行政权力的设计和使用应当受到有效性和正当性这两方面的制约。忽视具体应急情形的改变，一成不变地采取应急措施，不仅不能有效应对突发事件，还会增加滥用行政紧急措施的可能性。[1]

三、公共危机预警系统

公共危机预警系统主要包括公共危机的信息收集子系统、信息加工子系统、警报子系统、决策子系统、咨询子系统。其运作流程主要如下：采集并研究信息→加工整理信息→比较信息指标与危机预警的标准→决定是否发出警报→发出警报。

（一）公共危机预警系统建立的要求、原则与过程

1. 公共危机预警系统建立的要求

公共危机预警系统建立的要求主要有以下几方面。

（1）指标的明确性。挑选适合的指标体系时要根据危机预警所需的条件，且指标要显示危机是否已经发生，如果无法确定，则应将概率标示出来。

（2）指标的持续性。建立的指标所需要的信息必须是能够相对易获取的，如果在某一时间内，某些信息是时而能够得到、时而无法获得，或者说只能够获得一部分，那么这个指标体系就很难建立起来，根据指标来运作危机预警系统更无从谈起。

（3）指标体系的相对稳定性。指标体系的相对稳定性要求该指标能够在不同环境下进行的解释基本相近。如果该指标受环境因素的干扰而进行的解释大相径庭，那么危机预警系统就无法根据该指标体系产生合理的预警信号；相应的如果指标体系更改过于随意，并且以往旧的指标没有得到及时的清理或者新指标尚未完全落实，往往也会导致预警系统在发出预警信号时可能会出现不同部门参照指标不同，所发出的预警信号也就有所不同的现象，使得预警信息的权威性和准确性大打折扣。

（4）指标体系的发展性。目前社会进入快速发展时期，预警指标体系也应当紧随时代的发展进行改变。如果危机管理者能力较强，并且外部环境也较为稳定，那么指标体系的

---

[1] 闪淳昌，薛澜. 应急管理概论：理论与实践 [M]. 北京：高等教育出版社，2020.

数据更新时间间隔就可以长一些；如果外部环境变化较快，那么就需要及时采取有效措施收集数据，更新指标体系，但应当注意指标体系在更新之后各个危机预警部门需要同步进行更新。

2. 公共危机预警系统建立的原则

公共危机预警系统建立的原则主要有以下几方面。

（1）合法原则。危机预警系统的建立应当符合相关的法律法规的规定，严格遵守《突发事件应对法》中监测预警等方面的规定。

（2）以人为本原则。在面对各种公共危机和突发事件时，危机预警系统首先要保障公民基本权利，当采取的措施损害了公民的合法权益，那么在事后就应当及时给予相应的补偿。

（3）常态化原则。将危机管理作为一项日常工作运转而不是只有在危机发生时才开始采取行动，危机的发生往往是突发性的，危害程度高，可供反应的时间短。只有通过将危机预警纳入日常管理工作中，才能够及时发现那些潜在的危机，使得"应对危机"变为"处理危机"，各级政府部门要将危机预警作为一种常态化的职责进行培训。

（4）分级预警原则。面对不同程度的危机，应当依据潜在危机的影响范围、影响程度等发布相应程度的预警，进行分级预防和处理，依照事先规定和流程处理危机，预警的级别应当与危机的级别相匹配。

（5）全员参与原则。在危机管理过程中，政府的力量往往是有限的，仅依靠政府的力量多数情况下无法很好地应对危机，往往需要社会公众的帮助，通过全员参与，不仅能让公众了解危机的具体状况，及时避免谣言的出现和扩散，还能发挥公众的热情和积极性，利于预警工作的展开。

（6）实事求是原则。面对相同的危机，不同的政府部门和社会公众对其反应可能会有所不同，在危机预警的过程中，必须要综合考虑政府的能力、社会公众的反应态度、民众心理的承受能力等多方面因素，政府在面对不同危害程度的预警对象时，要选择恰当的方式实现预警目标。

3. 公共危机预警系统建立的过程

公共危机预警系统建立的过程主要有以下几方面。

（1）确定需要针对哪些危机来建立预警系统，并在系统内部根据危机类别的不同划分相应的部门。

（2）收集以往有关危机征兆、危机风险源与危机发生之间关系的信息，召集专家对此进行评估。

（3）依据对风险结果的评估，锁定危机监测的目标，把握危机预警的临界点。

（4）为危机预警系统配备人力、物力、财力资源。

（5）采用模型对危机预警系统进行模拟测试，来发现其中的不足之处并加以改正。

（6）制定完善的规章制度和运作流程，确保危机预警系统能够有条不紊地运作下去。

（7）向社会公众说明该系统的运作流程和使用方法，使他们能够理解警报信息，并且懂得在面对不同的警报时该选择哪一种方式来保护自己。也可以在社会上召集应急管理人员作为预警系统的辅助人员。必要时可以事先进行多次演习，从而加深预警信号在公众中的影响。

（二）公共危机预警系统的构成

1. 信息收集子系统

该系统的任务主要是运用大数据技术及理念收集有关危机征兆以及危机源头的内容。其信息收集流程如下：预警对象和领域的选择，即首先确定要在哪个范围内收集有关预警对象的信息，这个范围既可以以地域来进行划分，也可以以时间来进行划分；预警目标的选择，即初步判断可能引发哪些或哪类危机；预警重点的选择，即明确最为重要的危机对象，何种潜在危机最可能构成重大影响。

在收集信息时要注意到可能会存在以下两方面的障碍：系统问题和人的问题。系统问题一般是信息传递系统本身存在的缺陷和问题导致的，通常是由于硬件设施的落后和传递信息的媒介不匹配所造成，这就要求信息传递系统定期进行整体性更新，以确保信息通道的通畅。人的问题主要是因为传递信息的双方存在着各种差别而导致的，具体有以下几点。①双方之间的沟通不善，最直接的原因则是言语不通，抑或是双方都无意愿和激励机制帮助推动彼此之间常规化与制度化的交流；②在地位方面双方存在差异，某些处于信息传播劣势地位的个体所获取的信息，通常会被居于较高地位的人认为是无法完全值得相信的；③当信息传播者和需要传播的信息内容之间产生了利益关系时，信息传播者也有可能会按照自己的利益要求对信息内容进行处理和加工，从而使对自己有益的信息得到持续的传递，而对自己不利的信息被中止。因此，规避这类问题必须要建立合理的规章制度或引进第三方信息传播部门。

2. 信息加工子系统

该系统的任务主要是对收集的信息进行整理和归类、识别和转化，从而保证获取的危机信息清楚明了。

危机预警系统在收集到信息之后一般首先需要对信息进行分类整理，尤其是对于那些关联性不太明确的信息来说，将其正确地分类，后续对信息的加工工作才能够有序进行。

在对信息进行分类之后，信息就变得清楚明了，从而也就能够从整体上对信息进行加工处理，但仅仅进行分类和整理还是不够的，因为这时候所收集上来的可能存在着虚假信息，需要及时予以排除。在信息传递过程中会由于各种因素的干扰，导致一些信息遭到破坏，使得该类信息无法利用。该类信息有可能是某一些人为了自身的利益故意散发出的不实信息，对于这一些信息的识别，主要有以下两种方法。

一是识别信息来源、信息传递过程和信息传递者。某些信息如果来源不明确，并且信息传递需要时间长，信息传递者与信息之间存在着较明显的利益相关性，那么就需要对此类信息多加重视，通过仔细分析探讨之后再加以利用。

二是如果某一部分信息与所收集到的其他信息存在着较大的出入，那么就需要怀疑此类信息的真伪，做出谨慎判断。通过对信息进行加工处理之后，危机预警系统就拥有了一些全面、真实、可靠的信息，此时便可以利用这些信息做出判断并发出预警信号。

3. 决策子系统

该系统的任务是在信息加工子系统工作的基础之上确定危机警报的级别以及决定是否发出警报信息，而后对警报子系统发出指令。

在进行危机决策之前，要事先设立好一系列的标准，确定危机预警各类级别的临界点，以及临界点要达到哪种水平的指标。如果某些指标难以看出危机是否已经发生，只能显示危机发生的概率，则需将危机发生的概率标注出来。这些发生概率可以用不同的辨识度高的颜色予以标示，比如说那些有较大概率发生的危机应当用红色或橙色予以标注出来，有可能发生的危机用黄色或者蓝色予以标示；概率大小也可以利用数字标示出来，例如某山区发生泥石流的概率在80%以上或者发生泥石流的概率在60%~80%。在现实决策过程中，要综合考虑各项因素来预测危机事件发生的概率，并确定好其相应的预警级别。

4. 警报子系统

该系统的任务主要是一旦监测报告中发现社会中存在有冲突或者危机的可能性，能够将明确的警报信息及时发送给危机管理者和潜在受影响者，提醒他们运用恰当的方式保护自己，只有当危机管理者和潜在受影响者明确收到这些信息并采取防护措施之后，该预警信息才是有效的。

首先，警报子系统发出的警报必须是精准、明确的，要根据危机管理者和危机潜在受影响者的特点选择恰当的警报方式，从而使得危机管理者和受影响者在发出警报的第一时刻都能够接收并且理解警报信息。由此，在发出警报时先要将危机管理者和受影响者的情况作为第一因素予以考虑，如果危机管理者和受影响者在某一个小区域内，那么发布警报时就不宜选择那些影响较大的方式，以免在更大范围内引发不必要的恐慌。另外危机管理者和受影响者对预警信号的辨别理解度是警报子系统应当考虑的第二因素，不同的人群因其文化水平不同及身体素质的差异，会使得每个个体对警报信号的理解有所不同，因此发出警报时就应当尽量选择那些通俗易懂的信号。此外对于某些特殊人群如残障人士，在发出警报时还应当派出专职人员给予其帮助。

其次，有必要在日常时期对危机管理者和社会公众进行教育和培训，使得他们能够在紧急时刻理解警报的内容。大多数情况下，危机管理者和社会公众对于预警信号的含义仅有表面上的理解，并不懂得采取何种措施去保护自己。因此，就需要对危机管理者和社会公众予以培训，使他们能够准确理解警报的含义。

5. 咨询子系统

提供有关危机的分析结果，定时对危机信息进行交流与沟通，提出处置危机的意见和建议等，是该系统的主要任务。在各种潜在危机发生前，充分发挥专家的咨询作用。专家以及智囊团利用专业知识和技能优势分析和研究潜在危机的外部环境，预测危机对象过去和现在的状况以及变化过程，提供公共危机决策，发挥危机预警作用。随着时代的发展，社会状况日益复杂面对这些复杂多变的危机和潜在危机更要充分发挥专家和咨询系统的作用，这有利于政府决策的民主化和科学化。在很多情况下，危机的复杂性使得普通人无法做到像气象专家、地震专家、水利专家、医学专家、军事专家、管理专家那样发挥作用。因此，在危机决策过程中，需不断加强专家队伍的建设，构建畅通且多样化的信息沟通渠道，建立、健全专家咨询机制和途径，使公共危机决策和管理更加科学。

四、公共危机预警机制

公共危机预警机制是一种预先发布危机预警信号的制度，通过及时提供警示信号的机构、制度、传播媒介等构成的预警系统，从而实现预警信息的及时发布，为及时布置危机防控及防风险于未然奠定基础，从而将危机的危害程度降至最小化。

（一）建立危机预警机制的作用

为了确保公共安全及建设和谐社会，在公共危机管理的过程中，建立起一个完善的公共危机管理机制十分必要。在危机管理过程中通过一套规范、完整、有序的危机管理机制，不仅能够大幅度提升危机管理的效果，同时更能够有效减少危机所带来的损失。政府作为危机管理中的枢纽，完善的危机管理预警机制是必不可少的。具体而言，建立公共危机预警机制主要有以下两方面的作用。

（1）协助组织迅速反应。公共危机预警机制，可以有效地增强危机管理人员在面对危急时刻的反应能力，从而降低其可能造成的风险。在危机出现的时候，及时发出预警，便可以高效发动管理部门和人民大众适时地做出应对举措，大幅提高危机预警的能力。

（2）提升危机管理效果。建立一种完善的危机预警机制，能够有效地减少危机监测预警所耗费的人力、物力、财力成本。危机监测活动贯穿在危机管理过程的始终，是一项长期而又艰巨的任务，但由于监测人员素质参差不齐以及外部环境的影响，监测活动也可能达不到预期的效果，而监测活动的不准确会导致危机管理活动的效果大打折扣。因此对于危机管理活动来说，建立一种完善的预警机制是十分必要的。

（二）建立预警机制的目标和原则

危机预警是危机管理工作的重要环节之一。通过科学预警能够使危机管理人员和群众及时了解有关危机的信息，及时采取行动保障自身的生命财产安全。为实现"预防为主"的危机管理活动提供了支撑。

建立公共危机预警机制的主要目的有以下几方面：一是及时采取有关危机信息，并通过数据分析得到有关危机的情报；二是预警要明确，通过预警所收集和发布的信息必须是经过谨慎分析后才得以采用，不可发布尚未明确的预警信号；三是预警要及时，必须在危机发生之前将预警信息发布出去，有时候经过过多的讨论分析反而有可能会错过最佳时机；四是预警信号必须明确清楚，不可含糊不清，要使用通俗易懂的术语向社会发布。

根据公共危机管理的要求，建立危机预警机制的原则主要有以下几方面。

（1）及时性原则。在进行危机预警的过程中，因危机事件发展的不确定性、迅速性、未知性等特征，需要利用现代信息技术手段对有关危机的信息准确、全面收集，并通过系统分析之后及时向相关部门和公众发出预警。高效的信息收集、发布、处理系统的建立是预警工作展开的基础，缺少有关危机信息数量以及质量的支持，预警工作的质量也就失去了意义。

（2）准确性原则。在一项危机管理工作展开之后，往往需要收集有关危机的各种各样的信息，但并不是信息越多越好，复杂的信息反而会对危机管理工作造成阻碍，对此需要在收集信息之前建立起一个科学的信息过滤网，严格按照标准和程序将那些无用的信息隔离出去。

（3）动态性原则。危机事件的各种指标处于经常会产生变动的状态。它的规模、性质会随着时间的推移而有所改变，预警信息的收集与发布往往是在某一时点内完成的，倘若此时危机事件发生了变化，预警工作反而会有可能无法取得预期的效果。为此预警信息的收集与发布需要建立动态调整程序，必须跟随危机事件的变化而做出调整。

（4）全面性原则。危机预警工作必须要考虑各种可能会对危机管理工作造成影响的潜在因素和复杂情况，综合全面考量之后再展开危机管理工作。同样预警信号的发布需要各部门各机构的配合协作，向每一位相关的社会公众都发布预警信息，做到"全覆盖""全收到""全准备"。

（5）层次性原则。不同危机事件的覆盖范围也有所不同，按照我国目前的职能分级情况，对于那些地区性危机事件，应当由省政府、市政府乃至县政府综合协调管理，但对于全国性危机则需要由国家统一协调管理，各下属机构严格执行。

五、公共危机预警分析

（一）我国危机预警的发展现状

监测预警是各项危机管理工作的基础性工作。2003年非典疫情，充分暴露了我国在当时对于此类危机事件应对能力还有较大的提升空间，尤其是对于那些突发性危机的时间难以做出精准预警。

监测预警在历经此次危机事件后，成为我国应急管理体系建设的一项重要任务。2003年，党的十六届三中全会提出建立健全各种预警和应急机制。2004年，党的十六届四中全会上提出建立健全社会预警体系，形成统一指挥、功能齐全、反应灵敏、运转高效的应急机制。2005年，党的十六届五中全会提出要建立健全社会预警体系和应急救援、社会动员机制，提高处置突发事件的能力。

经过多年努力，我国各类突发事件的监测预警工作取得了重大进步，应急管理体系日益完善，覆盖面得以扩大，准确率也大大提升，有关危机监测预警领域的专家也越来越多，为我国危机管理工作提供了人才方面的支持，我国应对危机的能力越来越高。

（二）公共危机预警存在的问题

在危机管理中，会出现多种因素干扰危机预警系统的运行，使得危机预警无法很好地发挥作用，导致危机预警失灵。为此我们应当及时找出导致危机预警失灵的各方面原因，并基于此进行多方面改进，以便提升危机预警的效果和正确率。具体来说，公共危机预警中存在的问题主要有以下方面。

1. 信息传递过程中存在障碍

当某些组织层次较多时，就容易导致信息传递链过长，使得有关危机的信息在最后往往被扭曲。同样我国的危机监测机构呈现出横向分割的状态，不同的检测机构基本上是按照气象、水利、地震、卫生等不同领域来进行划分的，彼此之间缺乏沟通和交流，这也会导致信息传递渠道不通畅。信息传递方式的不统一也是障碍之一，目前我国东部地区以及一些省会城市，互联网信息技术发展较快，危机预警系统往往也能够享受这些红利，但在一些发展落后的区域，互联网发展较为缓慢，危机预警往往采用的还是传统媒体信息技术。我国目前还尚未建立起一条完善的危机信息沟通渠道，信息传播路径阻塞较多，为此就很难在危机发生时及时将相关信息准确无误地传输出去。

2. 危机预警缺乏激励措施

激励措施不足往往容易导致危机预警人员缺乏工作积极性，缺少努力工作收集危机信息的动力，影响危机评估的质量。每一位预警人员从事工作的首要目的是使自己和家人生存下去，如果缺乏足够的激励措施，那么工作人员很有可能会产生得过且过的想法。尤其是对那些一线工作者而言，高强度的工作更需要高激励措施来激发他们工作的动力。

3. 危机评估准确性不高

在危机管理过程中，如果面对一种全新的危机，缺乏历史数据和经验的支持，往往会导致危机评估工作进展缓慢，进而拖延预警工作。同样在危机管理工作中，如果没有及时将数据信息收集整理，使得虚假信息得到利用，往往会造成更大的危害，严重影响危机管理工作的效率。

4. 对基层信息不重视

预测预警离不开信息。目前，我国某些领导层或者管理小组可能对从基层传递来的信息不够重视，即便是一些经过基层人员反复测量确认的信息，仍然有可能会被认为是无关紧要的信息。究其原因，主要高层管理人员过于重视身份观念，认为基层员工不论是工作能力又或者智商都不如自己，从而产生对他们所获取的信息的不重视；又或者是出于组织自豪感，认为本组织有足够的能力去获取足够的信息单独应对此次危机。

5. 预警响应环节脱钩

我国的危机预警还没有完全形成以结果为导向的机制，危机预警与危机响应两个环节之间存在着脱钩现象。其中一种因素就是危机预报不准时，在人们面临着诸多信息的情形下，危机预警系统往往难以识别哪些信息是有益的，而哪些信息是虚假错误的；哪些是重要的、关键的，哪些是不重要的。因而，往往在危机即将降临之前，人们即便知晓了诸多信息，却还是无法单纯依据这些信息对危机进行评判和预估，因此导致预警信号发布速度缓慢，很多时候往往在处于燃眉之急之时才发布预警信号，然而此时已经错失了最佳的预警时机。另外的原因是，社会大众受到的教育不充足，社会大众对于预警信号的认知能力与理解能力有待进一步加强。

（三）公共危机预警问题的克服

1. 建立科学的危机预警系统

要在日常危机管理工作中及时发现危机预警系统中存在的问题并予以改正，避免因预警系统的不完善而导致危机管理工作的失效。日常的维护工作需要加强，建立起日常维护检查制度，并为系统配备应急维修设施。

2. 提高工作福利待遇

高强度的工作应当配备较高的工资福利待遇，给予一线工作人员足够的工资福利，并在完成工作好的情况下给予其额外的奖励。

3. 综合分析监测信息

成立专门的信息管理小组，专门负责收集国内外有关各种危机的信息及其解决措施，并成立数据库，将危机信息分类整理后加以存储。同时在进行危机准备工作时，该信息管理小组要及时注意通过各种信息渠道收集与危机相关的信息并对虚假信息予以剔除。

4. 加强基层单位的作用

在危机管理工作中，我们要注重发挥社区的力量，成立社区应急领导组织及救援队伍，上级管理部门也要及时对社区上报的危机信息做出回应，做到"凡上报必答复"，同时社区要综合考虑自身的情况配备一定的应急设施，提升应对风险的能力。

5. 提高人员素质能力

这里的能力提升一方面包含危机管理人员工作能力的提升，另一方面也包含了社会公众应对危机能力的提升。首先，在危机管理人员入职之前要进行必要的工作培训，使其掌握相应的专业知识，在其任职期间应该多次进行相关知识和技能的考核，及时更换考核不合格者。其次在平时也要加强人们对突发事件的防范意识，多在公共场所张贴有关危机知识的海报，并定期进行危机预防演练，提高个人预警能力。

本章小结

本章共分为两节内容。第一节讲述了有关公共危机监测的内容，具体包括有关危机监测的含义、类别、监测主体、监测作用以及目标原则和方法；第二节介绍了危机预警的有关内容，主要包括预警的含义和功能、预警机制的作用、目标和原则、预警系统以及目前危机预警存在的问题和解决措施。

思 考 题

1. 简述公共危机监测的含义。
2. 简述公共危机监测的主体分别有哪些。
3. 简述公共危机监测的作用。
4. 公共危机监测的原则主要有哪几个方面？
5. 简述公共危机预警的含义。
6. 简述公共危机预警的目标和原则。
7. 简述危机预警分级的注意事项。
8. 简述公共危机预警共有几个子系统并分别介绍它们的功能。
9. 公共危机预警系统的建立需要经历什么过程？

第七章　处置与救援

学习目标

- 提高对危机处置与救援的认识。
- 明确危机处置的特点、原则、流程和作用。
- 掌握危机处置的措施。
- 掌握危机救援的特点、原则、流程和作用。

关键词

危机处置　危机救援　快速评估　决策指挥　协调联动　信息公开

案例导入

"7·20"郑州特大暴雨事件[1]

2021年7月17日至23日，河南省遭遇了历史罕见的特大暴雨，发生了严重洪涝灾害，特别是7月20日郑州市遭受重大人员伤亡和财产损失。

这场特大暴雨发生后，郑州市委市政府开展了大量工作。及时对常庄水库、郭家咀水库等重大险情进行组织处置，并在灾后积极开展救助和恢复重建工作，但此次灾害仍然造成了郑州市重大人员伤亡和财产损失。为了查明问题并汲取教训，国务院成立了河南郑州"7·20"特大暴雨灾害调查组开展灾害调查评估。2022年1月，《河南郑州"7·20"特大暴雨灾害调查报告》公布。报告表明，此次暴雨造成重大损失，这有极端暴雨防御难度大的原因——这次特大暴雨是在西太平洋副热带高压异常偏北、夏季风偏强等气候背景下，同期形成的台风"烟花"和"查帕卡"汇聚，遇地形抬升，加之郑州地形西南高、东北低，造成外洪内涝并发；但同时也暴露出郑州市政府在危机应对中的许多问题和不足。主要情况如下。

7月19日晚，郑州市气象台发布了第一条暴雨红色预警信号。7月20日早上，在气象部门发布了第二次暴雨红色预警后，政府有关部门没有及时对此次预警组织综合研判，未按照中国气象局规定在红色预警发布后"果断采取停止集会、停课、停业措施"，只提出"全市在建工程一律暂停室外作业、教育部门暂停校外培训机构"，建议"全市不涉及城市运行的机关、企（事）业单位今日采取弹性上班方式或错峰上下班"。直到20日下午气象部门发布第5次红色预警，郑州市才于预警发布半小时后启动Ⅰ级应急响应。

20日下午，郑州京广快速路北隧道匝道出口路面积水超出40厘米，按照规定主管部

---

[1] 国务院灾害调查组.河南郑州"7·20"特大暴雨灾害调查报告[R].北京，2022：1.

门应当立即关闭隧道，但是政府部门为了保证隧道的通行只封闭了个别匝道口，未实施全线关闭。通过监控视频发现隧道出口处路面出现明显堵车时，郑州市城市隧道综合管理养护中心没有及时报告和处置。而在可实时监控堵车的情况下，郑州市公安交管部门也没有按预案规定在隧道西洞出口处路面安排警力顶岗派人指挥、疏导交通，造成百余部车辆被淹和较大人员伤亡。

在19日郑州市发布5次暴雨红色预警后，电视台只是在天气预报中对其进行了常规化播报，并未及时向民众科普有关防灾减灾的自救知识；同时，郑州三大电信运营商也只在19日向郑州市常住居民用户和漫游到郑州的外地用户，全网推送了一次防汛警示短信，提醒市民防范暴雨。由于上级政府的不重视，城管、水利部门的预警信息也没有按照预案规定向社会公布，只发送给了区县（市）防指或相关部门单位，直到郑州市已经严重受灾的7月21日下午，河南省才召开了特大暴雨首场新闻发布会。

在暴雨发生之后，国家防总、应急管理部、水利部等部门派出专门力量组成工作组赴郑州，现场指导救援工作的开展。经请示批准，调派了解放军、武警官兵、消防救援队伍并配备其他各类抢险装备参与到抢险救援中。与此同时，应急管理部也启动了消防救援队伍跨区域增援预案，连夜从河北、山西、湖北等7省调派消防救援水上救援专业队伍紧急支援河南进行防汛抢险救灾工作。另外，河南省政府及时部署防汛工作，督促指导各地做好巡堤查险、抢险救援、转移安置等工作；郑州市召开抢险救灾紧急视频调度会议，有关领导分别深入区县（市）抢险救灾一线，现场指挥调度抢险救灾工作。在此次救援过程中，中央企业以及社会救援力量、志愿者和广大干部群众也全力以赴投入到了抗洪抢险救灾中。自7月23日0时起，郑州市防汛Ⅲ级应急响应降至Ⅳ级。

郑州"7·20"特大暴雨造成了重大人员伤亡和财产损失，我们要从中汲取经验教训，深刻反思，狠抓整改落实，全面提高灾害防御和应对处置能力。

思考题：
1. 结合本章危机处置流程的相关知识，谈谈郑州"7·20"特大暴雨处置中暴露出的问题。
2. 结合材料谈谈应采取哪些危机处置措施才能最大限度降低危机带来的损失。
3. 结合材料分析危机处置不当会带来哪些影响。

公共危机事件发生后，进行有效的处置与救援，最大限度减少危机造成的伤亡和损失是危机管理者的首要任务。同时，突发事件的责任主体应采用预定的应急抢险和抢救方式，在突发事件应急响应行动中迅速、有效拯救人员的生命和财产，指导公众防护，组织公众撤离避险，最大限度地避免或减少人员伤亡和财产损失。[1]

第一节　公共危机处置

公共危机处置作为突发事件应急响应的一个方面，对应突发事件响应的事中管理，具有前后衔接的性质，属于公共危机应急响应的重要内容。本节将从概念及特点出发，介绍

---

[1] 王宏伟. 公共危机管理概论 [M]. 北京：中国人民大学出版社，2021：122.

公共危机处置的原则、措施和流程等相关内容。

一、公共危机处置的概念及特点

公共危机处置是公共危机管理不可或缺的环节，但在学习公共危机处置的相关内容时，我们首先需要了解公共危机处置的基本概念及其特点。

（一）公共危机处置的概念

公共危机处置作为应急响应的重要内容，人们常常将应急响应与公共危机处置相提并论，但二者是有区别的。从时间来看，公共危机处置是在突发事件发生后采取的行动，应急响应则不一定发生在突发事件发生之后。如预警台风即将来临时，公众疏散到避难场所，就属于应急响应的内容。从活动内容看，应急响应不仅包括公共危机处置，还包括突发事件预警之后和发生之前的预警响应活动，以及信息公开、危机沟通等多方面的活动。从组织主体来看，应急响应主体可以是政府、专业力量、公众、志愿者等，但公共危机处置工作主要是由行政机关主导的。[1]

综上，公共危机处置是指公共危机事件发生后，履行统一领导职责或者组织处置突发事件的行为主体（通常指某一级政府），组织有关部门、调动应急救援队伍和社会力量，依照有关法律法规的规定采取应急处置措施的过程，它是公共危机事件发生后的总体性应急响应行动。[2]

（二）公共危机处置的特点

公共危机的处置主要呈现以下特点。

（1）紧迫性。公共危机是一种突然发生的紧急事件或者非常态的社会情境，其影响范围和发展速度往往具有不可预见性，它的爆发会给社会的正常运转以及人们的生命安全带来严重威胁，所以在应对危机时，危机处置者必须做出快速处置措施与响应。在时间有限的条件下，如何获取危机所有相关的信息，做出正确的决策以遏止危机的扩大，是危机管理者必须注意的要项。

（2）复杂性。危机的不可预测性与不确定性，使得人们很难对其进行监测并发布预警信息，并且因为危机影响因子的多样性，在对危机处置时我们既往的处置经验会出现失灵的现象。另外，一些危机不受地理边界、职能边界和时间边界的约束，使应急部门日常设定的清晰职责发生紊乱，在长时间的演进过程中会跨越日常设定的职能边界，需要多方协同，这更进一步增加了危机处置的复杂性。[3]

（3）紧急处置权的高度集中性。因发生了法律规定的突发事件进入相应的紧急状态后，依据法律规定的范围和程序，有关的机关或个人会被赋予紧急处置权。此时，为了能够快速集中协调管理各个方面的资源，紧急处置权通常会集中在某一个部门或者某位领导身上，通过权力的集中以达到合理高效的配置，以便最大限度地降低危机处置中的损失。[4]

---

[1] 汪勇清.中华人民共和国突发事件应对法解读[M].北京：中国法制出版社，2007：118.
[2] 王宏伟.公共危机管理[M].北京：中国人民大学出版社，2019：168.
[3] 王宏伟.城市复杂性危机管理的失灵与对策[J].前线，2015(11)：79-80.
[4] 秦扬，李俊坪.突发事件应急状态紧急处置权法律规制探析[J].西南民族大学学报（人文社会科学版），2014，35(4)：97-98.

二、公共危机处置的一般原则

危机发生后,其演进的过程是千变万化的。公共危机管理者需要根据危机的发展变化来调整处置措施。但是,公共危机管理者在发挥创造力、进行临机决断的同时,也必须遵循一定的处置原则。

(1)以人为本,减轻危害。公共危机事件的发生,可能会产生多种威胁和损失,因此,在对危机进行处置时可能要面临多重价值目标的抉择。但是无论处置何种性质的危机,我们都要把挽救民众生命作为首要原则。

(2)统一领导,分级负责。在进行危机处置时,有时需要不同单位间进行协作,有时甚至需要不同地区间资源的调动,因此需要危机处置部门在各级党委的领导下发挥其在处置工作中的主导作用,形成统一领导、高度集中的公共危机管理资源整合系统。同时,危机处置要坚持分级负责的原则,即按照公共危机的分级,依据各级应急预案要求,由相应级别的应急指挥机构做出决策,进行具体的处置工作。[1]

(3)社会动员,协调联动。由于危机的影响范围广,社会影响大,它往往会超出某个政府部门甚至某级地方政府的控制能力,所以有关部门为了实现危机处置工作的协调联动,就鼓励民间力量参与其中。一是将政府、企业和第三部门的力量进行整合,实现危机治理的网络化,充分发挥社会总体效能;二是危机发生地政府同周边地区政府部门开展合作,建立应急互助合作机制,统筹调动人、财、物资源;三是要充分发挥武装力量在危机救援过程中的突击队功能,提高救援效率。

(4)属地先期处置。发生突发事件后,属地政府要尽量减少危机事态可能给社会公众生命、财产和健康造成的危害,及时开展先期处置工作。同时,属地政府应边处置、边报告,以便在危机升级时获得外部的支持。为配合外部救援力量到现场,属地政府应扮演道路引导员的角色。当外部力量到达现场后,属地政府应做情况说明员、秩序维护员、后勤保障员。

(5)依靠科学,专业处置。在危机管理中,决策权应当授予处于一线并在相关领域具备权威专业的知识者。[2] 所以在危机处置中,相关部门要贯彻落实"科学应急"的原则,充分利用专业理论知识和专业技术装备实现对公共危机的专业处置。

(6)支持创新,迅速高效。在进行危机处置时,管理者要根据实际需要,突破常规,大胆创新,力求迅速高效地处置公共危机事件。在危急关头,危机管理者要根据现实需要行使行政紧急权,在紧急状态下特事特办,简化突发事件处置流程,以迅速地对事件的发展过程进行有效的控制,将危机所造成的损失降到最低,挽救更多的生命和财产。

此外,公共危机响应的速度与方向、适当响应与快速响应同样重要。适当的含义有两层:一是行动方向正确,不会犯南辕北辙的错误;二是适度响应,响应过度与不足同样都会不利于公共危机的处置。

三、公共危机处置的措施和流程

公共危机处置是政府部门采取的强制性行政应急措施,政府在进行危机处置时往往会

---

[1] 王宏伟. 公共危机管理概论[M]. 北京:中国人民大学出版社,2021:126.
[2] Lynn T. Drennan, Allan McConnell. Risk and Crisis Management in the Public Sector[J]. New York: Routledge, 2007: 50.

限制部分公民或组织的人身、财产等权利,但前提是更加有效地保护更大范围内更多公民和组织的生命、健康和财产。[1]《突发事件应对法》中将公共危机处置措施分为一般性措施和社会安全事件处置措施两种。

(一)一般性措施

一般性措施主要是对自然灾害、事故灾难和公共卫生等事件的处置,包括六个方面,即救助性措施、控制性措施、保障性措施、预防性措施、动员性措施和稳定性措施,其具体情况如下。[2]

(1)救助性措施。在我国,危机管理者在进行危机处置时必须始终遵循"以人为本"的原则,将人民群众的生命安全放在首位,并对受此事件影响或存在潜在危险的民众进行安全疏散,予以其妥善的安置。

(2)控制性措施。危机发生以后,相关部门须对造成此次事件发生的危险区域实施静态管控,并进行相应的交通管制,只有这样危机处置工作才有可能会获得一个较为有利的外部环境,从而可以有效地遏制危机的扩散和升级。

(3)保障性措施。危机事件发生后,基础设施部门应当对被灾害损毁公共设施进行及时修复。除此之外,政府管理部门还需要保证食品、生活用水、燃料等基本物资的供应,保障社会公众的基本生活。

(4)预防性措施。在进行危机处置工作时,主管部门不但要切实减少灾害已经带来的损失,还要及时采取有效的预防性对策,要排查相关的设备及其活动场地存在的潜在风险,避免给社会公众造成新的损害。在必要的情况下,可取消、中止人员密集活动或停止某些生产活动。

(5)动员性措施。公共危机管理部门在进行危机处置时,大都需要启用应急财政储备。必要时,应急管理部门可以组织民间力量对企业以及社会所储备的物资进行紧急征用。在处置活动结束后,政府部门要对其进行相应的补偿。

(6)稳定性措施。公共危机事件发生之后,一些人可能会以哄抬物价、制假售假等方式扰乱市场秩序,使物资供应出现暂时性短缺,影响民众情绪,给社会带来不必要的混乱。因此,在危机发生以后,危机管理部门应联合相关部门采取有力措施,严厉打击违法犯罪活动,为危机处置营造一个良好的外部环境。

(二)社会安全事件处置措施

社会安全事件处置的措施包括五种:强制隔离措施、保护控制措施、封锁限制措施、重点保卫措施和其他合法措施。[3]

(1)强制隔离措施。当发生社会安全事件时,危机管理部门应根据事件的性质和危害程度、协同公安部门,依据法律对矛盾双方开展强制性干预,将冲突双方进行隔离,以维持正常的社会秩序。

(2)保护控制措施。发生社会安全事件后,特定范围之内的设施、交通工具、房屋建筑等可能都会受到破坏,必须予以重点保护。燃气、水、电力等的供应是关乎千家万户的

---

[1] 王宏伟. 公共危机管理 [M]. 北京:中国人民大学出版社,2019:177.
[2][3] 中华人民共和国突发事件应对法(续)[J]. 安全,2007(12):59-61.

大事,因此,危机管理部门应联合公安机关一同采取相应的保护性措施,防止出现社会安全事件影响扩散现象。

(3)封锁限制措施。发生社会安全事件后,公安机关需要对事件发生地实行现场管控,对出入管制区域人员的有效证件、车辆及物件进行严格的检查,并且对相关公共场所内的活动进行限制。

(4)重点保卫措施。在现实生活中,国家机关、广播电台、外国驻华使领馆等经常是群体性危机中公众表达利益诉求的对象。此外,由于它们象征性价值较高,又是敏感地点,因此很可能会发生诸如恐怖主义袭击之类的暴力事件。所以,在社会安全事件的处置过程中,要加强以上机关的保卫工作。

(5)其他合法措施。由于社会安全事件千差万别,《突发事件应对法》规定:在必要的情况下,我们可依照法律、行政法规和国务院的规定采取以上四个措施之外的其他措施。

(三)公共危机处置的流程

为了实现危机处置工作的科学、高效,学者们建立起了一套危机处置工作流程。危机的总体响应程序主要包括以下十个环节。

(1)接警与初步研判。危机管理部门及公安、医院、消防等单位的当班人员在接到报警后,应详细询问、记录危机的相关情况,如事件的规模、发生时间、地点及其人员伤亡和财产损失情况等,并及时向相关部门负责人汇报。相关负责人在了解情况后,要立即安排相关工作人员开展关于此次危机的初步研判工作。当危机超出其管辖范围时,负责人应迅速上报给上级机关。

(2)先期处置。属地为主是我国公共危机管理体制的特点之一。危机发生之后,事发地人民政府都应在第一时间上报的同时,派遣相关救援人员迅速赶赴事发现场,核查危机的发展情况,并根据就近原则统筹安排应急救援物资。在此期间,危机管理者应在事故发生后迅速组织事发地周围的民众开展应急疏散,并及时向应急管理部门传递事件的最新信息。

(3)启动应急预案。当确定了危机的级别之后,危机管理者应按照分级响应的原则启动应急预案,调配应急救援队伍和物资。应当从外部调派相关专家赶赴现场,并成立危机处置的现场指挥部。当然,如果这场危机继续扩大升级,那么所采取的应急预案也应该进行调整。

(4)现场指挥与协调。危机处置的现场指挥部应当由相关部门、军地领导、专家学者共同组成,以便危机处置协调工作的开展。现场指挥部应根据危机当前的形势制定合理高效的危机救援方案。现场指挥部一经确定,就必须赋予其现场救援的完全管辖权,而不能是"谁职务高谁说了算"。但是,各级领导可以对现场指挥提出建议。对于特殊性质的危机,权威专家应充分发挥协助危机管理者进行决策的作用,适时向现场指挥部提出自己的建议。

(5)抢险救援。在危机处置过程中,有关部门应分工协作、服从指挥、密切配合。公安机关应封锁危机发生现场,设立警戒区域,实施交通管制,维持现场治安;医疗卫生部门应该马上派出医务人员赶赴现场开展伤员的救治和转运工作;专业救援队伍应配备专业救援装备赶赴现场进行救援。必要时,人民解放军、武警部队和后备力量在紧急情况下也可投入救援工作中，以保障救灾活动的顺利进行。

（6）扩大应急。在危机处置过程中，如果危机事件出现扩大现象，危机管理者应当立即启动应急预案扩大机制，向上级政府申请应急支援，并加大资金、物资和应急救援队伍等方面的投入，避免危机形势的进一步恶化。

（7）信息沟通。危机指挥中心应及时将危机处置进展的信息上报给相关部门的领导。与此同时，还应建立、健全公共危机处置的新闻发言人制度，及时向社会公众公布危机处置的最新信息，避免谣言的产生和传播，引导好社会舆论。

（8）临时恢复。在危机救援工作完成后，卫生防疫部门要承担起监控疫病流行情况的责任，环境保护部门要对受危机影响的地区开展监测工作，避免次生灾害的发生。与此同时，有关单位需要清理现场和废墟，并进行人员的清点和撤离。

（9）危机救援行动结束。当危机事件带来的威胁和产生的危害被控制或消除后，负责统筹指挥以及组织处置工作的公共危机管理部门应当立即停止已采取的公共危机应急处置措施，并撤销现场指挥部。

（10）调查评估。对此次危机事件的起因、性质、责任等问题进行全面的调查评估，并依法对相关人员进行问责。

以上十个环节虽然并非完全按照危机应急处置的时间顺序排列，但却反映了危机应急处置所需要重点关注的问题和步骤。比如，信息沟通要伴随危机处置的全过程。应急管理是应急管理者与危机之间的动态博弈，它要求应急管理者不仅应遵循既定之规，还应具有一定的临机决断能力和创新能力。

通常，危机管理者会设置一个响应行动的作业程序。但是，它仅仅是一个大致的行动蓝图。响应者可根据危机应对的实际需要进行灵活的调整，切忌墨守成规。但是，危机应对中多元参与主体如果各行其是、灵活过度，就有可能导致彼此之间相互冲突、掣肘。所以，事先的彼此磨合以及事中的信息共享与沟通至关重要。

四、公共危机处置的作用

建立完善突发公共危机事件处置快速反应机制，明确快速反应事项的内容、程序、时限要求，是提高行政效率及增强工作主动性、时效性和针对性的必然要求，是有条不紊地应对突发事件的保障机制。[1]

公共危机处置的主要作用如下。

（1）通过对公共危机进行处置，有助于预防和减少事故损失。危机处置者可以根据危机预警信息制定危机防控措施，一定程度上减少危机带来的损失。同时，公共危机处置作为危机救援环节的"先导"，可以为救援工作的顺利进行提供指导。

（2）公共危机管理事关人民群众切身利益。开展公共危机处置工作，有助于保障社会公众的生命财产安全，维护社会安定，增强公众对政府部门的信任，以及提高民众的安全感。

（3）政府部门在面对日益复杂的突发事件时，需要不断提高自身能力才能实现其工作目标。

---

[1] 高友云.处置公共危机事件应坚持的五项原则——重庆市处置出租车罢运事件的启示[J].领导科学，2009，378(1)：20-21.

第二节 公共危机救援

危机发生后,建立公共危机应急救援力量体系,迅速动员各方面力量,开展及时高效的危机救援工作,已经成为预防和控制危机蔓延、降低危机后果的重要手段。因此,学习公共危机救援知识十分重要。

一、公共危机救援的概念及特点

公共危机救援对危机的解决起着至关重要的作用,救援方式得当、表现得体,往往能够变坏事为好事,政府部门的公信力会得到提升;但若危机没有得到有效化解,则会破坏公共部门的形象,影响日后管理工作的开展。为了更好地开展相关工作,我们需要了解公共危机救援的基本知识。

(一)公共危机救援的概念

公共危机救援,是指突发事件发生后,履行统一领导职责或者组织处置突发事件的公共危机管理者对危机事件进行快速评估和决策部署后,组织有关部门和社会力量相互配合、互通有无、信息共享、功能互补,把决策方案转化为现实行动,以控制事态的进一步发展,并将人员生命及财产安全损失最大限度降低的行为和过程。它是公共危机管理工作的一个重要环节,也是政府应急管理能力的核心组成部分。

基于事情发生的诱因,我们可以将公共危机分为自然灾害事件、公共卫生事件、事故灾难事件以及社会安全事件等四大类。当前,我国正处在公共安全事件易发、频发、多发期,公共安全事件救援工作面临的形势更加严峻。

(二)公共危机救援的特点

公共危机救援承接着危机的预警与恢复环节具有重要的承上启下作用,是危机发生之后的核心环节,它的主要特点如下。

(1)紧急性。公共危机往往是未曾预料而仓促爆发的社会情境,它会对社会产生严重的影响,这就要求危机管理者必须迅速做出决策,控制危机事件的发展态势。因此,在进行危机救援时必须在最短的时间内,调动和配置一切可利用的资源,尽快控制危机蔓延,最大限度地减少危机带来的损失。

(2)专业性。不同的危机事件呈现出不同的特点,进行危机救援时也不可一概而论。我们在进行危机救援时要根据危机的类型及特点等,选派专业的人员、采用专业的技术,以实现救援目标。

(3)协调性。从全球发展趋势来看,当前公共危机管理的对象正在由单灾种向多灾种转变,由单项减灾向多项减灾转变,这就使得危机救援过程中区域合作、协调联动的特点愈发明显。在现代危机救援中,通常会涉及相关联动部门的多方位响应,甚至会出现跨地区的协调救援。所以,在不同的情况下,危机管理部门需要依靠事故救援中所涉及的所有单位进行联动响应,来实现危机救援的目标。

（4）社会性。由于突发事件在时间、地点、危害程度、危害对象的不确定性，并受到经济、政治、文化等多方面的影响，其必将产生广泛性的社会影响。为使危机影响降到最低而进行的公共危机救援活动，也必将受到社会的广泛关注。尤其是近几年，在一些重大危机事件发生时，很多企业、居民个人会自发进行捐款、捐物，或组织成救援队伍承担救援任务，这些都极大地缓解了公共部门的救援压力。

二、公共危机救援的一般原则

（一）以人为本，生命至上

挽救生命，只要有一定的可能，都要付出百分之百的努力。在开展公共危机救援活动时，各级政府必须深刻认识到做好救援工作的重要性和紧迫性，坚持以人为本、生命至上，要把遇险人员和应急救援人员的安全放在首位。实施公共危机救援的过程中，救援人员要始终坚持只要有一点希望，就不抛弃、不放弃任何一个生命，把人民生命安全和身体健康放在第一位。

（二）统一指挥，协调联动

2018年，国务院政府机构进行了自改革开放以来的第八次改革，此次改革组建了应急管理部。应急管理部的组建在指导各地区各部门应对突发事件工作，统筹应急力量建设和物资储备等方面提供了组织保障。同时，在危机发生之后，救援必须由当地政府统一进行管理。如果危机发生扩散，要充分调动不同部门、不同地区的各种资源和力量进行协调和支援配合。

（三）信息公开，引导舆论

全媒体时代具有极强震撼性、社会性和社会影响性的重大公共危机事件，给舆论引导工作提出了更高要求，所以信息的公开透明是应对社会反响较好的方式。在危机发生和救援过程中，除涉及国家机密、商业机密和个人隐私的信息外，政府部门要及时公开救援进度，满足社会公众的知情权，做到信息透明、公开。主流媒体要在尊重客观事实，确保传播信息准确性、广泛性、全面性的基础上，创新运用先进的技术手段，及时传播政府部门发布的权威信息，第一时间报道事件发展最新动态，积极正面引导社会舆论，使社会群众认同和接受政府救援工作安排，凝聚社会力量。[1]

（四）社会动员，全民参与

当前，我国已经进入了突发事件的多发期、高发期和频发期，在此背景之下，动员社会成员参与到危机救援中成为一项重要举措。在危机救援过程中，政府应当发挥主导作用，构成强有力的指挥协调中枢，对救援工作进行决策指挥；社会各界同舟共济，企事业单位、社区和志愿者队伍等充分发挥其自身优势，动员人力、物力和财力，形成应对突发事件的合力。

---

[1] 李金聪.全媒体时代重大突发性公共事件中主流媒体如何强化舆论引导和社会服务作用[J].新闻研究导刊，2020，11(13)：138-139.

三、公共危机救援的措施和流程

随着全球化、信息化的不断推进，突发公共卫生事件和全球性的自然灾难及社会风险等不断增多，它们给社会造成了严重的危害，在这样的情况下，必须及时采取有力措施予以应对，以最大限度地减轻其带来的风险和损失。

（一）公共危机救援的措施

公共危机救援的措施如下：

（1）危机发生之后，危机管理者要迅速成立临时工作小组，根据危机事件的实际演变情况制定救援方案；

（2）搜集危机信息，着手危机调查。对危机进行调查后，制定危机处理计划的方案；

（3）救援人员在采取危机救援行动时，要根据危机的演变，及时调整危机救援措施，采取积极有效的手段阻断其发展，中止其危害；

（4）在危机救援任务基本完成后，要消除危机所造成的各种负面影响。

（二）公共危机救援的流程

公共危机救援主要包括公共危机快速评估、公共危机决策指挥、公共危机协调联动、公共危机信息发布等流程。

1. 公共危机快速评估

在时间紧、任务重、不确定性较高、信息资源有限的情形下进行的评估就是快速评估。公共危机快速评估是指突发事件发生后，由主管或负责处置突发事件的政府及其有关部门在很短的时间之内根据相关法律法规调派相关人员迅速展开专项调查，是短时间内提供相关信息的行动或过程。

（1）快速评估的原则。公共危机救援阶段的快速评估应遵循以下原则。

① 时效性。快速评估必须在危机发生后的第一时间进行，并在应急指挥决策前向有关决策者反馈此次评估的结果。如果不能及时有效地为应急指挥决策提供信息支持，那么快速评估这一项工作将丧失意义。

② 宏观性与指导性。快速评估不是对突发事件的精细调查，而是追求在事件粗略分析基础上对宏观性质和方向的准确把握；追求具有高度指导性的定性判断和结论，而非精确的定量结果。

③ 交互性。快速评估虽然是为应急指挥决策服务，但并非只有快速评估完成后才开始进行应急决策。实际上应急指挥决策将依据突发事件发展及应急处置和救援的开展而不断进行。

（2）快速评估的内容。公共危机救援的需要决定了快速评估的内容，它可以包含多种内容——大到突发公共危机事件的性质和基本损失情况，小到特殊类型的受难者，如孤儿的数量等。一般而言，快速评估主要包括以下两类。

① 公共危机突发事件损失和影响的快速评估。这类评估的内容主要包括：突发事件影响程度、事件级别、人员伤亡情况、直接经济损失、事发地公共服务及基础设施建设损害情况等。

② 危机发生地受灾群众和影响区域需求的快速评估。这一类评估的主要内容包括：危机救援所需的资源情况、事件影响区域群众对生活物资的需求情况、抢险救灾过程中医疗物资的需求情况等。值得注意的是，实际情况中公共危机救援的准备工作往往是不充分的。在这个时候，为了收集可用于有关公共危机处置和救援的资源信息，就需要进行快速评估工作。

（3）快速评估的流程。通常情况下，快速评估应遵循以下流程。

① 危机事件发生后，事发地政府和单位应在第一时间上报事件相关情况，并按照事件的类别和级别启动应急预案并成立应急指挥机构，开展先期处置工作等。此时，如有必要，相关政府和部门可以在还未接到上级指示之前就开展快速评估工作。

② 应急指挥机构组织相关部门和人员开展快速评估工作时，应当根据公共危机处置和救援中的决策信息需要。

③ 有关单位和人员选择适当方法，开展快速评估工作。

④ 有关单位和人员随时将快速评估的结果向应急指挥机构反馈，并在规定时间内将快速评估的报告递交给应急指挥机构。

⑤ 应急指挥机构在综合研判各方面快速评估报告后，进行指挥决策。

⑥ 应急指挥机构可根据突发事件的事态发展适时开展多次（并行）快速评估活动，直至突发事件结束。[1]

2. 公共危机决策指挥

实际上，经典的危机管理理论是从决策的角度把"危机"界定为一种特殊的决策情景。例如，荷兰危机管理专家乌里尔·罗森塔尔等认为："危机是对一个社会系统的基本价值观和行为准则架构产生严重威胁，并且在时间压力和不确定性极高的情况下，必须对其做出关键决策的事件。"[2]

公共危机决策指挥是指公共危机管理者在对突发事件开展快速评估工作的基础上采取科学有效的措施，对危机管理过程中存在的不足之处进行重新安排与调整的过程。从时间先后来看，公共危机应急决策指挥包括应急决策和应急指挥两个部分。应急决策是指当突发事件发生时，决策者在时间紧急、资源有限和事件不确定性的情况下，为了尽可能地减少人员伤亡和财产损失，而确定应采取哪些应对突发事件的方案和措施的过程。公共危机决策是一种非程序化决策，具有紧迫性、主观性、有限性、渐进性和时效性等特点。公共危机指挥是指当危机事件发生时，各级人民政府根据事件的实际情况，第一时间调动一切可以进行救灾的资源，开展有针对性的救援工作的过程。

（1）决策指挥的目标与原则。充分发挥各级各类公共危机应急指挥机构的统一指挥作用，加强各方协作，形成处置各类突发事件的合力，是公共危机决策指挥机制的目标。公共危机决策的直接目标是追求对应对突发事件方案的最优选择，通过对各种方案的比较、评估，最大限度地减少危机事件的伤亡和损失。决策的过程目标是科学性。危机决策的最终目标是人的安全与发展。应急决策的科学性是实现上述直接目标与最终目标的根本保证。

---

[1] 闪淳昌，薛澜．应急管理概论：理论与实践[M]．北京：高等教育出版社，2020：331．
[2] Uriel Rosenthal, Michael T. Charles, Paul T. Hart. Coping with Crises: The Management of Disasters, Riots and Terrorism[J]. Springfield: Charles C. Thomas, 1989: 3-33.

公共危机决策指挥应当遵循以下工作原则。

① 统一领导，分级负责。公共危机管理工作要按照事件的所属级别，依据应急预案要求，由相应级别的应急指挥机构负责。

② 以人为本，减少危害。把生命安全放在第一位，在确保救护人员生命安全的前提下，对受事件威胁的有关人员进行有效施救。

③ 依靠科技，专业处置。充分利用和借鉴各种科技成果和专业人员的专业知识、专业能力，充分发挥专家顾问组的作用。

④ 属地为主，先期处置。当地应急指挥机构就近决策与处置，属地的应急部门进行前期控制事态，防止事态进一步扩大。

⑤ 充分授权，及时决策。应急决策机构和相关领导应当充分信任直接指挥和处置的负责人，对其进行充分授权，并在进行危机救援时及时、快速地做出决策。

⑥ 层级精简，沟通畅通。应急组织机构应实行扁平化架构，减少层级，保证各级各类应急管理机构之间沟通畅通。

（2）决策指挥的工作内容。

① 启动应急响应。应急响应程序是指突发事件发生后，针对不同级别和类型的突发事件制定应急响应启动机制，实施开展应急处置与救援行动的有关方法和程序。

② 专业化现场指挥。要根据实际需要，建立一个专职的、由专业化的应急救援指挥人才组成的现场指挥的队伍，设立相关类别突发事件应急指挥机构，组织、协调、指挥突发事件应对工作，对应急处置与救援工作进行统一领导、统一指挥、统一行动。[1] 同时，还需成立由相关部门组织的、临时性应对突发事件的决策、指挥与处置机构——现场指挥部。在公共危机决策与处置过程中，现场指挥部应当制定危机救援的实施方案，并指挥现场的应急处置工作；事件有关情况及时向上级部门汇报；指挥救援队伍根据实际情况开展施救工作；负责对危机事件的发展态势进行监测与评估。

③ 资源调配与征用。第一，资源调配。应急资源由应急专业救援队伍、应急救援物资、救援设备、义务或群众志愿救援组织等组成。各单位要根据危机救援的要求储备一定数量的应急物资及资金，同时平时要注意对应急资源的维护和保养，切实保证应急资源的质量，延长资源的寿命。各单位要依托信息技术，建立应急管理中统一的资源地图和资源调配机构，明确紧急情况下对各种资源如人、财、物、通信、技术等进行紧急调配的条件、方法和程序，提高资源调配的效率。第二，紧急征用。紧急征用是指拥有法定职权的政府有关部门在紧急情况下(如抢险、救灾等)，依照法定程序，暂时征用单位或个人财产的一种行为。目前，我国已经基本建立了应急状态下社会资源的紧急征用、采取市场管理强制执行等的法律依据，但对于紧急征用和借用的启动条件、基本程序等仍有待于进一步明确。

④ 专家参与。专家参与是指专家根据客观实际，参照历史经验教训和科学预测结果，以实事求是的态度、自己的专业知识和各种信息为基础，为突发事件应对工作提供科学依据和可行方案，供决策主体参考的过程。通过推进专家机构建设，探索建立应急管理专家参与应急管理工作的联动模式，不断提高专家在预防和处置各类突发事件中的作用，有利于为突发事件应对工作提供各种决策支持，从而提高应急管理的水平。

---

[1] 钟开斌.应急管理十二讲[M].北京：人民出版社，2020：232.

⑤ 临时救助安置。临时救助安置是一种非定期、非定量的临时生活救助制度，对因自然灾害、意外事故等突发或偶然性因素造成临时生活困难群众的基本生活的救助和生活场所安置。在加强临时救助安置工作的过程中，要进一步明确临时救助安置的启动条件、标准和运作程序。根据救灾工作台账，做好灾民的救助工作。

3. 公共危机协调联动

协调联动是政府应对突发事件常用的手段，即为了减少和化解突发事件带来的危害，不同部门之间相互协作、整合资源、信息共享、共同行动，形成应对公共危机事件的合力。公共危机协调联动作为一种制度化、程序化和规范化的方法与措施，它是危机管理部门有效组织多部门之间协调处理各类突发事件的运作模式。公共危机协调联动是高效开展应急管理工作的一种形式，实际上，真正科学合理的应急管理工作就应当建立在协调联动的基础上。

（1）协调联动的目标与原则。公共危机协调联动建设的目标，是推进不同部门、区域甚至国家、地区之间在危机管理实践工作中的协作与交流，真正建立起上下联动、条块结合的组织体系和跨地区、跨部门的协调合作框架，促进有关部门和地区应急协调能力的提高。

公共危机协调联动应当遵循"党委领导、政府负责、军地协同、社会参与"的工作原则。一是建立和完善危机救援联动机制，将各种应急资源进行充分整合，做到统筹协调、分工协作，实现多方联动，切实提升有关部门应对突发公共危机事件的能力；二是政府主导、社会参与。要充分发挥政府在危机管理工作中的组织领导作用以及群众的主力军作用，形成公共危机管理的上下联动机制；三是军地联动、有序协调。通过军地联合指挥、军地灾情信息共享、军地联合行动等各方面的制度和配套措施，逐步提高部队与地方政府之间在应对突发事件方面的联合指挥、科学行动、专业保障等各种非战争军事行动能力建设。[1]

（2）协调联动的主要内容。针对突发事件救援实际，我国各有关部门在统一领导的基础上一直在探索多种跨系统、跨部门、跨地区的公共危机联防联控机制，主要内容如下。

① 政府部门之间的协调联动。第一，政府系统内的纵向协调联动。韦伯认为，在等级结构、专业化分工和普遍性规则下，组织常规塑造了科层制内部的权威关系，包括角色认知、服从命令和听从指挥的习性，它保证了科层制的稳定性，其运作可以按部就班、可预期地运转。[2] 纵向协调联动主要是依靠组织内部的等级权威来实现的，大多数情况下，强制性是上、下级政府之间开展协调联动工作的主要特点。第二，政府系统内部的横向协调联动。相较而言，同级政府间的协调联动工作难度更大。因为在这种协调关系中，政府部门间所涉及的不仅是信息共享，更涉及决策的谋划、政策的执行等内容。

② 行政系统外部的协调联动。危机事件既是对政府应急管理能力的挑战，也是对社会整体的全面考验。通常情况下，政府之外的其他社会主体如社会公众，往往会成为突发性公共危机事件直接威胁的对象。而在公共危机救援过程中，其他社会主体的行为也会影响危机救援的效果。[3] 实践表明，仅仅依靠政府部门开展危机管理工作所取得的效果是有

---

[1] 闪淳昌，薛澜. 应急管理概论：理论与实践 [M]. 北京：高等教育出版社，2020：344.
[2] 周雪光. 中国国家治理的制度逻辑：一个组织学研究 [M]. 北京：生活·读书·新知三联书店，2017：21.
[3] 肖鹏军. 公共危机管理导论 [M]. 北京：中国人民大学出版社，2006：193.

限的，所以在进行危机救援时，危机管理者有必要组织和动员各方社会力量，使之能够有序参与到救援工作中。但在另一方面，在整个公共危机管理工作过程中，政府应当发挥总揽全局的作用，对各种社会资源进行整合的同时，加强各参与主体之间的协调合作，从而真正实现公共危机管理中不同主体的协调联动。

4. 公共危机信息公开

信息公开是指履行公共危机管理职能的有关政府部门按照相关规定及时向社会公布危机事件相关信息的行为或过程。信息公开的主体是县级以上人民政府发布的对象，包括公众、相关机构和人员、有关国家和国际组织。信息发布的内容主要包括：有关人民政府及其部门做出的应对突发事件的决定、命令；反映突发事件信息的渠道；有关的突发事件预测信息和分析评估结果；可能受到突发事件危害的警告；避免、减轻危害的常识、建议和劝告以及咨询电话等。[1]

（1）信息公开的目标与原则。及时主动、公开透明地发布危机有关信息，正确引导社会舆论和公众行为，及时消除危机事件带来的负面影响是建立公共危机信息发布机制的目标。

公共危机救援阶段的信息发布应当遵循以下原则。

① 坚持正确导向，维护社会稳定。信息发布要在准确、及时的基础上，强调政府应对事件的信心、解决事件的决心和对事件中不幸遭到伤害的公众的同情心，以凝聚人心、稳定社会。

② 坚持以人为本、满足信息需求。信息发布要以满足公众知情权为基本出发点，本着实事求是的原则发布信息。

③ 坚持及时准确、积极引导舆论。信息发布要争取第一时间发布权威信息，及时、准确、客观地全面报道突发事件动态及处置过程，把社会舆论引导到健康、理性的轨道上来。

④ 坚持公开透明、做到开放有序。除涉及国家安全和国家秘密外，信息报告要按照公开透明的原则，对公众、相关机构和人员及时准确地发布信息。

⑤ 坚持统筹协调、健全工作机制。把突发事件信息发布和新闻报道工作纳入突发事件处置总体部署上来，建立信息发布的内部规范，健全工作机制，做到专人负责、分级管理。

⑥ 坚持规范管理，依法依规报道。要依法开展信息发布和新闻报道工作，做到科学、依法、有效管理，对违反规定、不守纪律、造成严重后果的新闻媒体直接负责人和有关负责人，要严肃追究责任。

（2）信息公开的内容如下。

① 公共危机管理过程中的新闻发布和舆论引导。完善政府危机管理信息发布和舆论引导制度，做好各类突发事件的信息发布工作，采取多种方式，及时向公众发布突发事件的相关信息，保障公众的知情权和监督权。

② 决策者在灾害现场进行现场沟通。危机管理者利用灾害现场应急通信系统，强化灾害现场与后方之间的信息交互机制，提高在抢险救援过程中现场救援队与后方信息保障中心之间进行海量信息交互的能力，充实灾情现场快速调查手段，健全在第一时间收集灾情整体信息机制，强化现场向后方及时报送信息的能力。

③ 建立信息公开的专家参与机制。突发事件信息发布要重视专业团队、专业人士的

---

[1] 闪淳昌，薛澜. 应急管理概论：理论与实践[M]. 北京：高等教育出版社，2020：354.

作用，建立健全专家参与信息发布的应用机制，提高专业化水平。公共危机管理者应该在专业团队后面进行指导，并主要依靠专业团队来制定信息发布和公共沟通机制。

四、公共危机救援的作用

公共危机救援作为公共危机管理过程中的一环，发挥着重要的作用。公共危机管理中的各个环节之间是环环相扣、紧密相连的。危机救援主体可以根据公共危机监测与预警环节做出的科学的预测，及时了解危机的变化过程，制定相应的应急预案，以备不时之需；另一方面，突发事件发生之后，通过实时监测，救援者可以迅速了解救援效果如何，并根据监测结果调整救援方案。在公共危机救援基本结束后，为了保障正常的社会和经济活动，会对各类生命线工程以及公共基础设施进行修复，即公共危机管理的恢复重建活动。那么前期开展的救援活动也将会影响到恢复重建工作的开展。但在实际工作中，二者之间难以区分显著的界限，如何实现恢复重建与处置救援之间的无缝衔接，也是必须要解决的重大问题。

公共安全是人民生存发展的刚需，是最基本的民生。公共危机爆发之后，展开公共危机救援活动有利于控制事态的进一步发展，最大限度地减少人员生命及财产安全损失，保障公民的合法权益，维护社会的公共安全，推动社会各项活动的正常进行。作为国家应急管理体系中的重要一环，通过危机救援活动，我们可以从以往的工作中汲取经验教训，为日后的救援活动提供参考，这有助于公共危机救援能力的提升。同时，公共危机救援工作的开展是健全公共安全体系建设的必然要求，对推进危机救援现代化及加快危机救援队伍建设步伐意义重大。

本 章 小 结

本章主要论述了公共危机处置与救援的相关内容。第一节分析了公共危机处置的原则、措施以及流程，其中的措施主要包括一般性措施和社会安全事件处置措施两个方面。第二节主要介绍了危机救援的基本内容，以及救援的措施和流程，流程主要包括公共危机快速评估、决策指挥、协调联动和信息公开等。读者在阅读本章时，需要重点把握危机处置中的原则和措施，明确危机救援的流程。

思 考 题

1. 公共危机处置的含义是什么？危机处置的一般原则是什么？
2. 一般性措施具体包括哪些内容？这些措施各有什么特点？
3. 公共危机救援有哪些特点？
4. 公共危机救援的一般原则是什么？
5. 公共危机救援主要包括哪些流程？

第八章　恢复与重建

📋 学习目标

- 提高对公共危机恢复与重建的认识。
- 掌握公共危机恢复与重建的含义、目标与原则。
- 明确公共危机恢复与重建的类型。
- 掌握公共危机恢复与重建的主要内容与过程。

关键词

公共危机恢复　公共危机重建　恢复措施

案例导入

2008年汶川大地震

2008年5月12日，四川出现了8.0级的地震。这次地震波及了中国大部分地区，以及亚洲的很多国家与地区，中国北到内蒙古，东到上海，西到西藏，南到香港等地都有不同程度的震感。除此之外，亚洲其他国家如泰国、越南、日本等也有震感。

"5·12"汶川大地震给受灾地区的基础设备和设施以及老百姓的人身财产安全都造成了严重的危害和影响。汶川大地震发生后，中共中央、四川政府十分重视，紧急召开抗灾救灾大会，统筹部署抗震救灾工作，把抗震救灾定为四川省最主要、最紧急的任务，立刻建立"5·12"抗震救灾总指挥部，统一领导和协调四川省的抗震救灾工作。在中央和省政府积极主动的处理之下，这次重大的危机事件得到了有效控制。同时，在地震情况趋于稳定后，有关政府机构积极主动开展了灾后的恢复和重建工作。一方面政府将始终贯彻党中央全力以赴救治伤员的重要指示，竭尽全力救治伤员，尽力减少致死率和致残率，不惜一切代价拯救生命；另一方面也派遣一些心理学专家对负伤人员及遗属开展心理指导。

但是由于汶川地震影响面十分广泛，基础设施以及人民的生命财产受到了极大的损害，使得开展后续的恢复和重建工作困难重重。四川政府为有力、有序、有效地做好灾后恢复重建各项工作，尽快恢复灾区正常的经济社会秩序，使灾区群众的基本生活生产条件达到和超过灾前水平，制订了为期三年的灾区恢复措施。具体如下。

（一）开展灾后恢复重建整体规划。灾后恢复重建计划是恢复重建工作中的重要方面，务必在深入调查、科学评估、充分论述的前提下制订恢复计划。规划设计要全面征求灾区人民的意见和建议，参考世界各国灾后恢复重建的有效工作经验，组织专家对恢复问题进行全方位的讨论,积极推进科学决策。

(二)增加有关政策的支持力度。认真贯彻落实《国务院关于支持汶川地震灾后恢复重建政策措施的意见》,灵活运用税务、金融业、土地资源、产业链、就业等政策方式,积极推进灾后恢复重建工作。各个地区、各个部门要各司其职,各尽其责,尽早认真落实、实施好有关各项政策。

(三)强化监管。灾区各级人民政府要严格按照《汶川地震灾后恢复重建条例》的要求,强化对建筑工程质量与安全及其产品品质的监管,开展对重大建设项目的检查和监督。加强对恢复重建所需要的关键物资价格的监督力度,严格把控关键材料价格,必要时采用临时性的降价政策干预恢复工作。

(四)加强宣传力度。要高度重视新闻宣传工作,准确掌握舆论方向,继承和发扬抢险救灾的革命精神,广泛宣传恢复重建中涌现出来的先进集体事迹和先进人物,宣扬广大干部群众自食其力、艰苦奋斗的精神,提升精气神、齐心合力,搞好灾后恢复重建工作。要经常发布灾后恢复重建工作进展,保证工作的公开透明度,充分发挥社会舆论的监督作用。

经过全国人民以及各政府部门的协同努力,灾区的公共服务设施、基础设施、人民的生活水平以及当地的生态环境等都得到了恢复,甚至有所提升。尽管汶川地震造成了极其严重的影响,但也进一步提升了政府对于危机事件的预防和处理能力,为未来危机的应对总结了宝贵的经验。

思考题:

1.思考案例中政府部门实施的恢复措施包含了危机恢复与重建的哪些方面。

2.结合案例中政府部门实施的一系列危机处理和恢复措施,谈一谈你对危机恢复与重建的认识。

公共危机事件的产生对正常的社会秩序以及人民群众的生命财产安全都会造成极大的损害。一般在危机爆发时,政府部门积极地采取相应的危机处理策略,防止危机的进一步扩散以及尽量减少危机可能会带来的各种影响,而在危机得到有效控制之后,政府部门就会开始着手进行危机的恢复与重建工作。公共危机的恢复与重建不仅仅是指对被危机损害的各种基础设施、社会生产和生活秩序以及人民群众相关的损失的恢复,更重要的是要借助危机事件,找出政府部门危机管理工作的不足与缺陷,总结经验教训,切实提高政府部门处理危机的能力以及人民群众的防灾、减灾意识,进而整体提升全社会抵御风险的能力。

第一节 公共危机恢复与重建概述

一、公共危机恢复与重建的含义

公共危机的恢复与重建是指在危机事件发生后,经过对危机事件的有效控制,为了维护正常的社会秩序,恢复各类公共基础设施,找出危机爆发的原因以及造成危机发生的责任人，而采取的相关措施。主要就是围绕受危机影响的地区的具体情况，政府部门制定积极的恢复策略，对灾区内的基础设施、社会秩序进行恢复以及对遭受一定损失的公众进行补偿的行为。

二、危机恢复与重建的总目标和原则

危机恢复和重建的总目标是尽早恢复受到危机影响地区的相关基础设施的正常运转以及社会秩序的稳定，使受到影响的相关公众的生产活动、学习活动等恢复正常，重建受影响地区经济和社会发展所需的各种要素，推动受影响地区的社会经济和可持续发展等。恢复重建是突发事件应急处理和援救后清除突发事件导致的破坏和不良影响的必要工作，务必遵照以人为本、公平公正、综合全面、及时高效、统一协调等原则，在政府部门恢复过程中要强调重点和轻重缓急，优先确保受影响群众的生活秩序的恢复。[1]

恢复和重建工作应遵照下列基本原则。

（一）以人为本，积极处置

恢复重建主要是协助受危机事件影响的人民群众进行的危机恢复工作。从一定程度上来说，公众是危机事件损害的主体，其生命和财产安全都有可能受到了不同程度的损失。因而，政府的恢复与重建工作要以人民为中心，照顾到所有受危机事件影响的群众，把维护人的生命和财产安全作为恢复重建工作的重中之重。对于危机带来的损失，政府可以进行一定的补偿，帮助公众重新面对新的生活。

（二）公平公正，依法监管

在危机事件的恢复重建中，各级政府一定要坚持公平公正的原则，并对各部门的恢复工作进行监督。危机的恢复与重建工作不仅是政府应急管理体系中的重点工作内容，并且也牵动着全国人民的心，全国各族人民对于危机的恢复都会十分关注。因而，政府部门应当依据受灾地区的损伤水平和要求，积极地进行危机恢复工作，对于受危机损害严重以及经济不太发达的地区、受危机事件影响的老人、儿童等弱势群体进行额外的救助。另外，有关业务部门和工作人员都要主动接受监督，对于违反危机恢复的相关规定，进而造成严重后果的部门和管理人员，要依据法律法规的规定进行相应的惩罚，以保证重建工作的合法合理、公开公正。

（三）统一调节，合理规划

危机事件的恢复和重建工作一般会涉及不同的政府部门，需要多个社会系统协同合作。但是，一方面各政府部门之间可能会存在着多个目标之间的分歧，有些部门可能会更加注重基础设施的恢复，而有些则强调对公众心理和损失的恢复；另一方面各部门制定的危机恢复与重建的措施和策略也不尽相同，各部门在执行恢复与重建政策时可能会产生一些不必要的矛盾，因此，危机的恢复与重建工作要特别注意统一协调与合理规划。对于各部门之间的目标和具体的措施要进行整体协调，在全面考虑各地区内经济和社会发展需要的基础上，在科学计划的指导下进行恢复工作，以保证恢复重建的科学性和规范性。

---

[1] 闪淳昌，薛澜. 应急管理概论：理论与实践[M]. 北京：高等教育出版社，2020.

（四）全面恢复，强调重点

从理论上来说，政府部门的应急管理应当全面、彻底地担负危机事件发生后恢复重建的所有工作。危机事件爆发后的恢复重建工作范围十分广泛，影响很大，因此，政府要对恢复工作进行整体规划，全面消除危机事件的发生对生产生活秩序以及人民群众生命财产安全的影响与损害。另外，政府的恢复工作除了要综合全面以外，还要注重和强调重点和重心。要将重点放到社会基础设施、支柱产业项目的重建以及对民众的补偿上，并针对恢复和重建的重点内容，制定因地制宜、有导向的相关政策，依据各种恢复和重建内容的特性采用有针对性的对策，以促进恢复和重建工作的进行。

（五）结合实际，因地制宜

危机事件的恢复重建工作不但要进行宏观的总体规划，还需要根据受危机影响地区的具体情况和特性，因地制宜地进行恢复和重建工作。尤其是对受危机影响较大的区域，由于其需要还原和重建的地方有很多，因而更需要结合当地的实际情况，对一定区域的还原和重建工作进行微观层面上的整体规划，制定符合一定地区特性的总体规划，从而加快危机恢复和重建工作的进行，提高恢复和重建的效率。

（六）多方参与，社会合作

在危机事件的恢复重建的过程中，要坚持以政府为主导，同时倡导社会各界共同参与、相互协同与合作。一方面政府要组织和协调好相关部门的工作，积极地配置相关的资源，尽量减少危机事件带来的影响，快速进行社会秩序等的恢复工作；另一方面政府也要充分运用企事业单位、社会团体、人民群众、志愿者群体等各种社会组织的力量，发挥它们的作用，鼓励灾区内进行自助自救以及社会各界向灾区进行捐款捐物，整合多方资源，一同进行修复和重建工作。

（七）快速反应，注重效率

在危机事件爆发后，政府部门相应的恢复重建工作就应当提上日程，依据危机管理工作的需要随时进行相应的恢复重建工作。一方面要保证恢复重建工作的及时性，在政府部门对危机事件进行应急处理和援救后，对受影响地区公共秩序以及相应基础设施的恢复等要快速及时，应尽早恢复社会生产生活秩序的正常运转；另一方面，危机的恢复与重建工作对效率也有很高的要求。政府部门应当在最短的时间内用最少的资源恢复更多的基础设施，同时也要注重质量，使恢复与重建工作能够保质保量地完成。

第二节　恢复与重建的类型

公共危机事件的恢复和重建能够分成短期恢复和长期恢复两类，恢复重建的主要目的是消除危机事件的各种损害和影响。而危机事件的影响可以分为社会、环境、经济、心理等方面。[1]危机的恢复和重建工作持续的时间不算短，主要包括短期恢复重建和长期恢复重建。

---

[1] 王宏伟.公共危机管理概论[M].北京：中国人民大学出版社，2021.

短期恢复主要是使社会生产生活秩序恢复到最低标准的短期活动，短期恢复在危机事件发生后快速进行，常常与危机应急响应保持一致，主要包含提供基本的公共健康和安全保障、恢复损伤的基础设施和其他基本服务、恢复交通网络，及其向流民提供食物和住宅等。一般来说，短期的恢复重建工作将于危机处理活动结束后马上进行，短期内能够立刻取得效果。例如，允许人民群众返回受危机事件影响的地区，建立临时庇护所/住宅，重点设施恢复，对严重损害的房屋建筑等进行拆除，以及接受捐赠品等。

　　长期恢复主要是使公众的生活恢复到正常的水平或者达到更高水平的长期活动。长期恢复能够持续数月或多年，目的是使民众的生活彻底恢复到危机事件发生前或更强的情况。长期的恢复重建活动一般需要长期的努力，偏重对长远的考虑。主要包含控制风险源、恢复公共卫生、促进经济发展、修复环境以及纪念遇害者、安抚公众等。在长期的恢复和重建中，政府部门需要依据社会经济的总体发展情况制订全面的计划，以推动灾区的经济发展，进一步提升危机高发区防灾减灾的实际能力。从这个视角来看，我们应该正视危机事件的发生以及可能带来的影响。在积极预防和处理危机的基础上，政府部门在进行危机事件的恢复与重建的过程中，一方面要努力消除危机带来的影响；另一方面也要着眼未来，看清机遇，使灾区的社会和经济发展能够浴火重生，更上一层楼。

　　（1）广大群众和政府领导者通过思考危机事件带来的经验和教训，会更关注对危机的预防。危机的发生不是一蹴而就的，广大群众通常容易忽略普遍的社会公共问题，而政府领导者也通常不把危机预防问题放到各类议程的首位，然而正是各种小的社会问题，才最终导致了危机事件的发生。因而，危机的爆发在一定程度上能够起到警示的作用。

　　（2）危机事件破坏了不安全的建筑物和设施。人们常常发现一些老旧的建筑物或设施有风险和危险，但拆卸他们会让部分实用价值消失，产生很大的成本费用，因而，人们通常心怀侥幸，一拖再拖，从而埋下了很大的隐患。而危机事件以十分极端的方式破坏了这些不安全的建筑物和设施，可以说在一定程度上掐灭了危机产生的导火索。

　　（3）假如危机导致了巨大的经济损失，迫使工业、农业生产中断，政府将会向灾区提供技术支援、专业支援或财政支援，并激励灾区开发的经济发展项目，从而有助于灾区完成产业发展的转型升级，进一步促进灾区经济的进步。

　　（4）危机事件发生后，政府和广大群众将会对危机发生的原因以及危机的预防和处理进行认真反思，制订更为周密的防灾、抗灾计划，提高社会经济发展的可持续性，以及社会经济和环境应对各种危机事件的弹性。

第三节　恢复与重建的主要内容

　　恢复与重建的任务重点就在于清除危机的影响，恢复受到危机事件影响的四个主要方面。总体来说，危机事件的影响主要可分成四种：对社会秩序等产生的影响、对经济发展产生的影响、对生态环境产生的影响以及对人民群众的心理产生的影响。而政府的恢复与重建工作的具体内容便是依据危机事件所产生的影响以及《突发事件应对法》等相关法律法规的规定来确定的。其主要包含以下五个方面。

一、终止应急处置对策

《中华人民共和国危机事件解决法》要求：危机事件造成的威胁和伤害获得控制或解决后，处理危机事件、执行统一领导职责的政府或是相关机构理应终止应急处置措施，避免安全事故危机事件、危及公共事件产生的二次、衍化危机事件的发生。政府一方面要在危机事件产生后进行快速的处理工作；另一方面也要结合实际，依据危机事件的特点、特性和具体情况，明确停止执行应急处置对策的日期。在确定中断应急处置后，政府部门理应选择合适的方法向社会发布声明和通知，使广大人民群众以及社会各界都可以广泛了解。但是应急处置对策的终止并不等于应急处置工作的完成。往往做出停止执行应急管理措施的决定，是由于危机事件以及危机造成的危害早已获得有效控制，不再需要执行这种对策，但这并非代表着造成危机事件产生的风险性被彻底清除，为了避免二次、演化危机事件的出现，即便中止执行应急措施，政府部门也需要依据现实需求采用必要的措施。尤其是要依据需要立即运行危机事件修复管理计划，不能拖延不决，从而导致二次危机事件的发生。

政府部门在危机得到控制之后，也应当积极维护中国公民的人身权和财产权利，包含消除紧急情况下对公民基本权利和人身自由权的局限和限制的举措，如防护、交通管制通告、封禁和警戒区的取消等。另外，确定政府部门在善后处理工作中的主要任务、工作程序和工作标准，持续保持或采用必要措施，夯实应急处置工作成效，避免产生二次、演化危机事件。对危机事件相关人员开展详尽调研和进行画册备案，制定部署方案，妥当部署。尤其是政府部门要快速开设受灾人民安置点和应急物资供应点，搞好生活必需品的给予等工作，快速修复基础生活设施，确保公众的基本生活。

与此同时，政府部门应当组织力量尽快地恢复正常的生产制造、生活、工作秩序，对必须进行搬迁安置的由政府部门尽早执行搬迁安置工作。应急处置对策结束后，公安机关理应根据实际情况提升对危机事件的应对和安保工作，采取有效措施防止和严厉打击各种各样的破坏活动和犯罪行为。对偷盗、打劫、毁坏公与私资产、抢劫应急物资、生产制造、散播谣言和虚假信息、使用各种手段进行互联网谋利、违法经营、妨碍公务等个人行为，公安部门将坚决打击，依规从重处罚，情节较轻的，依照《中华人民共和国治安管理处罚法》惩罚；情节恶劣、涉嫌犯罪的，依规追究其刑事责任。以求尽快地恢复社会正常的生产制造、生活、工作和治安秩序。

二、开展损失评估

危机事件应急处置工作结束后，相关机构应当立即评估危机事件导致的损失，使受影响地区尽快地恢复生产制造、生活、工作与公共秩序，这是复建工作得以顺利进行的前提条件。在抗灾救灾工作，尤其是巨灾的抗灾救灾工作过程中，要进行全面综合的危机事件水平评估、危机事件发展趋势预测分析、危机修复水准评估、空间规划评估、资产和资源保障评估、市场需求评估、可恢复评估等现在和将来各种各样的相关因素，全方位、综合性依照"抓重点""升级整体规划"的构思，既从微观的角度评估早已出现的危机事件，又从宏观经济等方面评估各地区的承载力、抗风险能力、民生工程网络资源承载力。

评估主要包括快速评估和基本危机事件评估。要求快速评估的目的是鉴别危机事件发生的程度和水平，并在危机事件解决中明确救援和维持生命所需的资源。基本危害评估的目的是得到危机事件危害的确切信息和内容,明确受灾地区需要的工作人员、物资、资金、网络等资源,并确认是不是必须申请支援。

而危机事件的损失评估主要包含对直接性损失和间接性损失的评估,危机事件的损失包括危机事件人员伤亡、各种各样设施损失、公与私的资金损失等,除了身体损失外,也有心理和精神上的损伤。而对损失的评估就是相关机构的权威专家将科学合理评估复建工作能力和可以利用的网络资源情况,为复建计划方案的确立和落实措施提供数据支持,以明确修复、重建需要的网络资源和援助的种类和总数目。

危机事件的损失评估对抗灾救灾尤为重要,所以危机事件损失评估理应运用多种手段,迅速分辨危机事件有可能危害的范畴和程度,包括受危机影响人员总数、必要的消防疏散人员的总数、对交通出行、电力工程、供电、供氧等系统的危害等,即对受灾地区进行调研、统计分析、汇报,审查具体产生的危机事件损失,综合统计公众因灾伤亡的数目、转移人口数量、受灾地区相关设施的损毁数量、房屋、路面毁损状况、受灾地区人民群众生活援助状况和紧急救援要求状况、恢复重建工作的需求情况等,为灾区民众救助、赔付、抗灾救灾整体规划制定等给予数据信息支持。除此之外,评估工作还可以为评估管理决策的成功与失败以及抗灾的实际效果的评判提供依据。

危机事件的损失评估主要包含评估评价指标体系的创建、评估目标和任务、信息获取方法、评估方式等要素,这些要素共同组成了完整的危机评估体系。

(1)创建危机损害评估评价指标体系是危机评估的基础,包含定量指标和定性指标,也有体现危机事件各种要素和财产损失的指标值。目前各类危机事件损害评估指标值都依据危机事件具体的损害组成的,如将危机事件损害分成社会发展损害和生态环境损害,将危机事件损害指标值分成特性指标值和经济货币指标值等。

(2)评估的意义和目标要依据灾情和受灾地区援救的具体情况来明确。评估工作获得信息的途径主要包括政府系统内由上而下的汇报、相关部门的给予、现场调查、灾情调研等,危机事件信息的获得理应优先选择更快更好的途径并考虑到多种多样信息源,使它们紧密联系,综合提供相关信息与数据。对危机事件信息的基本要求是量大、有效,以确保评估与恢复工作的严谨性和公信力。另外,在灾情评估实体模型和办法的选用上,也应当综合考虑,不断完善。要选用统一的评价标准,确保信息的真实有效。

(3)依据危机事件的出现、发展趋势和应急管理、援救、恢复重建等流程和环节,划分出多种多样的评估方式。常见的有灾情剖析、相关性分析等方式。与灾后重建评估一样,政府部门将制定复建计划方案,重点是确定复建情况下的管理权限、范畴、总体目标和具体内容,以具体指导复建实践活动的实行。目前我国危机管理方面对灾情评估的要求不断提高,就需要不断完善灾前评估、灾后重建综合性评估等系统,建立健全危机事件评估方式体系,开发利用信息系统技术、地理信息系统、数据库系统等,对灾情数据统计、地区信息数据、遥感图像等各种各样的数据信息开展综合性的剖析工作,进而建立危机事件的综合评估系统。

三、编制和执行恢复计划

(一)编制危机恢复计划

政府部门应该在评估危机事件造成的损害状况、复建工作能力和可以利用的物资、资金等资源后，依据损害评估的汇报、受影响区域的具体情况和需要，尽早编制和执行恢复重建整体规划，要充分考虑危机事件的应对状况、紧急事件导致的干扰和损害、危机恢复工作的流程以及危机事件受灾地区的经济发展、社会发展、自然环境等特性和具体情况，制定重建整体规划。受紧急事件危害的地区内的相关政府部门应该立即安排公安机关、交通出行、高铁路线、民用航空、邮政快递等相关部门协同合作，尽快恢复社会治安秩序，尽早修补受损的交通出行、通信、供电、排水管道、供电系统、气路、供暖等公用基础设施。特别是针对巨灾的发生，应当着重强调应急处置、调研、设备恢复复建、住宅复建、征用土地赔偿、人员安置、巨灾赔付、灾后防疫、心理状态危机干涉、法律援助中心等具体内容。

快速制订危机恢复重建计划，有利于区别短期性和长期性问题，有利于明确工作重点，明确责任，引导危机恢复行为快速、积极进行。危机恢复重建计划包含复建计划的基本项目和主要内容。

（1）危机恢复重建计划的基本项目涉及危机恢复复建的总体目标（详细描述了危机恢复重建应完成的总体目标，建立危机恢复重建总体目标的全过程以及实现目标的政府部门的负责人等）、危机恢复工作的相关政策（包括危机恢复工作中的职权、职责分配、执行的具体流程等），以及还涉及实施危机恢复工作的组织名称、计划名称、制定的行政机关、危机恢复有关部门和技术人员的联系方式、电子邮箱等通信联系方法等。

（2）危机恢复重建计划的主要内容主要运用于具体指导危机恢复重建具体工作的进行，要求怎样对各危机恢复重建目标付诸行动。其应当包含以下具体内容。

① 危机恢复重建目标总论。强调危机恢复重建目标有什么以及选择的原因，对危机恢复重建目标进行优先性排序和排列的原因。

② 在危机恢复工作中为了重建目标配备的各种物质资源。各危机恢复和重建目标可获得的各种人力、物资、资金等资源，怎样贮备这些资源，如何向危机管理人员提供及其这些危机恢复所需资源的提供时间等。

③ 实现危机恢复重建总体目标的人员配备。主要包括各危机恢复重建目标由谁负责，在其中哪位是主要责任人，责任者有哪些权利和职责等。

④ 赔偿与鼓励。它是对受影响的灾区群众以及参加危机恢复重建工作人员的赔偿和鼓励，主要规定了受灾群众以及危机恢复工作的执行人员能够获得什么样的赔偿和激励。

⑤ 危机恢复重建的费用预算。包括为了完成各危机恢复重建目标需要支出的费用以及相关的预算管束，危机恢复重建整体费用预算、危机恢复重建的各个阶段的费用预算等。

⑥ 危机恢复重建相关人员和政府部门之间的沟通与交流政策。加强执行人员与指挥部门之间的沟通，建立相关的政策，有利于提高恢复工作的效率，促进恢复重建工作的进行。

（二）执行恢复重建规划

实施危机恢复重建整体规划的全过程便是危机恢复重建全过程。罗伯特·希斯将危机恢复管理过程分成八个流程。[1]

（1）响应。在危机爆发后，政府部门应立即成立危机恢复工作组。恢复工作组承担评估受损伤地区的危机损坏水平等的工作。

---

[1] 张小明. 公共危机事后恢复重建的内容与措施研究 [J]. 北京科技大学学报（社会科学版），2013：114-120.

（2）发布公告。公布政府部门的恢复工作将采用的实施方式等。

（3）提前准备。准备恢复和重建工作的各种资源等。

（4）开始实施。依据恢复重建计划，在灾区开始启动危机恢复与重建工作，以消除危机带来的影响，保障人民群众的生命财产安全。

（5）具体进行重建。不但要恢复和重建危机中被损害的物质设施，还需要恢复和重建危机中受害人的心态和精神。

（6）还原。在重建地址恢复有关业务流程。

（7）不断持续。坚持进行危机恢复工作，直到危机的影响全部消除。

（8）完成。结束危机恢复的工作。在中国执行修复重建整体规划的实践中，创造性地实行了危机修复对口帮扶体制。修复应对危机的援助体系，坚持不懈地进行"造血功能"和"静脉注射"并举，让受灾地区的人民踏入不断健康发展的道路。

危机恢复工作的对口帮扶体制实际上主要有三种方法：一省援助一县；政府体制内的对口帮扶，即非受灾地区政府各部门专业对口支援灾区政府部门的帮助和援助以及社会各界的对口援助。危机事件修复重塑的对口帮扶体制的实施是一个很大的工程，一方面务必充分发挥政府部门的主导作用和市场经济体制的巨大功能，健全产业链以适用市场经济体制，加强对口帮扶行政部门融合，积极整合、合理配备全部对口帮扶产业链相关的资源，为危机恢复工作中对口帮扶体制的实施提供各方面的保障；另一方面与时俱进地更新对口帮扶方法，创建党委领导、政府部门具体执行、社会各界协作、公众监督的对口帮扶管理方法布局，创建政府主导、社会参与、社会捐赠、青年志愿者服务等社会动员体制，创建明确的巨灾危机保障和再保障管理体系，不断提升受灾地区的防灾减灾能力。

四、进行灾区的具体恢复工作

危机事件发生后，各级地方政府部门通过实施临时性安置、基本生活救助等对策，尽早协助受影响的公众恢复基本生活，在一定程度上缓解危机带来的损害，受危机事件危害的地区内的政府部门理应依据本地区受危机影响状况，制定相应的善后处理计划方案，并组织实施灾区的具体恢复工作，主要包括对人民群众的救助、补偿、慰问、安置、心理疏导等以及对灾区生态环境的恢复，以妥善处理危机事件造成的问题和损害。政府部门应当清楚危机事件给社会带来的不仅仅是各种物质危害，也有对群众的心理影响。而心理影响包含短期内的影响（如害怕、消极、厌倦、憎恨、抵抗等）和长久的危害（心理阴影）。所以在进行灾区的恢复工作时，除了要给公众提供基本的物质帮助外，也要关注群众的心理健康问题，进行必要的安抚和慰问，对受危机事件危害的群众进行心理状态的正确引导，协助她们尽早解决心理的过度紧张和恐惧的问题。下面详细介绍灾区恢复工作中的救助、补偿、心理疏导以及生态环境恢复工作等。

（一）开展救助工作

灾区的救助工作关键是指在危机事件中对致病、致伤人员给予诊疗、资金、物资等领域的协助。创建社会发展救助规章制度，对社会公众尤其是各种危机事件中遭到人身安全或财产危害的居民开展社会救助工作，是政府部门应负的责任。同时，社会各界包括公民个人和单位等能通过救助捐助、青年志愿者等方式参与善后处理救助工作，对于政府部门整体的善后处理救助工作具有填补和辅助的作用。抗灾捐助救助应用领域主要包含处理生活艰难、受灾人民搬迁与安置、房屋倒塌重建及其与抗灾有关的主要用途和管理费用。

其实我国早已建立了各种具体的指导政策和相应的标准规范以及各种危机事件善后处理救助的相关法律法规管理体系。对从中央政府到地区，地市政府、各职能部门、各种社会团体和个人在危机事件善后处理救助情况下应当担负什么样的职责，怎样参加社会救助工作等，已经有了较为确定的法律规定。

我国在法律法规、行政规章、行政法规、政府规章等方面也已经确立了救助行为主体、义务范畴、执行程序流程、救助规范及其社会力量参加等的标准。例如，我国的《危机事件解决法》明确要求了各个灾区的人民政府紧急善后处理救助的主要行为主体、岗位职责和基本内容，国务院办公厅承担制定政策优惠的工作，而受影响地区市人民政府执行具体的救助、扶持工作。处理危机事件、执行统一领导职责的市人民政府，为受危机影响地区的人民群众给予避难场所和生活必需品，执行医疗救护、疾病预防等保障体系。受影响区域的重建花费，由上一级人民政府给予资金、物资供应和服务支持，必要时其他地区也可以提供相应的支持。

我国的《危机事件救助法》也从救助主体、提前准备、执行、救助资源管理、法律依据等视角对灾后重建救助的全过程进行了明确的规定。县级以上政府和紧急综合协调机构理应立即为受危机影响地区的人民群众给予食品、生活用水、衣物、临时住房、诊疗疫情防控等紧急救助，确保受危机影响的人民群众的基本生活；宽慰受危机影响者，进行死难者的善后处理工作。受灾地区的人民政府理应在安全可靠的情况下，对受灾人民采用就地安置、异地安置、政府部门安置和自主安置紧密结合的方法，为受危机影响人民群众的生活提供保障。在清除危机事件安全隐患后，受灾地区人民政府理应统一研究制定住户住宅修复重建整体规划和政策优惠，对遭到危机事件毁坏的城市居民住宅开展复建或是检修，危机事件相关的救援物资理应用以受灾人民应急迁移安置、基本生活救助、诊疗救助、教育医疗等公共配套设施和住宅修复复建等。

救助工作的规范多由国务院办公厅各部门、各个当地政府依据紧急财政性资金分配总金额和救助要求来明确。以汶川大地震为例子，中华人民共和国民政部对受灾地区的困难家庭执行了临时性生活救助、农民住宅复建救助等政策。

救助工作的抗灾资金主要运用于受危机影响人民群众基本生活经费预算艰难时所提供的专项补助，其应用领域包含受危机影响人民群众应急救助、安装搬迁费、生活困难补助、房子倒塌复建和检修补贴以及春荒冬季时人民的生活救助资金（如粮食作物、衣服裤子、看病应急物资的贮备资金）等。其他的支出比如伤亡事故救助金、危机事件死伤慰问金等，由各个财政局按规定担负诊疗救护花费或给予补贴；因生产事故等社会安全事故导致伤亡的，由责任单位负责补助诊疗救护花费。

从目前的相关法律法规来看，在实施救助工作时主要强调救助的目的（救助目标的具体性、分区规划、公平公正等）。从法律法规设计方案上看，地市政府和各职能部门在执行善后处理救助工作时，尽可能保证公平公正，降低救助工作的不稳定因素。但从救助实践活动看来，善后处理救助的过程可能因救助分派不透明、救助需求与现实要求的差别等原因引起一系列的社会问题，在各种各样危机事件的善后处理救助情况下，救助引起的社会问题通常会变成危机事件修复重建工作中的主要难题。救助工作中救助的额度、方式和配置的全过程，通常变成基层政府执行救助工作时社会各界和受援者的斥责目标，从而可能会对社会安全和稳定造成一定的影响。具体来说，各级党委、人民政府是担负善后处理救助的行为主体，财政资金和地方财政是危机公共事件善后处理救助的关键资金。相关法律法规也为社会各界力量参加善后处理救助带来了一定的空间，但从当前的善后处理救助实践活动看来，社会力量参加救助全过程的功能依然欠缺，主要原因是社会各界遭受相关法律法规的严苛管束，仅有获得相关部门的准许才可以进行和参加善后处理救助，以及社会各界参与意识不足等。这些因素使得政府部门的救助资金往往受限于财政部门自身救助资金的制约，政府部门救助工作通常只有坚持低标准、广覆盖的规定，以寻找效益最大化的实际救助效果。

（二）进行补偿工作

补偿工作的目的是对政府部门为了解决危机征用的应急财产、造成的损害，以及征用期内因各种原因导致的财产损失给予的一定补偿，补偿工作具备应急性、强制性、流程化、有偿性、公平性等特性。补偿工作主要包含两个方面：一是财产征用补偿，二是依规紧急损害补偿。依据相关法律的规定，为了有效处理危机事件，政府机构以及相关单位可以征用企业和人民群众的各种财产。同时政府部门理应依据国家有关法律法规的要求对应急处理工作中征用的公司设施、物资供应、装备等给予补偿，并在危机事件应急处理工作结束后及时归还征用的应急物资和装备，征用的应急物资和装备在危机应急管理中受到损坏或是遗失的，政府部门理应承担修补责任或是依规补偿，行政单位采用应急措施危害中国公民、公司法人或是其他组织正当权益的，应该依规立即给予补偿，法律法规不明确的，一般应给予与被征用财产等额的或是实际价值的补偿。

尽管我国对于危机的补偿工作有相应的法律法规作为支撑，但是目前我国的应急财产征用补偿规章制度建设仍然存在一些问题，主要包括：补偿行为主体不确定、补偿目标模糊、补偿规范不明确、补偿方法不确定、补偿资产来路不明、补偿程序流程不规范等。创建应急资金征用补偿规章制度，要遵照分类管理、社会化、程序规范、公开化和适度鼓励的标准，创建合乎我国具体情况，包含应急财产征用、补偿审批、经费预算付款及过后审查等整个过程的应急财产征用补偿管理体系。主要的对策有以下几个方面。

（1）确立紧急财产征用补偿职责权限和工作程序，创建应急管理部门统一领导、各部门各自承担相应的补偿工作的紧急财产征用补偿制度。

（2）创建公平有效的紧急财产征用补偿规范。有关征用财产的目标、征用的行为主体、征用财产使用情况不一样的，理应按照"分级管理、科学合理核准、政府部门为主导"等标准，科学规范制订应急财产征用补偿方法和规范，对征用相关的工作人员依照上班时间、劳动效率、本地去年在职职工平均工资水平发放薪水和补贴。另外，通过区别征用物资、装备等的使用情况和实际补偿方法，分别选用不同的方式进行补偿。

（3）创建平稳、充裕的紧急财产征用补偿经费投入。创建地市政府间、政府与企业间有效的风险性分摊体制，明晰分别的风险性义务，加强风险防控措施，减少危机的发生。与此同时，上级领导政府部门要加大对下属政府部门的财政转移支付力度，逐渐增加下属政府部门紧急财产征用补偿的资金保障工作能力。同时各级政府要高度重视紧急财产征用补偿工作，将相关费用列入平级财务预算，并逐年递增资金投入，增加紧急财产征用经费保障幅度，保证紧急财产征用补偿工作的有序开展。

(4）创建公开化的紧急财产征用补偿监管审查体制。政府部门应当提升社会监督，增加征缴补偿工作中的社会透明度，创建公开化的申请程序与流程，扩大中介公司的评估与监督范畴，创建补偿结论听证会制度和社会公开规章制度，一方面要增加公众对补偿工作的监督力度；另一方面要加强行政监察，应急管理部门要及时将补偿总体情况报平级人大决议或办理备案，健全内部控制体系，增加紧急财产征用补偿工作中的监督力度，与此同时，增加各个纪检委、财政局、审计部门的监督管理范围和力度，以提高紧急资产征用补偿的公平性。

（5）健全我国征用和补偿规章制度和相关的法律、征用补偿原则和规范、征用补偿经费预算筹集、征用补偿方法、征用补偿程序流程等，避免政府部门多征、乱征。全国各地政府依据本地现实情况制定和推行补偿的实际实施办法，使征用补偿工作依规有据。另外，鼓励各地方政府依据政府地方财政收入储备风险准备金，每一年按一定数量累积，为危机准备和恢复工作给予稳定的资金支持，在一定程度上提升解决危机事件的工作能力，也可以处理部分地区负担过重、不公平的难题。

（三）开展心理疏导工作

危机事件对人们心理状态可能会造成短时间甚至是长久的危害。依据世卫组织的调研，公共危机事件特别是重大危机事件发生后，一般20%~40%的受灾人会产生轻微的心理失调，这些人不用进行特别的心理疏导，病症在几日到几个星期内就能够减轻。30%~50%的人发生中至中重度心理失调，需要立即进行心理干预和心理疏导，在进行积极的心理治疗过后，可以在一定程度上减轻病症。在重大危机事件产生后一年内，20%的人很有可能会发生比较严重的心理问题，需要长期性的心理疏导。所以，在危机事件发生后，必须向受灾人民给予心理援助，使他们恢复到正常的心理健康水平，最后完成心理状态重建。

面对这一情况，我国应切实创建多元化的危机事件心理救助和干涉管理体系。主要措施如下。

（1）政府组织专家团搭建评估评价指标体系，开展心理状态危机事件评估，建立健全心理咨询机构，积极实施心理服务工作，对包含消防人员、公安机关、士兵、紧急工作员、危机事件目击证人、青年志愿者、受害者以及亲属等相关人员开展心理辅导和干涉工作，尽量消除危机事件对他们造成的心理影响。

（2）培训与教育相关的心理服务人员和志愿者，使灾后重建心理救助的权威专家与青年志愿者协同合作。切实增强工作人员的专业能力，从而进一步确保灾后重建心理救助工作的顺利进行。

（3）采用各种对策，切实提升心理救助团队的系统化水平。要从技术和思想两个层面为危机心理工作师和青年志愿者给予培训和支持，综合运用各种各样心理救助的专业技术人员和方式，切实提高心理救助工作的严谨性和精确性。

（4）创建有效的心理救助人力资源管理体系。心理救助工作应当由国家统一部署和管控，开设危机事件心理救助专业管理单位，负责管理分配和派遣全国各地心理救助工作人员，对受危机影响人民群众开展及时、长期性的心理救助。另外，健全社会心理援助管理体系，创建稳定、专业的团队，使各团队之间相互关联，提升心理干预的效率。

（5）制定心理救助工作人员资质审查规范。构建和健全心理危机干预级别、等级规范及相应从业者资质准入制度，专业要求心理危机干预的单位、具体内容、行为主体责任以及技术专业工作标准。要求心理工作人员具备在极端的工作条件下工作的能力、良好的沟通能力、极强的领导能力以及良好的个人品质，可以为幸存者、青年志愿者和社区组织给予教育服务。同时，我国也需要抓紧研究和制定灾后重建心理救助权威专家资质规范。综合运用广播节目、电视机、报刊、互联网等主流媒体，使用多种多样通俗易懂的方法进行精神卫生公益宣传，改正群众对心理异常问题的错误观点，提高社会公众对心理问题的认识与了解。

（四）进行生态环境的恢复工作

危机事件的发生有时不仅会对人民群众的生命财产安全造成一定的影响，而且也可能会对灾区的生态环境造成破坏，主要包括破坏地质生态结构、打断和谐生物链条、削弱生态服务功能等。因此在实施恢复和重建工作的过程中，不仅要救助、安抚和疏导人民群众，也要采取一定的措施对灾区的生态环境进行恢复。主要措施如下。

（1）深入开展灾后生态危害评估。主要是针对灾区生态环境与物种多样性危害开展评估，用专题讲座论述危机事件及其灾害性对山林、草坪、江河、田地等生态系统及生物多样性的毁坏水平，尤其应高度重视灾难潜在性危险因素评估和灾难长期性危害评估。依据危机事件爆发后生态损坏的综合性评估，依照生态环境承载力，划分生态复建区域和近中后期生态自然环境危险因素，制定并公布灾后生态评估计划方案，具体指导灾后生态恢复重建。

（2）科学编写生态恢复重建整体规划。灾后生态恢复重建整体规划一般包括植物群落恢复、自然灾害控制、环境保护、生物多样性保护与建设、大草原和水生环境、生态基础设施建设等。生态恢复复建整体规划应当与城镇建设、生产力布局、产业转型升级、新农村规划、城乡一体化发展战略等整体规划相连接，保证统筹协调，分步推进。

（3）加快实施生态恢复重建新项目。有关部门要仔细做好灾区生态的恢复重建工作。针对植被破坏比较严重的地区，执行林业产业管理体系重建工程项目、林木种苗建筑工程等，以求尽早形成以环境保护为主导的新生植物群落。对毁坏很严重的部分地区应配上必需的工程措施。此外，在城市的复建工作上应大量增加城市绿地和生态商业用地，加强生态公园、道路绿化、片林、草地基本建设，扩宽城市开放空间。

（4）积极研究生态恢复重建政策。

① 政府部门针对相应的生态自然环境恢复工作应该给予足够的资金和政策扶持。另外，应该充分发挥金融市场功效，正确引导募资民间资本，开设生态产业投资基金，引导生态恢复复建新项目发行股票和证券化企业产品，帮助生态产业发展公司上市融资，帮助民间资本参加生态恢复重建。

② 政府部门应该激励自主创新，切实开发生态恢复重建、生物多样性保护和环境保护等新技术，积极引进、宣传、推广和运用世界各国较好的灾后生态恢复重建技术，科学研究灾区生态恢复和安全模式，提升灾后重建质量和水平。

③ 开展生态智能预警研究，提升生态自然环境恶化情况和次生生态灾难预测分析，确保生态恢复重建高新科技适用水平和能力。

④ 全面消除影响生态的人为损坏要素。严格遵守总量指标和排污许可证制度，实行绿色制造，保证关键污染排放总产量合格。完善自然环境监管管理体系，提升单位执法监

督，创建环境执法信息通报、协同审理案件等制度，健全生态文化教育产业园区建设，减少影响生态文明的行为。

五、总结经验教训

在危机事件的应急处置工作结束后，政府部门依照国家规定，立即安排相关部门和技术专业人员构成危机事件评估调研组，统计分析、核查、评估管辖行政区内危机事件导致的损害，评估危机事件的原因、特性、危害、工作经验和恢复重建等问题，务必找出危机事件发生的真实缘故以及危机事件可能造成的危害，将信息与数据整合融入危机管理工作中，并把其意见反馈到下一步的危机管理成功经验的总结性评价工作中。

总结经验教训是对危机管理工作整个过程的回望和点评。这主要包含评估危机管理小组成员的工作情况，以及危机管理方案的实施情况。汇总评估的目的是寻找危机管理整体规划、危机管理精英团队的优点和薄弱点，掌握危机管理业绩考核，总结经验教训，为健全公共危机预警信息及改进危机管理工作实际效果打下基础。

危机管理成功经验的汇总评估工作一般分成三个步骤：①对危机事件产生的因素和处理的相应的对策开展系统评估，明确危机的源头以及危机应对的措施；②全面评估危机事件处理工作的各个阶段，包括对警报系统的结构和工作职责、危机解决方案的制定、管理决策的执行等多方面进行综合全面的评估；③针对危机事件处理工作中存在的一些问题，明确提出各类改进措施，责令相关部门逐一贯彻落实。

点评报告总结应包括出现困境的真正原因是什么；危机管理团队是不是完成了危机管理的目标以及危机管理方案给危机事件带来的影响等。总而言之，对危机恢复工作的总结和反思能够在一定程度上避免危机事件的发生，为今后的危机管理工作的实施提供一定的参考和借鉴。

第四节 恢复与重建的过程

危机恢复与重建的基本流程主要包括四个阶段：工作准备阶段、计划制订阶段、计划实施和调整阶段、评估与反思阶段。我国大部分的危机恢复工作都是按照这四个阶段依次进行的。

一、工作准备阶段

恢复工作在准备阶段时主要是要做好两个方面的工作：一是建立危机恢复与重建的组织架构；二是收集危机事件的相关信息，对危机事件进行调查和评估。这两个方面是危机恢复重建工作的基础，为后续的危机恢复工作提供支持。

（一）建立危机恢复重建的组织架构

公共危机事件经过有效的控制之后进入了恢复和重建阶段，此时危机的状况比较稳定。为了便于对公共危机事件的恢复工作开展综合协调与管理，有必要依据危机事件的具体情况和恢复重建工作的要求，建立危机恢复重建的组织架构，总体协调和指挥危机恢复重建工作。

目前，我国正在积极探寻和建立恢复重建准备阶段的组织结构框架体系。比如建立危机应急指挥机构，负责总体协调恢复与重建工作，而后在危机影响的区域内各级政府部门建立相应的恢复小组以及工作委员会，对上级的指挥机构负责，使得危机恢复重建工作能够紧密衔接并有序进行。建设危机恢复重建组织架构的目的就是确保灾区内的恢复工作可以快速、有序地开展，从而提高危机恢复工作的效率，尽快地恢复正常的社会生产生活秩序。

（二）开展危机的调查与评估工作

对危机事件进行调查和评估是危机恢复重建工作的基础，为后续恢复与重建工作的开展提供数据支撑。政府部门务必要全面地收集危机的相关信息，掌握危机的破坏特性和严重性，并对危机产生的影响进行全面客观的评估，才能确定恢复重建工作的主要内容和目标。具体包括以下方面。

（1）信息收集。政府部门想要全面地收集危机的有关信息，一方面要及时地派遣专业人员进到危机发生的现场，对危机爆发的程度、危机的一些特性（包括危机的破坏性、严重性等）开展现场调查和评估，从而获得危机的第一手信息。另一方面政府部门可以通过走访、调研等方式，了解危机的产生对公众以及社会秩序等带来的具体影响和损害，然后政府通过综合两方面的信息，形成了对危机本身以及危机带来的损害的全面了解。另外，为了确保危机评价工作的质量，提高危机调查的效率，政府的调查和评估工作要注意以下几个层面。

① 要尽量应用系统的分析方法，要充分考虑危机带来的各种损害以及危机恢复工作的每个部分。尤其是群体性危机事件平复后，要随时掌握相关人员的动态信息，倾听相关人员的诉求，并快速予以解决，防止危机事件的再次发生以及公众对危机恢复评估工作的不满。

② 充分发挥专业人员以及其他社会团体的功能和作用，在听取专业人员的建议，认真倾听社会各界的声音的基础上，应用现代科技和方法进行危机的调查和评估工作。

③ 应充分考虑各种危机事件导致的二次危机、演化危机等因素对危机恢复工作的影响，并重视应用综合方式进行调查与分析。

（2）明确危机恢复工作的可能目标和内容。公共危机事件所造成的影响和导致的损失不仅仅是肉眼可见的对基础设施、人民生命和财产的损害，危机事件也会对人民群众以及社会心理等产生损害。在开展危机恢复工作以前，相关的政府部门务必依据搜集的信息和数据对危机事件产生的影响和损害开展全面的评定，以确定恢复工作的所有潜在目标。要确定全部潜在的恢复目标以及恢复工作的主要内容，就必须与本地区恢复的具体情况紧密联系，围绕危机预防和危机处理的客观要求，并通过专业人员以及社会各界普遍探讨，来明确可能的危机恢复与重建工作的目标与内容。

（3）对危机恢复工作的目标和内容进行排序，明确危机恢复工作的优先性。公共危机管理工作在特定时间和特定空间内会在一定程度上受到相关资源、环境等要素的制约，政府部门对危机的恢复工作及其恢复能力常常遭受一定程度的牵制，所以要通过对危机事件以及危机影响的调查和评估，明确危机恢复工作的优先内容，尤其是恢复目标的优先顺序，分清轻重缓急，把稀缺的资源用到最紧急的地方，保证危机恢复工作的有序开展。

二、计划制订阶段

政府部门根据对危机带来的损害进行评定,确定危机恢复的目标和主要内容后,为了保障危机恢复重建工作的顺利进行,各级政府部门要依据各地的实际情况制订危机恢复与重建计划,从而进一步提升危机恢复与重建工作的统一调度、统一指挥等特性。危机恢复重建计划的制订,应当根据相关法律法规、规章制度的规定,在对危机事件进行调查和评估的基础上,由各级政府依据实际情况分类进行。

依据《国家公共危机事件总体应急预案》中对恢复重建工作的提议,受灾地区依据恢复重建规划组织实施恢复工作。《突发事件应对法》第五十九条强调在危机事件应急处理工作结束后,担负统一指挥责任的人民政府应当马上组织对危机事件所导致的损失进行调查和评估,并组织受灾地区尽早恢复生产、生活、工作和公共秩序,制订恢复重建的计划,并向更高一级人民政府汇报。危机的恢复与重建规划一般先明确总体规划,再进行详细计划的探讨。危机恢复与重建工作的详细计划通常包含危机恢复的主要内容和危机恢复的具体项目。

(1)危机恢复与重建计划的主要内容。事实上,公共危机恢复与重建计划应在危机发生前制订,最好在危机发生后尽早改进并快速实施。在政府制订危机恢复与重建计划的过程中,相关部门应结合危机的调查情况,主要包括实际的危机类型和特征、危机破坏和影响的范围和程度、公用基础设施等的损坏情况、公众的伤亡、财产的损失情况等要素,以推动人民群众基本生活恢复和保持社会秩序为目标,以加强公共危机事件的抵抗力为基本,修定或制订恢复重建计划。在其中要注意科学论证,提升其可行性和可执行性。危机恢复与重建的主要内容如下。

① 详细描述和明确危机恢复与重建的目标、制订危机恢复与重建目标的原因、目标的可行性分析等。

② 分析危机恢复工作面临的形势,包括危机事件目前的情况,危机是否被有效控制,能否产生二次危害,以及恢复工作所需的各种资源的优势和不利因素等。

③ 确立危机恢复与重建工作的基本思路,其中通常包含恢复方式、阶段划分、程序、进展等。随后明确恢复与重建工作的重点和具体措施。

④ 制定完成恢复与重建工作的保障措施。保障措施是为便捷恢复与重建工作的进行而制定的相应措施,通常包含人力资源、资金、物资、技术设施、组织管理能力、信息安全、通信保障等。

(2)危机恢复与重建计划的具体项目主要包括对基础设施的建设、对灾区人员的安置、对危机恢复相关资源的管理以及对公众心理健康的恢复等。

① 对基础设施的恢复主要是指在危机中受损的各种设备、信息网络、居住地区等物质设施的恢复和重建。

② 对灾区人员的安置是指政府部门对受危机影响,无家可归的人民群众进行帮助和援助,建立临时庇护所并提供基本的生活物资等,保障人民群众的生命安全。

③ 对危机恢复相关资源的管理是指危机恢复工作的管理者必须明确各地区危机发生的严重程度,评定和验证各地区恢复重建工作对各种资源的实际需求,对资源进行合理分配,防止造成资源浪费。公共危机的发生通常会在短时间损害人力、物资等方面的资源,

带给政府部门巨大的资源供应压力，所以对资源进行合理的管理是必需的。

④ 对公众心理健康的恢复是指危机事件发生后，有关部门应积极采取措施，根据危机事件对公共心理的影响程度，及时、精确地提供心理干涉，降低公众心理阴影和各种社会安全事件的发生。

三、计划实施和调整阶段

计划实施就是指受到危机事件影响的各级政府部门，在危机事件相关恢复计划的指导下，各有关组织机构充分调动社会各界的积极性，对灾区进行救援和帮助，以加快恢复灾区的社会秩序，促进灾区的经济和社会发展的活动与过程。计划的调整就是在政府部门进行危机恢复重建工作的过程中，加强对危机恢复工作的监管，尽量避免和防止危机恢复过程中出现危机恢复计划的执行偏差，并对出现偏差的地方进行积极调整的过程。恢复与重建的调整主要包括以下方面。

① 对恢复重建的体制机制的调节。在恢复工作的实施过程中，其恢复与重建相关的体制机制不是一成不变的，需要根据灾区客观环境的变化随时进行调整，以防止危机恢复工作出现偏差。

② 对恢复重建的组织机构的调整。根据危机恢复与重建工作具体的实施情况以及相关部门对恢复与重建组织机构的监督，对那些在危机恢复与重建过程中相互推诿、执行不力甚至侵害人民群众的权益的组织机构进行调整和优化，以确保恢复与重建工作的顺利进行。

③ 对恢复与重建的人员的调节。危机进入恢复阶段并不代表着危机处理工作的完毕，在这个阶段很容易发生相关工作人员懈怠的状况。相关部门和管理者应进一步加强对工作人员的监管，并督促深入大力开展恢复工作，同时对玩忽职守、疏忽大意、专业性不足等的管理人员进行调整，提高恢复重建工作的效率。

四、评估与反思阶段

恢复与重建的评估和反思就是在危机整体的恢复与重建工作结束后，对危机恢复工作的效果进行综合评估，并进行整体的反思工作，积极地吸取危机恢复工作中的经验和教训，防止错误再一次出现。恢复的评估主要包括对恢复工作各阶段的评估和整体的评估。主要是评估恢复工作的各个阶段是否符合相关的规定以及评定恢复工作的整个过程是否实现了恢复与重建的目标。恢复与重建评估的目的是通过回望和反思，总结经验教训，总结类似危机的处理方式，提升公共危机事件的预防和处理能力。

本 章 小 结

本章主要对危机恢复与重建的含义、总体目标和原则、恢复与重建工作的主要类型和内容以及恢复与重建工作的基本流程和主要措施进行了阐述。其中重点对恢复工作的程序和措施进行了论述，对于危机恢复与重建工作的整个流程进行了系统的梳理，并明确了危机恢复工作的具体措施。

思 考 题

1. 简述危机恢复工作的具体流程。
2. 简述危机恢复与重建的本质。
3. 简述恢复与重建的特征。
4. 依据政府部门采取的相应措施，思考危机恢复工作中存在的问题并提出建议。
5. 危机的恢复与重建需要遵循哪些原则？

第九章　风险管理

学习目标

- 认识风险及风险的特征，掌握风险管理的含义。
- 了解风险管理的发展历程并掌握风险管理的五大环节。

关键词

风险识别　风险管理　全面风险管理　风险偏好　风险评估

案例导入

甘肃白银景泰"5·22"越野安全事故[1]

2021年5月22日，第4届黄河石林山地马拉松越野赛暨健康乡村振兴赛在白银市景泰县黄河石林大景区举行。在赛事期间突然遭遇恶劣天气，导致21人丧生，8人受伤。

事发后经过调查，比赛之前当地政府没有召开专题会议对这一重要活动进行研究部署；作为主办单位的白银市委市政府，在比赛开始三天前发布了活动方案，景区管理委员会的执行方案中并没有相应的应急预案和安全措施；负责的公司组织了一个由11人组成的团队对接43个项目，其中出现了一人对接9个项目的情况。医疗救助、安全工作、志愿者服务三个项目都是由临时雇佣的一名人员担任指挥。

比赛过程中，一位参赛者用GPS定位装置发送了求助信号，但并没有得到回应。组织者向应急管理部门请求增派直升机支援，未果。大约14点10分，大批运动员退出比赛，比赛被迫中断。比赛组织者已经着手进行营救，但是没有立刻宣布停止比赛。在实施方案及相关预案中，组委会、各部门以口头约定方式动员社会救援力量，并没有落实到具体的负责人，人力、物力的准备无法满足实际需求，在突发事件后才开始增派人员、物资、车辆进行救援。

本次比赛地点位于黄河石林风景区，是一项已连续举办了三年的百公里越野比赛。通信设施设备老旧，一些地区（跑道）的网络信号微弱或没有覆盖，在3号打卡点的最高位置没有安装对讲机信号塔，导致救援和人员伤亡的信息无法及时传递。除3号打卡点有两名工作人员之外，对应的打卡点均没有配备医护人员和急救器材。

思考题：

结合公共危机风险管理与评估的步骤，分析发生此次事故的原因。

---

[1] 佚名.甘肃白银景泰"5·22"黄河石林百公里越野赛公共安全责任事件分析[J].吉林劳动保护，2021（6）：41-45.

全球治理体系正在经历一个世纪以来的重大变革，国内外社会环境的不确定性、非连续性特征日益显著的大环境下，风险管理变得愈发重要。彼得·德鲁克曾经说过："如果没有一个完美的策略决定，那么一个企业就必须要为它付出一定的代价。"管理者必须平衡有冲突的目标、观点和优先次序。最佳策略决定不过是一种愿景，关键是如何把握风险。当今的风险管理，是与不确定性时代共处的一种思维方式，不仅仅是避免损失，也可以让我们达成预定目标。危机是在风险发展到一定程度，超过某个社会体系所能承受的范围时产生的。但是，如果我们可以有效地发现风险，分析与评估风险，处理以及监控风险，进行有效的风险沟通，则可以避免一场危机。通过实施风险管理，在各种潜在风险或事件发生之前未雨绸缪，组织可以节省成本并延长寿命，避免潜在的威胁，在发生威胁时也能将影响降至最低。

第一节 风险管理概述

每一个组织都会面临某种意外的、有害的情景，它们会给组织带来损害，甚至造成组织的衰落。风险管理可以使企业在出现事故之前最小化风险和额外的消耗，以便为突发事件做好准备。

一、风险的定义

最初意义上的风险是指不可预测的、未知事件发生，而这种事件大概率会给社会各方主体造成一定的损伤，影响人们的日常生产生活，会对人们的生命和财产利益造成损害的意外事件。

风险，也就是生产目标和劳动结果的不确定。它包含两个层面：一是突出风险不可预测的特点；二是如果风险是以利益或代价为不确定的，那么风险就会以不确定的方式出现，指出风险的后果可能导致损失、盈利、无损失和无收益，是一种广义的风险。所有权人行使所有权的行为应当被看作对风险的管理，而财务风险就是这种行为。通常狭义风险是突出其不可预测的特点，表示其只会带来损失而不是收益。风险与回报是成比例的，因此，通常情况下，主动投资的人倾向于高风险，以获取更高的收益，而对于那些稳健的投资者来说，他们更注重的是安全。

风险在某种程度上是指一种非常规性的出现。也就是说，风险是一种可能发生但我们不希望出现的结果和特殊危险状况的可能性的结合。从广义上说，如果有两种或更多种可能的情况出现，则认为这一事件是有风险的。在财务领域内，通常理解为不可预测的盈亏情形。不确定的因素主要有发生或不确定、发生的时间和不确定的后果。

通常意义上的风险按照不同的原则和标准存在着不同的种类。①按照其产生的背景可分为自然灾害、社会灾害、政治灾害、经济灾害等；②按照其产生的周遭环境可分为静置灾害、动态灾害；③按照其带来的损失程度可分为常规灾害和非常规灾害；④按照其性质可划分为纯粹风险和投机风险；⑤按照风险分担的方式可划分为分散风险和不可分散风险。

二、风险的特征

（1）风险具有不确定性。所谓不确定性，主要是指风险发生的时间、类型、地点、带来的影响等存在着不可预测性，是一种未知的可能。

（2）风险具有客观性。风险是不由人的意愿决定的，也不受人意愿的影响，是一种客观的存在。比如，某些自然灾难，如地震、山洪、沙尘暴、飓风、泥石流、瘟疫、台风等这些都是客观的，不受人类意愿的影响。所以，人们只能在特定的空间和时间上对危险的出现和出现的情况进行调整，从而减少风险的发生，但是要想完全避免这些风险是不可能的。由于风险的客观存在，使得预警行为和预警体系的建立成为必然。

（3）风险具有普遍性。过去的历史常常充斥着各种危机的信号。现如今，社会各个领域甚至是世界各个国家都充斥着诸多风险要素；再比如，生老病死或是意外受伤等风险是每一个个体都会面临的情况。在我国，存在着自然风险、市场风险、技术风险、政治风险等诸多风险。即使是政府机构，也会有各种各样的危险，而各种风险直接影响的则是社会公众日常生产生活，因此，风险管理显得愈发重要。

（4）风险具有可测定性。个体风险的出现具有一定的偶然性和不可预测性，但在对大量的危险事件进行观察后，会发现其具有一定的规律性。利用统计学的方法，对许多相互独立的偶然事件进行了处理，能够更精确地反映出其危险的规律。在已有的大量数据的基础上，运用概率理论与数理统计相结合的方法，可以对危险事件的发生概率、危害程度进行预测，从而建立起一种基于风险评估的数学模型。

三、风险管理的含义

风险管理是管理学的一门新兴学科，它是对风险产生的规律和控制技术进行研究，是指在灾害发生前、发生时以及发生后，通过在不同阶段采取不同手段及措施进行有效的处理与应对的一项工作。

风险管理是指在一定风险的情况下，在一个组织或项目中，如何将风险降到最低。风险管理就是在灾害发生前通过预测预警等工作尽可能详细地了解其发生征兆，并做出相应的应急处置。在灾害发生时，首先成立相应的风险应对处理工作组对其进行分析、解读，尽可能地了解其发生的时间地点，以及目前造成的影响等；另外，进行相应的工作部署，高效应对；在灾害发生后，第一时间确定伤亡人数及对周围环境的影响范围等，妥善做好事后的恢复重建工作。最优的风险管理即是在灾害危险发生或出现之前将其阻断，这是将损失控制到最低程度的较为有效的方法。

风险管理的单位即是风险管理的主体。其过程是风险管理的决策过程；对象即是前述的不同种类的风险要素；核心即降低成本，不论是其带来的损失还是为了应对其而付出的成本，尽可能在其发生前将其解决，未雨绸缪，是成本最低的一种处理策略。

德国社会学家乌尔里希·贝克在1986年开创性地提出了"风险的流动性"这一概念，并在他的著作《风险社会》中加以论述。贝克相信"风险"是一种观念，即自然界和传统由于失去了其无穷的效用，变成了依靠人的抉择。"风险社会"这一名词便是从此产生的。贝克于1992年出版的名为《风险社会》的著作中首次将"风险社会"界定为一个社会、经济、政治和文化的社会。其特征是人的不确定的普遍法则，其功能是将社会结构、机构和社会关系转化为更为复杂、偶然和可辨认的社会机构。贝克指出,"风险社会"是对当今社会中"社会风险"的地位、作用和潜在影响的一种系统性的、综合的描述,并因此综合反映了现代社会的特点。

如今,我们的社会充斥着诸多风险,已经是社会学领域甚至是社会大众公认的说法了。我们身处在一个网络极其发达、畅通的时代,信息以十分惊人的速度流通在社会当中,大众对于自己想要获取的信息唾手可得。另外,对于风险的认知也越来越清晰,一旦在生活中有风险信号的出现,大众往往要求第一时间获悉其相关的信息;若有关主体可以隐瞒或报道的信息不翔实,那么极易引发公众情绪的爆发,进而演变为危机舆情。

因此,对风险的管理大环境提出了新的挑战,一种全新的风险管理模式和管理机制亟待建立。就国家自身而言,公共危机的现存管理模式表现如下:在公共危机管理的构成主体上,主要变现为政府主导、社会各方主体一同参与的风险管理大格局;不论是在风险管理的前期或是处理中,必须要有政治及社会力量的支持;在危机的处理流程上,主要包括事前预防、预测、预警、事故处理、灾后重建、调查评估、反思总结等。整体的风险管理体系正逐步走向科学化、制度化。

第二节 风险管理的发展

一、风险管理的发展历程

风险管理是当今社会的一个热点话题,也是当前公共管理领域的一个重要研究课题。社会环境和经济技术的变革推动了风险管理的出现和发展。本节从风险管理理念及其历史发展阶段出发,将风险管理分为传统风险管理、现代风险管理、全面风险管理三个阶段。

1. 传统风险管理

风险管理的浪潮最初在美国掀起,这也是学界较为一致的看法。美国保险部门在1931年发起了对风险的管理,并对风险管理和保险问题进行了探讨。美国的部分企业在这期间内惨遭重创,使其不得不把风险管理提上日程。1953年,通用公司的一次大火让美国企业和学术界都为之震动,这次火灾为发展风险管理提供了一个机遇。1963年,美国《保险手册》发表了一篇关于"公司风险管理"的文章,在欧美引起了广泛的关注。概率理论与数理统计相结合,使得企业的风险管理由经验转变为科学化。20世纪80年代,风险管理开始在亚洲、非洲蔓延,并在世界范围内快速蔓延。从那时起,风险管理受到了越来越多的公司的关注。美国风险分析协会成立于1980年,它搭建了各个学术组织之间的重要交流平台。1986年,欧洲有11个国家联合组建了欧洲风险学学会。风险管理成为全球性的一项活动,其标志是在新加坡召开的一次国际性风险管理研讨会。在传统风险管理阶段,风险管理理念从最初的萌芽发展到全球范围。在这一过程中,许多关于风险管理的理论应运而生。

在传统风险管理中,信用与财务风险是其核心,与之相对应的是,这一时期的信贷和金融风险管理度量手段已经相当成熟;但是,目前对风险管理的研究仅限于个别的、局部的或独立的层次,并未涉及许多层次的风险管理;由此看来,就管理方式而言还存在没有从整体出发的问题。在大型组织中,风险管理常常是一盘散沙,完全是一种单纯的风险管理,其中负责风险管理的各个部门都会根据自己的工作情况,制定出各具特色的(或是相互矛盾)的工作方案。风险管理是一种事后管理,只有当管理者觉得组织有危险时,才会对它进行处理和管理。传统的风险管理方法也能发现企业的全部风险,对其描绘。但是他们并没有将公司所面对的危险与企业的经营策略相关联。

2. 现代风险管理

随着国际金融、工商等领域的飞速发展及新经济的迅猛发展,使得公司所处的社会环境也随之产生了巨大的改变。一些国家的金融危机及部分银行和资金基金的倒闭,都表明这一次的损失已经不仅仅是一个风险了。信贷风险、市场风险、财务风险等诸多风险彼此影响。人们认识到,分散经营企业所面临的各种不同的风险是无法满足需求的。一家公司的各个部门或公司的风险,有些是叠加扩大的,有些是抵消缩小的。所以,企业不能只从某一业务、某一部门的角度来看待风险,而要从整体的角度来看待风险。由此,全面的风险管理理念才得以萌发和发展。

3. 全面风险管理

全面风险管理阶段主要包括如下几方面:第一部分是风险管理的目的。之所以要进行风险管理,是因为它的出现可能会带来不可估量的损失,因此风险管理的目标即是能够通过事前的预防等手段将此种不可预测的损失降到最低,它决定了组织在业务活动中的承受力。总体框架定义了四种目标:战略目标、经营目标、报告目标和监督目标。这个分类可以将重点集中在不同的风险管理层面,即各种目标之间的相互交叉。一种特殊的目的可以被归入多个分类中。通过选择不同的目的来使组织达到既定的目标。第二部分是对风险的控制。全面的风险管理一般由以下几方面组成,包括内部环境、目标设定、风险识别、风险评估、风险处理、控制活动、信息交流和监测,这些要素与受理程序一起由管理层管理;这八个要素相互独立、相互联系、相互制约,形成一个综合的风险管理系统。第三层是组织结构。这包括高级管理层、职能部门、业务单位和二级单位。全面的风险管理涉及个人。这三个方面的意义在于,四个目标依托八个活动,组织的各个层面都在追求同样的四个目标,所有企业与机构都可以应用以上风险管理的八个方面。

二、国内外风险管理发展现状

近几年,在全球范围内出现了一系列严重的灾害,如海地遭遇 7.3 级地震;美国、加拿大遭遇了历史上最严重的旱灾;"千年一遇"的洪水发生在西欧;台风"雷伊"在菲律宾造成了严重的破坏;印度尼西亚和东帝汶地区的大雨导致了严重的洪水;美国遭遇飓风"艾达"重创;我国河南特大暴雨灾害、第六号台风"烟花"、青海玛多 7.4 级地震以及持续至今的新型冠状病毒疫情等。正是上述种种事件的不断发生给整个世界敲响了警钟,人们意识到进行风险应对与处理的重要性,与此同时,风险管理体系的建设与完善已经迫在眉睫。风险的发展从单一的种类已经蔓延到社会生活的各个领域,从小范围的损伤到大范围的破坏,二次灾害发生的频率也在大幅度增加,这就要求我们必须改变传统的风险管理思想,由被动应对向主动预防转变,从单一角度出发转变为多角度出发,从单一主体处理向多方合作转变。总体看来,当今风险管理的趋势是以预防为主,其主要特征是危机的传播方式、应对方式不断变化，社会和经济体系的脆弱性不断增大。因为危机出现之后，将会给整个社会和普通大众带来不可估量的损失。

正是由于风险的不确定性与日俱增，同时其产生的大环境也在随之变化，所以我们更应该对我国的风险管理体系及策略等做出相应的升级与改造。从现有的发展趋势来看：第一是从单一的灾害发展到综合性、复杂的灾害，从单一的灾害处理到综合的灾害应对；第二，由重于处理转变为重于预测与预警；第三，从风险降低到风险避免，从单一防灾转向防灾和可持续发展；第四，从一国防灾到一种全球性防灾、地区防灾，强调合作、协调、联动、高效，更加强调科技手段和方法的应用。这使得公共部门的紧急事件处理工作比以往更加复杂和困难。从近些年看来，风险管理的工作已然成为公共部门日常工作必不可少的一部分，许多地方都设置有专门的应急处置办公室，配备专业的工作人员，对于风险的管理俨然已经发展成为了一项不可忽视的工作内容。

从国内看，目前正处在社会结构转型的关键阶段，社会的利益结构发生了巨大的转变，政治体制不断健全。超过1万美元的人均收入是我国目前的真实现状，如果从经济学的视角看来，这个阶段对我国而言是一个重要的开端。在这个时期，公众所面临的日常生产生活问题会日益增多，例如环境问题、收入与支出问题、工作与生活的冲突问题，这是一个重要的时代，是政治、意识形态、社会道德价值观的不断完善的时代。我们的经济已经步入了一个快速发展时期，社会文化事业也取得了长足的发展。另外，我国社会经济体制改革的背后产生了一系列新的变化与挑战，例如，经济结构、公众心态、生活方式等表现出多元化、不平衡、错综复杂等特征。社会矛盾日益突出，社会问题日益复杂。我国是全球自然灾害最严重的地区之一，其特征是类型多、频发、人口多、灾情多。在我国社会政治经济高质量发展的进程中，必然会伴随着发展过程中的诸多新挑战，而对于风险的处置与管理便是其中之一。

综上，不管是国内还是国外，都在尝试着通过对风险管理，预防以及控制，将风险降低到最低。而要预防可能发生的不利事件或危险事件带来的不良影响，风险管理的每一环节都是必不可少的。

第三节　风险管理的步骤

风险管理过程包括风险识别、风险分析和风险评估、风险处理和监控。而在这四个阶段中，风险沟通是必不可少的。如果没有风险沟通，那么任何的风险管理和评价工作就没有意义了。因此，风险管理过程实则由以下五个环节构成。

（1）风险识别。风险识别是指发现不同的政府所面对的风险，识别和确定潜在的危险，主要是要回答"将会有什么可怕的事情"和"如何发生"。在任何一次危机爆发之前，都会有不同程度的预警信号，因此，政府要抓住这些预警信号，尽早进行预警和干预。危机出现的第一步就是要对其发生的时间、地点、类型以及当前已经造成的影响进行初步调查判断。另外，应对各种危害因素进行综合分析，持续改进对危险进行预测和预警的技术。最后，要对组织的薄弱环节进行全面的评估与监控，并对其进行定期的脆弱性分析与核实。

政府应当时常反思，有组织地定期地检视自身的弱点，掌握最新的信息，以便在风险变成危机之前发现并加以解决。对组织的脆弱性进行评估，是对组织进行风险识别和防范的重要手段。

（2）风险分析和评估。风险分析主要从风险发生的概率和后果及影响两个角度来分析。在这两种情况下，概率可以分为不可接受的以及可以被允许的和尽可能减少的。以下几个区块便是根据上述内容来划分的，即A、B、C、D。A区域表示可能性高，后果轻微，处于该区域的危险应得到更好的控制；B区域代表风险较小，如果资源充足，则结果较小；C区域表示可能性很低，后果很严重，在这个区域的危险要尽量避免；D代表着高概率、严重后果的危险，必须马上找到解决的方法。可以解决这个问题，如果没有足够的资金，那么可以暂时忽略掉这个地区的危险。

风险评估是基于风险分析将政府所面对的潜在风险按其紧迫性和重要性进行分类，并对其可行性、成本和收益进行分析、评价，确定一系列的风险优先顺序，使有限的资源得到合理的分配。特别是，风险评估需要对风险进行测量的概率、严重后果和随之而来的不确定性的度量标准或规模，以确定一个特定风险价值的重要性或改变的程度。风险评估需要对风险进行分析，建立风险评价数据库，收集数据，全面提升风险评价的能力。风险评估应包含：①可能发生的危险；②风险在多大程度上或规模上影响了一个组织；③难于进行风险管理，对其困难性进行评估，并且可以按照困难的程度来排列；④对风险进行管理，确定所需的资源和时间，以便根据管理能力和所需的资源来决定一套新的顺序；⑤风险的可控性和可预见性。

（3）风险处理。指在整个风险管理的过程中所采取的恰当方式与方法，并实施相应的措施。传统上，可以采用四种战略：回避、缩减、转移、保持或接受。规避风险就是不采取任何可能造成危险的行动，而直接回避可能造成危险的事件和活动，从而减少潜在的损失。减少风险所带来的影响是指通过必要的手段和恰当的方法将其后果和损失尽可能降到最低。风险转移是将责任转嫁到对方身上，这是一种典型的契约行为。如果存在一些不可控制的风险，或由于控制费用过高，则可以将风险转移到其他方面。风险接受是指在无法避免、减少和转移的条件下，接受风险的可能性和后果，在必须接受风险时，确定政府的风险管理职责，并建立风险分担机制。

（4）监控。对风险进行分析、评估，并根据风险的大小采取相应的对策和措施，是风险管理的一个重要环节。同时，还要对各个环节进行监测，根据现实状况不断地进行调整，形成一个封闭的动态风险管理过程。通过对风险的监测，可以为政府在进行风险管理时提供以下信息：①政府有没有充分的公共安全措施来控制风险；②政府公共安全系统的设计与运作策略能否达到其可靠度指标；③采取一定的措施，能否大大减少政府所面对的危险；④在成本允许的情况下，采用何种设计方案，可以使政府承担的风险降至最低；⑤指令是否符合标准或规范的规定。

（5）风险沟通。在公共危机发生前，风险管理的整个流程中始终存在着一种风险交流的需求。风险沟通的重点是一个社会过程，一般都是在危机环境下人们的风险意识不断增强。降低公众对风险的担忧是风险沟通研究的主要目标。风险认知是一个人对各种客观危害的主观理解或看法；风险交流，正如相关机构所定义的，是关于风险的性质、影响、控制和其他相关方面的信息交流。风险交流的工作包括"告知""引导""解决冲突""建立积极的关系"。"告知"是向大众宣传关于危险的知识，提高他们对危险的认知。"引导"就是帮助民众对危险进行正确的讨论和总结，从而导致个体或集体行动，以减少危险。例如，政府对传染病预防等的宣传。"解决冲突"是为了化解由风险问题引起的各种利益的纠纷。"创造积极的关系"就是政府和民众通过适当的风险沟通，形成一种积极的、双向的互动关系，以推动政府在处理危机和问题的过程中发挥作用。

综上所述，风险管理过程分为五大环节：风险识别、风险分析与评估、风险处理、风险监控、风险沟通；在风险管理体系的设计中，风险沟通是一个重要的环节。以风险管理为切入点，打破了以往以"一刺激一响应"的传统管理方式，以风险管理为切入点，以危机管理的方式来实现对危机的资源分配与任务管理。

风险管理于政府而言是一项需要不断学习和累积的艰难任务，作为公共事务的管理者，必须认识到风险的无可避免，主动地进行风险管理。风险管理是一项重要而又具有重要作用的政府职能。因此，构建和发展一种更加有效、完整、综合性的风险管理方式已成为一种趋势。政府要构建"发现、界定、防范、抵御、转移、缓冲"的风险管理机制，以加快建设现代化的社会风险管理体系。

本章小结

本章主要讲了后疫情时代的风险管理，不仅能避免损失，也可以让我们达成预定目标，这是与不确定性时代共处的一种思维方式。

风险在某种程度上是指一种非常规性的出现，从广义上说，如果有两种或更多种可能的情况出现，则认为这一事件是有风险的。

风险管理是管理学的一门新兴学科，它是对风险产生的规律和控制技术进行研究。风险管理是当今社会的一个热点话题，也是当前公共管理领域的一个重要研究课题。社会环境和经济技术的变革推动了风险管理的出现和发展。风险管理的发展历程主要有三个阶段。

风险管理过程分为五大环节，在风险管理体系的设计中，风险评估是一个重要的环节。风险评估是在危险事件发生前或之后（但尚未完成）对人们生活、生命、财产等各个方面的影响与损失的定量评价。

思 考 题

1. 如何对风险进行界定？风险有哪些特征？
2. 风险管理经历了哪几个阶段？每一阶段的进展如何？
3. 什么是风险评估？风险评估的注意事项有哪些？

第十章 公共危机舆情管理

学习目标

- 了解舆情及网络舆情的内涵并掌握公共危机舆情管理的含义。
- 掌握公共危机沟通的含义、步骤与原则。
- 掌握公共危机舆情监控与引导的必要性及具体步骤。

关键词

网络舆情   公共危机舆情   危机沟通   公共危机舆情管理

案例导入

唐山市烧烤店打人事件[1]

唐山暴力打人案于2022年6月10日登上了热门话题，引起了社会舆论的关注。2022年6月10日凌晨2点40分左右，唐山路一家"老汉城"烤肉店内一名男子陈某对一位正在吃饭的妇女进行骚扰和殴打，之后，与陈某一起吃饭的几个人也加入了围殴的行列，甚至将受害人拖到店铺外面继续殴打。之后嫌犯逃之夭夭。

事件监控视频很快在网络上迅速传播，引发舆论激愤。在警方第一次通报后，大量舆论质疑、指责唐山警方抓捕速度慢，不重视案件。同时，唐山市政法委书记与警方口径不一，导致舆论认为警方抓错人，与涉案人员有利益勾连。6月10日17:00，唐山市委政法委书记表示部分犯罪嫌疑人已经被抓获。唐山市路北区公安局将此案认定为"暴力殴打""寻衅滋事"。截至11日14时，距事故发生已超过36个小时，唐山警方宣布，已将该案件的所有嫌疑人抓获。至此，9名涉案嫌疑人全部落网。

舆论的高压以及信息来源单一，使警方办案压力巨大，对受伤妇女的伤情通报及公布案情的细节等方面的舆论呼声不断高涨。截至13日15时，全网相关信息共5404173条（不含跟帖评论与重复），总累计阅读量超过300亿，评论量超千万。截至14日，"唐山烧烤店打人事件"舆情已在全国铺开，新华社、紫光阁、共青团、人民日报、中纪委、央视新闻等主流媒体与政府部门集体发声，纷纷对事件给予严厉批评。事件累计总阅读量已破百亿。

唐山市于6月11日晚召开了全市疫情防控指挥部及重点工作会议，会上着重指出，还伤者一个公道，还市民一片安宁，还社会一份稳定。随着9名涉案人员被抓获及唐山市

---

[1] 晏米扬，田小彪.性别社会学视角下的社会暴力行为分析——以唐山市烧烤店打人事件为例[J].西部学刊，2022（24）：55-59.

政府及相关部门的回应后，舆情开始走低。

思考题：

结合公共危机沟通七大原则知识点，分析案例中政府的做法。

我们身处在网络时代，危机已不再是单纯的关乎局部或个体的事件，而是受到大众关注的全民事件，稍经发酵便可能发展成为危机舆情。公共舆论危机给政府的形象造成了很大的冲击，进而降低政府的公信力。危机舆情中，如何应对危机舆情，选择何种应对策略，采取何种应对措施，以何种途径应对危机舆情，是各国政府所要思考的问题。而危机沟通，对于管理人员来讲是其必备的能力，对于整个公共危机管理的体系而言则是必不可少的一环。加强危机沟通，加强信息披露，有效监督和引导舆论，是提高公共危机管理效率的关键。

第一节 公共危机舆情管理的含义

一、舆情及网络舆情的内涵

从宏观上来讲，舆情是指社会各界、各方主体对于各领域所发生的危机事件所持有的态度或是言论行为等发展演化而来的，是在一定时期内各方主体对所发生事件意见、态度的集中表现。

所谓网络舆论，是指依托互联网，以各大网络媒体为平台，所聚集起来的公众对某一事件的看法、态度、情绪的交流互动、相互影响的过程。由于大部分网友的主观感受，未经任何媒介证实或包装，就以各种方式在网上发表。网络媒介、事件本身、公众看法、意见交换以及事件本身的影响力共同组成了网络舆论。社会公众可以通过微博、微信公众号以及各大官方网站等了解所需的舆情信息。以下几方面是其特征的具体表现。

1. 网络舆情的自由性

互联网为大家了解资讯、交换意见提供了平台，是社会公众参与政治生活的良好媒介，公民参与感也大大增强，大家都可以在网上自由地选择自己的资讯，在 BBS、新闻评论、博客等地方，让网友们马上发表自己的看法，在平台上人们可以直接沟通，让舆论得到更顺畅的表达。因特网的隐私性，使得大部分的网友都能很自然地表达自己的意见，或者是真正的感情。因此，网络舆论能够更客观地反映社会矛盾，更能体现社会各阶层的价值取向。

2. 网络舆情的交互性

在网络上，网络用户的参与意识很强。人们在发表意见及评论的时候，往往会有大量的网友参加，网络上人们往往会产生思想的碰撞与交流，当人们意见一致时，大多时候会产生共情，相互理解、倾诉，而当人们意见相左，各执一词时，有可能会爆发冲突与矛盾。这种即时互动的网民可以让不同的观点和意见能够快速地传达出来，使讨论更广泛更深入，从而更好更集中地反映网络舆论。

3. 网络舆情的多元性

网络舆论的题材范围很广,其议题的选择常常是自发的、随意的。站在公众舆论的视角,网络用户是来自社会各阶层、各方面的群体;从舆情涉及的话题来看,其范围之广既包括政治经济,也包括社会公众的日常生活;从舆论源头来看,网友可以事先把自己的意见写出来,然后在网络上自由发表,并且可以随心地评论和转发。

4. 网络舆情的偏差性

因为受到多种主观、客观的影响,某些网民的情感表达方式变得不合理、感性、易冲动化,更有甚者会利用互联网的盾牌发表一些与事实不符甚至较为极端的言论,而这种情绪往往会发展成为舆论的中心或是风暴点,便有可能演变成为一种负面的舆论。

5. 网络舆情的突发性

网络舆论的形成通常是很快的,一件热门的事情再加上一种情绪,就能引发一场大的舆论。一旦发生了什么事情,网友们就能马上在网上表达自己的观点,而网友们的个人观点也会很快聚集在一起,形成公众的观点。与此同时,不同渠道的观点也能快速交流,很快就能形成强烈的舆论氛围。

但我们也应该看到,网络上一些负面效应的产生与互联网自身的特性是密不可分的,如存在部分网民恶意散布谣言,泄露个人隐私,进行极端、不合理的辱骂及人身攻击等。这就对舆情管理提出了更高的要求,不但要对危机事件的发生进行提前监测,更要能在危机事件发生后及时地把控舆情风向标,控制舆情局面,防止其向所不期望的方向发展演变。

二、公共危机舆情管理

公共危机舆情指的是社会各方主体就某一危机事件的发生发展所持有的态度意见的集中反映,它包括情感因素、认知因素、行为反应等,是一种整体的态度,可以是相同的,也可以是不同的。

公共危机舆情管理是指由政府在新闻报道、公众意见、舆论以及公众舆论等方面对公共危机主体及其工作的社会心理进行引导和调节。

公共危机公关的首要任务是对公众舆论进行分析,全面地了解和评估社会舆论的整体状况、关键要素、负面影响风险。一是以民意调查为基础的"舆情画像",对事件、基本情况、传播状况、受众状况等进行了全方位的描述;二是舆论调查,主要从定性、定责、风险分级三个方面进行;三是舆论走向的推断,从定性、定责和定风险三个方面进行预测;四是对舆情进行引导与综合管理,根据公众调查结果规避、化解、干预舆论风险,防止、消除、处置现场突发事件。

公共危机舆论导向要遵循党性和"四个力"原则、中心目标和正确导向原则、正面宣传原则、分众化原则。遵循以下几种处理策略:①"正面引导"。通过宣传说理、交互式参与、分散注意力等方式来改进舆论生态。②"否定责任"。避免被人冤枉。具体可以采用四种方式。③"降低责任"。减轻企业的形象损害,减少企业的直接和间接的减少。④通过"减轻批评"来缓解舆论气氛,如态度导向、行为导向、逻辑导向等。⑤通过"讲情式""行动派""担保式"等方式"重塑形象",重构社会公众信任。

第二节 公共危机沟通

危机沟通在公共危机处理中的作用日益突出，它渗透到了整个公共危机的处理体系之中。因为，危机沟通不仅仅是要将危机和危险的信息及时、准确地传递给社会大众，更重要的是在各个利益相关者的交流中，建立起一种有效的公共危机管理机制。

一、危机沟通概述

危机沟通是一种以沟通为手段，为解决危机而进行的一系列危机处理和规避的行动和过程。通过危机沟通，可以减少危机对组织的影响，使组织有机会将危机转化为活力。如果没有及时的沟通交流，那么一个小小的危机就会演变成一个巨大的危机，它会给一个组织带来巨大的损失，甚至会导致一个组织的灭亡。

（一）危机沟通的定义

危机沟通是一种科学，也是一种艺术。公共危机沟通是一种信息、思想、情感和价值观的传递和交流，以达到对危机的有效控制。危机沟通旨在解决危机，是一种化解危机及避免危机发生的一系列活动。不论是在危机管理的哪一阶段，危机沟通都是必不可少的存在，事前需要通过危机沟通来进行事件的定性，事中也需要进行各方的协调沟通，事后则需要做好相应的善后处理工作。通常情况下，从危机发生后的处置角度看来，危机沟通可以分为组织内部的沟通以及组织外部的沟通处理。组织内的沟通即与自己组织体系内的成员进行解释说明与安抚工作，组织外的沟通通常是指选派一名组织代表与外界交流，说明解释当下危机发生的状态与情况。

（二）危机沟通的重要性

1. 高效的危机沟通有利于危机的化解与解决

要想快速解决现有的危急状态，快速高效的沟通是必不可少的过程。倘如有关部门能够在第一时间给出翔实的信息并做出清晰的解释，将会使危机事件朝着积极的方向发展。相比未知的事件，公众可能需要更多的被信任，这是双方合力解决问题的关键。"危机"这个词具有很强的不可预测性，我们无法阻止，而且一旦发生，我们无法改变，只能尽可能地控制，尽可能地减少损失。因此，政府必须动员公众积极参加，以减轻灾害带来的伤害，并尽快地进行灾后的恢复与处理工作。

公共利益是公众所能切身感受到并且是极为关注的问题，但真实发生的危机事件首先影响到的便是公众的自身利益。相较于公众所掌握的信息，危机事态的控制者和信息发布者通常都是由政府来承担，公众并不能完全掌握这些信息。而政府则是因为害怕公开真相会引起公众的惊慌，让事情变得更难处理，不能及时和积极地与公众交流。换一个角度来看，倘若政府处理危机时所面对的是毫不知情或是一知半解的对象，那么可想而知危机的处理难度将会剧增，但假若政府能如实向公众说明危机的具体情况，那么公众的配合度将大幅提高，而危机的处理相较于之前公众信息匮乏的情况也会较为简单。调查表明，对于一种事物的恐惧和一种事物的真正危险相比，人们对无法控制的未知事物更加恐惧。因此，坦率真实地向公众披露事实真相，有助于公众更好地理解政府，而不能只是一味地隐瞒欺骗，只有二者同心协力，方可更快地化解危机。同时，也可以通过危机沟通，增加彼此的熟悉感和了解度，让公众知晓度有所提高，那么政府信任度也会相应增加，从而更加有利于危机工作的开展，将公共危机带来的不利影响降到最低。

2. 维护政府权威并稳固政府信任

社会的和谐与稳定有赖于公众对政府的信任与支持，二者相辅相成，公众对政府的信任感越高，越会积极配合其工作的开展，而信任始于熟悉和了解，因此，通过卓有成效的危机沟通工作，有利于增强公众对政府的知悉程度和信赖程度。在灾害发生的第一时间里，有关部门应该及时、准确地向公众披露事实真相，确保社会大众的知情权落到实处，安抚好公众的情绪，调动公众协力配合的热情，从而增强公众对其工作的支持度与配合度，以免错失危机处理的最佳时机。与此同时，在增进二者相互理解与熟悉的基础上，扩大了政府的公众基础，也利于政府公信力的加强，从而有助于后续工作的开展与实施。

二、危机沟通的步骤与原则

（一）危机沟通的步骤

1. 指定一名负责人代表并组成危机处置团队

相比于团队的普通成员，由最高负责人作为代表可以向公众树立其权威，增强公众对政府的信心，也让公众感觉到政府对这一事件的关注。

2. 选出团队发言人

一般意义上而言，团队的新闻发言人是对事件本身知悉程度较高的人且地位具有权威性。一方面，他们拥有权威的信息；另一方面，他们的立场显示了对媒体的尊重。

在应对公众危机时，尤其是在记者招待会上，政府新闻发言人的行为应遵循以下几个原则。

（1）不回避。新闻发言人应当尽可能详尽地向公众披露事件发生的时间、地点、类型、原因、经过，以及造成了什么影响，产生了多大的后果等。倘若没有客观真实、及时准确地向媒体进行介绍而是回避，将会引起大家的不信任，同时会有各种声音站出来恶意揣测或是引导舆论走向，反而产生恶劣的影响，因此，不回避且正面地向媒体及公众做出解释是最好的解决策略。

（2）形体语言得体。新闻发言人代表着发声一方的形象与状态，因此在穿着方面应大方得体，正式端庄；发言稿尽量避免口语化的表达，应采用正式的书面化语言；同时做好面部表情管理，避免夸张的表情以及不屑的态度出现；在回答问题时要尽可能地争取主动权，有发散性思维，多陈述对自己一方有利的措辞。

（3）提供服务。在时间允许的情况下，最好是把自己发言的材料形成一份可视化的书面文稿，或是经过精心修改的报告等。以便最大化地控制舆论的走向，避免一些不合时宜的临场反应。同时对于媒体记者而言也更加便捷，避免出现一些由于跨界而带来的表达失当等问题。

进行危机沟通时应注意以下两方面。

① 危机沟通通常包括事件本身、事件影响、主体态度、客体反应及传媒回应。更为细致的分类也包括危机各方主体的看法与主要领导的态度，在危机事前所做的预防与准备工作，有无应急避难与避险措施，开放和交流的内容要有所分类，要有选择。信息披露不等于将所有的资讯都向社会公布，而应该是让大众了解的资讯。如在 SARS 出现的情况下，病人的医疗状况可能会被披露，但病人的个人信息不会被披露。不同的受众面临不同的问题，因此提供的信息也会不同，信息的公开和传播也应有所区别。但对有关信息进行发布的前提一定是将其进行了仔细的梳理与校对，是准确翔实的资讯。政府层面释放出的信号应是正面、真实、及时的。

② 要确保沟通渠道的畅通，要确保公共舆论的传播渠道畅通，公众的意见要及时、高效地反馈给政府；而政府也要开放平台，将信息及时释放给公众，并提供意见交流的空间。究其原因，是鉴于当下的社会大背景较为复杂，危机的种类多种多样，而信息也是相当繁杂的，可能同一个危机事件会爆发出数以十条甚至更多的信息，因此需要由政府出面，将其整理归纳，并将最真实、不失真的咨询给予公众披露与交流。因为危机具有不确定性，因此需要通过多种途径进行交流。政府可以通过各种途径更好地了解民众的反映，收集更多的解决方案，并借由集思广益来解决出现的危机。

（二）危机沟通的五大原则

（1）"第一时间"原则。在危机发生后，"第一时间"做出反应或发出消息，可以使公众获得主动权，从而避免谣言的传播。在紧急情况下，很难在短时间内摸清它的来历，了解它是一个非常漫长的过程。所以，可以分阶段、分层次地发布消息，而不是等事情结束之后才发布。

（2）开诚布公的原则。在面对危机时，要做到坦诚、真实，这是媒体的最佳应对之道。中国互联网的特殊性以及互联网用户的特征，决定了要化解或避免公众舆论危机，就必须采取积极、坦率的态度。网友们参与网上话题的最大目的是获得一种成就感和被人看重的感觉，而当相关部门做出反应之后，他们认为自己的观点得到了政府的认同，那么他们就会慢慢地放弃。另外在舆论判断的过程中，不是依靠明文规定的法律，而是大众的感受、态度，是依靠道德的走向。所以，对待问题不能太斤斤计较，最重要的是要有一种开诚布公的心态，不然就算是非分明，形象也会大打折扣。

（3）第三方原则。在危机公关中，是否有第三方势力为自己发声，这是一个很大的问题。在危机中，大众寻求的是真实和公正，而真正的、公正的第三方则是最有效的。"第三方"与这场危机无关，他们所说的话更能为大众所接受，也更有说服力。

（4）以人为本的原则。在危机沟通中，要坚持"以人为中心"的原则，坚持"公众利益第一"的理念，以公众利益为重，这样才能更好地获得民众的理解与支持。

（5）适度原则。在接受记者采访时，不要过于肯定地说出政府官员的言论，也不要过于信誓旦旦。首先，要有一个适当的承诺，过分的许诺看起来不那么专业，会因此失去了信誉。其次，要有节制。诚信是一种危机交流的基石，它并不意味着需要不假思索地把所有的信息都传达出去。

第三节 公共危机舆情管理中的媒体

随着新媒体的兴起和社交媒体的高度发展,网络舆论的消极一面会影响到社会的治安和人们的日常生活,使得网络舆论的管理变得愈来愈困难,这对新形势下的公共危机舆情管理提出了挑战和机遇。

一、媒体在公共危机管理中的双面影响

媒体是一种能够"全民向全民"的媒介形式,其容量大、实时、互动,对公共危机的处理起着双重作用。

从积极影响方面看:一是信息量大,可以提前进行预报和预警。新媒介是一种庞大的信息库,在危机潜伏期间,政府可以借助新媒介的资讯触角,从大量的资讯中获取和监测到危机的根源,并实时跟踪危机的发展动向,预测危机的发生概率,以及对危机所带来的消极后果给出预警。二是即时沟通,可以有效地提高工作的效能。政府可以更迅速、更广泛地利用媒介,及时、广泛地公布危机状况和应对措施,以提升应对危机的效能。比如,在危机发生的时候,通过网络等方式,将危机信息和政府的决策传递得更准确、更及时,维护了社会的稳定。三是要做到公开、透明。才能更好地增强社会监督。在公共危机发生发展的各个时期,新媒介可以从多角度多维度地将危机事件的内涵和外延信息传递给大众,使民众的危机意识得到最大限度的保护。新媒介极大地缩短了民众接受信息的时间,拓宽了人们接受信息的途径,扭转了信息不对称的局面,促使政府信息更加公开透明。四是提供了互通信息的平台,扩大了公众活动的空间。新媒介的加入,为政府搭建了一个全新的信息公开平台,使政府危机处理更具弹性,使之能够与民众进行即时的沟通与互动,交流更紧密,从而有效地引导舆论、疏散、化解危机。

从消极影响方面看:一是信息的不真实,会对政府的公信力造成一定的损害。新媒介是以网络技术和网络空间为基础的,它的使用者自然是虚拟的,甚至一些权威媒体的公众号所提供消息的真实性也是值得怀疑的。同时,新媒介具有较强的开放性和较弱的把关能力,使得受众和传播者之间的界线变得模糊不清,如果有人故意散布不实的信息,那么在新媒介的传播效果下,很可能会引发一场危机,进而削弱政府的话语权。二是公众数量过多,导致了危机的扩散。危机发生后,由于新媒体的存在,这将不只是只有危机当事人才会关注的事件,而是整个社会上所有对该问题关注的公众都有权力也有能力去了解关注。三是快速的扩散,减少了反应的速度。新闻传播速度快,缩短了爆发和潜伏的时间间隔,使得政府在处理突发事件的时效性上面临着巨大的挑战。四是应用范围过广,增加了风险的不确定因素。新媒介的使用,会给不法分子制造机会,增加危机的诱因,增加危机管理的难度。

二、政府、媒体、公众三方危机心理契约的构建

在危机面前,不论是政府、媒体还是公众个人,首先看到的是自己一方的利益及损失,这是基于理性人的假说而提出的概念,在做出初步利益权衡判断的基础上进而选择相应的

危机应对策略。

1. 基于避免沉没成本的考量

在公共危机管理中，为了解决危机而付出的一切资源，包括人力成本、时间成本、资金成本等统称为沉没成本。公共危机管理于公众而言，不论是从其所掌握的信息还是所拥有的资源来看，都是不足以支撑其进行公共危机管理活动的。相较于公众而言，媒体所拥有的资源平台的信息体系之庞大、资源之丰富、话语权之权重，都具有压倒性的优势，但其社会层面的权威性却有所欠缺。与之相对应的，拥有足够权威性的政府而言，有前述二者都不具备的强大社会动员力，在公众中也有足够的权威性，但其信息掌控能力可能相较媒体有所欠缺，况且政府也不可能在不借助媒体及公众力量的情况下处理危机，因此，在公共危机处理的过程中，最好的解决策略便是三方合力，共同应对。

2. 基于机会成本的比较

秉持着有限理性的原则，每个人都在最大化地寻求自身利益，这是出自公共选择理论的观点，从政府自身角度出发，理论上看似是公共危机的最佳承担主体，但不论是从信息把控程度或是危机处理能力来看，倘若能有多方参与进来，合力解决，那么政府便能腾出更多的时间及精力去处理危机之外的工作。而对于媒体及公众看来，首先媒体通过此种方式参与政府社会生活的管理，一定程度上可以提升其知名度。对于公众来讲，通过此种方式参与政治生活，也是自身的权利义务的体现。

3. 基于需求安全心理

在整个公共危机处理的过程中，不论是政府、媒体或是公众，都是希望在短期内可以看到自身危机处理成效的。于政府而言，事关公众的切身利益以及自身的工作绩效；于媒体而言，事关自身的社会认可度与知名度；于公众而言，事关自身日常生产生活的切实利益。三方共同承担公共危机处理的权利与义务，遵守着共同的心理契约，一旦有任何一方退出或是不遵守契约，那么契约便会失效。但在此过程中，任何一方都不会希望出现上述情况，同时，他们也在希望有可信赖、可依靠的合作伙伴的出现。契约于三方而言是一种明文的约定，通过危机心理契约，三方达成共同的目标与共识。

三、政府、媒体、公众三方互动关系的构建

（一）公共危机管理中的政府主导作用

（1）信息披露，重视交流。政府要加强信息披露，重视与民众之间的交流，既能保障民众的知情权，又能减少流言蜚语传播的概率，同时也能降低政府在社会治理上的失误，减少社会治理的成本。在日常工作中，政府应将信息公开作为一项常规工作，以建立一个透明的政府形象。危机信息披露要尽可能及时、真实，从整体出发，体现大局，把握舆情走向，避免舆情向着政府所不希望的方向发展，积极引导，同时定期接受来自各方主体的监督，用好危机沟通这个手段，提高政府公信力。

（2）态度端正，积极解决。对于政府来讲，不论危机发生的性质或种类是什么，在不能明显确定危机主体的情形下，都应当由政府出面安抚公众情绪，积极占据危机处理主导地位，掌握事件处理的主动权，在危机发生的第一时间出面处理，切勿延误最佳黄金处置

时机，及时分析研究危机发生的根源以及现存影响等，提供相应解决策略，避免发生二次危机，或是造成公众恐慌，同时积极与媒体沟通，正面回应事件情况，反馈真实准确的信息。

（3）重视公众利益，形成多方合力。以人为本，最大限度保障公众利益不受损害，尽可能实现最大化，这是政府进行危机管理活动的主要遵循。为此，政府应将其出发点及目标向公众说明，同时辅以危机解决策略或是实效，使公众真正知晓政府的工作实际情况，与此同时也要征得媒体的支持与理解，树立政府良好形象，凝聚多方力量，努力形成三方合力，集聚各方资源与智慧，共同协作处置危机，更好地促进危机管理的科学化，提高危机处置实效。

（二）公共危机管理中的媒体主体作用

在应对危机的过程中，媒体应积极主动地协助政府处理危机，发挥好平台优势，充当政府与公众之间的调和剂，做好社会多方利益的维护者与代表者，做好社会治理的积极参与者与践行者。

（1）善于捕捉新闻点。在公共危机的整个管理过程当中，媒体要充分发挥其资源优势，尽可能地贴近大众生活，走进大众生活视野，了解大众的认知特点与生活动态，找准大众的切身利益关注点。通过长期的观察监测，达到能够敏锐地察觉发现矛盾与冲突的状态。对于危机事件而言，要能够做到事前的预测与预警，提前向公众释放危机信号，及时发布危机相关真实信息，过滤虚假失真的传言，以避免造成公众恐慌。

（2）基于事实，以人为本。作为危机管理的主体一方，媒体理论上应在危机发生的第一时间将信息准确无误、客观真实地发布给公众，但在现实日常生活中，媒体也必须从整体、全局出发，遵循政治性原则，因此，也就提高了对媒体的要求，一方面需要给予公众客观翔实的资讯，另一方面也要保证事后舆情的走向不会出现偏差，要确保释放的信息是能抓住要点的以及公众关注的。另外，在信息传播的过程中，媒体应该打破常规思路，不仅是媒体对公众的单项传输，也要让公众参与其中成为整个传播链的一环，形成双向互动。

（3）发挥媒体作为社会治理的一方的作用。对于媒体而言，首要的原则就是把公众利益放在首位。作为危机管理过程的双方调和剂而言，媒体应能准确地将公众的真实诉求向上反馈给政府，同时也要将政府意见有效翔实地向下传递给公众，基于客观事实，做好双方互动的有效平台。同时作为社会多方利益群体交流互动的平台，媒体应充分尊重各方利益主体的意见与建议，维系好、发展好与他们之间的关系，保持良好互动，营造良好的舆论互动氛围。于政府而言，要发挥其对政府的监督功能，做好公众利益的守门员，努力协调各方，维护社会稳定与和谐。

（三）公共危机管理中的公众作用

（1）积极主动地参与公共危机管理。一旦发现有危机产生的征兆或是预警信号，便应及时、快速地向公共部门反应；对于和自身的切身利益相关的真实合理诉求向上反馈给政府，积极配合政府为应对危机采取的措施与策略，尽可能地给予支持与理解，同时也充当自身利益的维护者，督促政府快速妥善地处理好危机事件。

（2）理性负责地参与公共危机管理。当危机发生后，虽造成直接损害的是公众的切身利益，但从大局看来，是对整个社会秩序、人们日常生产生活、社会稳定造成的打击，因此对于政府而言也是同等重要的事，公众应理解支持政府为应对危机而采取的措施，而不是一味地抱怨指责，不理解、不配合政府的危机应对策略只会拖慢事件的处理进度。此外，公众应尽其所能地向政府提供协助，从大局出发，而不只是考虑一己私利。对于政府而言，应制定详细的政策来鼓励公众的积极参与，形成多方合力，共同维护社会的稳定。

第四节 公共危机舆情监控与引导

公共危机的出现给现实社会带来了深刻的影响与变革。现今公众越发习惯通过互联网表达具有倾向性的情绪、意见、态度，使得公共危机舆情逐渐成为公众政治生活的常态。而公共危机舆情的频繁爆发，给党和政府的工作提出了新的问题与挑战。倘若政府的公共危机舆情监控与引导工作不到位，缺乏有效的监督和指导，则会造成公众对政府的误解、政府工作的困难、政府公信力的下降以及政府形象的损害。因此，公共危机舆情的监控与引导既是社会长治久安的关键任务，也是现实社会提出的重要课题。

一、舆情监控的背景

在中国网络迅猛发展的今天，公众舆论监督已被纳入政府工作的重要内容。政府进行舆论监督的最重要的目的是能够在公共危机事件发生前，发现并及时解决危机。我们身处在一个网络发达的时代，信息之多、数量之大难以估量。随着网民数量的增加，人们更倾向于通过网络获得更多的信息。一大批具有一定影响力的门户网站、微博和微信公众号已逐步成为广大网民的首选网站。

政府公共危机管理的工作必然少不了其对危机舆情的引导与控制。危机管理理论论证了政府在非常规情况下会利用各种方式平息事态及维护社会稳定，这是政府多角度引导网络舆情的理论基础及可行性指导原则。随着网络时代的发展，网络舆情监测已成为政府掌握社会民意、掌握社会舆论动向、对突发事件做出迅速反应、及时处置的重要工具。一些不实的、不规范的网络舆论会对政府的形象造成一定的影响，通过舆论监督，能够及时掌握新闻的动向，正确地引导舆论。政府进行舆论监督也是对社会舆论的一种掌控，它能从社会各层面上了解公众的情绪、态度、观点、意见和行动，从而做出正确的决策。

二、舆情监控的必要性

社会和公民的生产生活会受到各种未知的、不可预测的偶发事件影响，这严重危害到公众的日常生产生活与社会秩序。从舆论的视角来看，危机是一种破坏力强、影响范围广的突发事件，是一种由政府主导、各方协作处理的过程。原因如下。

（1）这场危机对社会的生产、生活造成了巨大的损失，影响深远。而最直接受到灾害影响的是社会大众。因灾致贫、因灾返贫等问题时有发生，迫切要求政府采取有效措施。政府的重要作用是做好公共危机管理工作，维系社会稳定，确保公众利益不受损害。要想树立一个认真负责、为人民服务的良好政府形象，就应该从民意调查开始，了解公众的想法，倾听民众的声音，有针对性地满足民众的需要，为民众排忧解难，将危机的影响降到最低。

（2）危机的发生往往会形成连锁反应，有时表现为网络状，并经常引发二次灾害。例如，近些年发生在南部地区的一次大雪，使许多省的基础建设几乎无法维持正常运行，电网受损，设备瘫痪，造成了大规模的断电，一些重要交通要道的运力因此受到影响，航空公司也因此关停，很多乘客被困在现场。一些城市的供水管呈结冰状态，通信中断，市民的日常用品也出现了短缺。在此背景下，社会舆论一旦失去控制，很容易引发各种潜伏的社会矛盾和冲突，从而导致社会的不稳定和混乱。

（3）公众舆论监督可以帮助政府发现公共危机管理中的漏洞，并在危机处理中及时纠正不当行为。在危机发生的时候，面对着资源、信息、时间和心理上的巨大压力，公共危机管理人员进行紧急事件的指挥和决策是不可避免的。政府可以以舆论监督为导向去搜集一些相关的宝贵资讯，从而寻找公共危机中的盲点，同时能弥补其有限的理性，并能及时纠正不适当的突发事件。

（4）舆论监督可以帮助我们达到防范突发事件的目的。然而，人类活动日益严重地影响着自然环境，加大了自然灾难的发生。此外，自然灾害也具有社会效应。因此，舆论调控能够促进人们及时地反省人与自然之间如何相处的命题，找出此过程中的不协调，从而达到人与自然和谐相处的境界，而非对抗，这也是从根源上解决问题的最佳策略。

舆情监测应该是整个社会危机管理的一个重要环节，它贯穿于整个危机管理的全过程。同时，社会舆情监督也应该是公共危机管理的常态化和非常规化相结合的一个重要体现，它应该是健全社会公共危机管理体制的一个重要环节和内容。比如，在汶川大地震后恢复和重建的过程中，我们要加大对灾情的搜集与分析，避免因为利益分配的问题而引发的社会矛盾，同时也要开放民众的理性意见，把民众的意见纳入灾后重建计划当中。

三、危机舆情监控引导的步骤

舆情监督的引导过程可以分为宏观层面和微观层面。宏观的过程有助于政府部门和有关部门迅速理解舆情监督的指导思想，做到心里有底；详细的流程图将政府处理程序与舆论技巧结合起来，以提供立体的引导回应措施。

1. 宏观流程贯穿舆情引导主脉络

宏观过程以舆论导向为主线，分为以下三个阶段：①前期主要是收集信息，建立相应的机制；②在事件发展过程中，主要有情报分析与舆情引导与应对，其关键是是否做出了响应，同时也是影响舆情发展方向的重要因素；③后续的工作主要是恢复信任和向上级报告等。舆情引导是一项繁杂的任务，这三个阶段是舆情引导的基础，对每一步都要熟悉，并将其有机结合，才能起到事半功倍的作用。

2. 具体流程突出实用与融合

舆情引导是一项系统工程，不能只限于核心思想上，也不能只限于我们所见的反应，而是要落实到每一个具体的问题。其具体可分为以下几个阶段：①了解情况，搜集信息；②信息处理，认真分析；③舆论回应及控制；④信任修复。

第一阶段是日常的新闻监督，以积极、客观为主，主要是为了了解宣传与传播的影响。整个过程的事项主要由以下几方面组成：事实出现、搜集资讯、初步分析、向上级汇报、重点探讨、存档。之所以会有这样的程序，是因为目前的舆论导向和处理工作不仅仅是为了处理消极的舆情，更重要的是要适应新时代对舆论导向的更高要求，要充分认识舆论，要趋利避害，走好群众路线。

第二阶段主要是利用人机交互的方法来进行分析。鉴于目前存在大量的消极、高危险信息，人机交互分析能够充分利用人类的灵活性和主观量化能力，使决策更科学、更具针对性，从而迅速化解危机。系统将会发布四大关键信息，分别是媒体的流量、热度、传播路径、热门话题，并给出不同程度和层次的分析结果来作为人工智能评估判断的基础和依据。依托人工智能做出初步分析，进而将数据并入人工监测过程，主要包括一个初级的人工评估组，该小组的成员大多是宣传体系的成员，提供一些简单的风险处理和处理意见。如果有关的情形更复杂，情况影响遍及更为广泛，则会进行舆情商讨群的内部处理流程，会经过讨论，制定出一个初步的应对方案，然后上报领导，得到领导同意确认后即进入第三阶段。考虑到政府的政策及当地政府的意愿，他们愿意处理舆论，但也不是每一次舆论导向都要正面回应。倘若没能及时处理，舆论可能再次掀起一波新的高峰。

第三阶段的舆论导向分为两个方面：一是通过"下沉"，线下解决问题，最后在网上逐步消退；二是对公众的关注做出反应，在网上积极地做出反应，并将线下的问题与解决相结合，以消解公众的情绪。在这两个方面，舆论导向与回应也将对应两个过程。

首先是下级处置，采取这一流程的大多数情况是收集上来的问题影响范围目前较小，还不属于社会性群体事件，其可能只影响该事件本身的一个或少数几个人，处理过程相对比较简单，用时也较短。具体流程是对公众提出的问题进行迅速的反应，采取适当的控制，与网络、新闻、传媒等部门进行有效的交流与合作。同时，还需要对事件的发展进行动态监控，一旦情况稳定，没有新的风险发生，就进入信任修复过程；如果情况变得更糟，就会采取线上和线下合作的方式。其次，线上和线下的处理过程要做到三个方面，即动态监控、正面响应、核查和处理。动态监控是一种贯穿于其他两个领域的工作，既可以作为参考，又可以测试其有效性。正面响应包括一次响应和动态响应，在相关的部门中比较容易处理，而且一次就能解决，一般都是在核实且完成后对整个流程进行回顾与反思。而若是繁杂、跨地区、较持久、涉及部门多、影响大的突发事件，则要采取多轮应对措施，第一个反应是表示知道，正在认真调查和处理，在这个时候要谨慎报告原因、得出的结论和推测，特别是要小心避开那些不负责任、违背常理的话，要让公众知道，要有诚意，要坚决处理。在之后的多次答复中，要求对公众的关注和有关的应对措施的影响进行积极的合作。

在应对过程中，要着重关注两方面。

① 认真思量与探讨新媒体与传统媒体的关系。相较于新媒体而言，传统媒体的优势是较有权威性，因此一些特别重大的问题通常会选择后者，但其缺点恰恰是新媒体的优点，即时效性，这也是舆情危机处理好的关键一点，因此需要认真思量，酌情考虑，将二者的优势发挥到最大，才能取得更好的响应效果。

② 在回应媒体层次时，他们会遵循同等级别的原则，在不同的平台上发布消息，都会在同一平台上做出相应的反应，以达到同样的效果。如果个别事件本身就具有全国性的负面效应，并且与民生等话题关系紧密，那么就必须借助人民日报、光明日报、中央电视台等中央媒体的影响力，将其进行最大限度的宣传，消除负面效应。

核实过程中，首先要分析问题的真伪和问题的根源，若发现是虚假的，则迅速进行第二次回复，将真相澄清。如果出现严重的问题，就需要协调网信、公安等部门，以维护自己的名誉和信誉。如资料属实，须迅速找到相关单位。涉及的各个部门都采用责任分割、化险为夷等手段，将风险控制在可以接受的范围之内。然后开始处理问题，并设定时间。如果涉及的部门多，情况复杂，就必须由各部门联合，由分管领导带队共同调查。这时采用高层介入、统一口径等措施，既可以争取到足够的时间，同时又可以获得公众的支持，高效地解决问题，避免二次危机的出现。通过联合会议和多项倡议，开始处理问题的过程。在进入问题处理过程后，也要对问题的复杂度和难度做出预判，若问题比较简单，则由个别或多个相关部门迅速处理，并在权威平台上做出反应。当事件比较复杂，涉及的部门比较多时，就必须在上级领导的带领下制订出一个清晰的进度计划，并设立一支监督小组，及时将进展情况反馈给外界，确保及时、准确地处理危机，从根源上切断舆论传播源，从而步入下一阶段，即公信力修复阶段。

第四阶段是信用恢复阶段，主要包括以下内容：一是在危机事件得到有效解决后，建立相应的预防机制与对策，如定期巡查制度、定期进行专项巡查、制定相关的政策法规等。二是形成一份总结报告，上报有关部门，以传承并发挥优势，从而形成自己处理问题的策略与方法。对于此过程中出现的问题，应认真对待，善于总结反思，建构起公共危机的网络舆论防线。

本 章 小 结

在通信和资讯科技迅猛发展的今天，我国的政治、经济、文化、公共管理等各个方面都受到很大影响，因此，舆情管理已成为当今社会的热点课题。

公共危机舆情包括情感因素、认知因素、行为反应等，是一种整体的态度，可以是相同的，也可以是不同的。

思 考 题

1. 网络舆情如何界定？有哪些特征？
2. 简述公共危机舆情管理的发展历程。
3. 请分析公共危机舆情监控与引导存在哪些问题及如何解决。

第十一章　公共危机管理的改革与发展

学习目标

- 了解当代公共危机管理发展的基本内容及国外当代公共危机管理的发展改革。
- 了解中国公共危机管理的发展并掌握党的十八大以来中国公共危机管理的发展。

关键词

网络舆情　公共危机舆情　危机沟通　公共危机舆情管理

案例导入

凉山州西昌市"3·30"森林火灾事件[1]

2020年3月30日西昌市突发森林火灾。火灾发生后,相关部门虽然及时疏散转移了泸山周边受威胁的群众,保住了重点目标的安全,但是发生了救援人员重大伤亡的情形。

经调查,此次森林火灾是受特定风力风向作用导致电力故障引发的。火灾发生后,政府部门虽然运用了相关救援技术开展救援活动,但是因为凉山州及西昌市有关部门贯彻落实相关部署要求不及时、不到位,森林草原防灭火基础设施历史欠账多及建设滞后等,仍旧造成重大人员和财产损失。主要救援情况如下。

2020年3月30日下午,西昌市护林防火指挥部办公室接到电话报警马鞍山方向发生森林火灾,初步判定,起火位置位于凉山州大营农场。中国消防当日23点发布消息称,消防救援人员利用无人机拍下的视频显示,西昌火灾没有丝毫减弱的迹象,火线还很长,大火正猛烈燃烧。火灾发生之后,当地测绘应急保障中心应急保障分队连夜赶往西昌,开展高空24小时无间断火情监测。为预防火势进一步蔓延,应急保障分队结合省森林草原防灭火指挥中心需求,锁定重点监测目标,对火场附近的油库进行了无人机监测,顺利获取油库危险源周边火险影像数据,并将红外与可见光视频紧急发送至省森林草原防灭火指挥中心供决策部署使用。

3月31日开始,西昌市火情持续蔓延。为尽快遏制火势,按照应急管理部的统一部署,一架架"雄鹰"直升机从全国各地飞赴西昌,共同作战。4月1日清晨,地面,森林消防、专业扑火队、民兵消防队员多线向火线挺进。空中,多架次航空应急救援直升机从邛海取水,轮番上阵,组成战斗编队不断向火线砸下重磅"炸弹"。经空地配合作战,到当日中午,光福寺和凉山彝族奴隶社会博物馆的火情威胁得以解除。火灾发生后,中国移动四川公司

---

[1] 四川省政府西昌市"3·30"森林火灾事件调查组.凉山州西昌市"3·30"森林火灾事件调查报告[R].成都:四川省应急厅,2020.

第一时间启动应急预案，成立火灾救援通信保障组，实施多项应急举措保障火灾扑救工作。迅速在西昌救灾现场开通应急通信车，为西昌指挥部提供卫星电话；并通过10086对西昌、客户发布网络服务保障信息，为凉山火灾的扑救工作提供了通信保障等，全力保障救灾区域通信畅通。

截至2020年4月12日，此次火灾扑救活动基本结束。在火灾救援中，西昌市有关部门虽然采用危机救援技术，对遏制火灾蔓延具有一定的作用，但是因为相关领导并没有汲取"风向突变导致人员伤亡"的教训，没有综合考虑风大、地形地势复杂等，造成救援人员重大伤亡。在日后的工作中，相关部门必须深刻吸取以往森林火灾事件教训，科学制定森林火灾应急预案，加强森林防火区基础设施建设。

思考题：
1. 案例中体现了公共危机管理技术的哪些内容？
2. 请简要谈谈运用技术进行危机救援的重要性。

社会学家贝克在其著作《风险社会》中写道："生产力在现代化进程中的指数式增长，使风险和潜在自我威胁的释放达到了前所未有的水平。"[1]进入21世纪以来，随着新技术的不断发展，全球发生了深远而复杂的变化，世界各国面临着诸多威胁，公共危机也表现出新的形势与特征。人们也认识到，对公共危机管理需要多角度、多学科系统地进行研究，公共危机管理面临着发展与创新。为了适应时代的发展，世界上许多国家也进行了相应的应急管理体系改革，推动了应急管理工作的有效开展。

第一节 当代公共危机管理的发展趋势

随着全球化进程的加快，各国之间的联系越发密切，全球性的危机也逐渐增多。在此背景之下，总结当代公共危机管理发展趋势，借鉴国外应急管理体系建设经验，对于完善我国应急管理体系有重要的意义。

一、当代公共危机管理发展的基本方面

21世纪的人类社会迎来了历史上从未有过的繁荣，也使人类面对着从未有过的安全风险隐患，国际应急管理和减灾工作也随之呈现出新的发展趋势。

（一）恐怖主义危机管理

1. 恐怖主义的界定

"恐怖主义"一词源于拉丁文terror（意为畏惧、恐怖）。对于"何为恐怖主义"这一界定，世界各国众说纷纭、莫衷一是。尽管如此，发生在世界各地的恐怖主义仍然具有一些共性，人类也在努力寻找各国对恐怖主义界定的"最大公约数"。亚历克斯·施密德（Alex Schmid）在1988年发表的《政治恐怖主义》中考察了109种恐怖主义的定义，并

---

[1] 贝克.风险社会[M].何博闻，译.南京：译林出版社，2004：15.

将其定义为："恐怖主义是（半）隐秘的个人、集团或国家行为者，出于特殊的、犯罪的或政治的原因，通过反复的暴力行为造成忧虑的方法。"联合国经过多次讨论后认为，"恐怖主义的定义应该包括三个要素：非法暴力性、政治动机和滥杀无辜"。

《中华人民共和国反恐怖主义法》将恐怖主义定义为"以暴力、破坏、恐吓等方式，在社会制造恐慌，危害社会公共安全，造成人员伤亡和财产损失，或者胁迫国家机关、国际组织，以实现其政治目的的主张和行为"。

2. 恐怖主义的新特点

"冷战"结束之后，随着信息技术的飞速发展，经济全球化进程加快，恐怖主义也出现了全球化的趋势。国内恐怖主义与国际恐怖主义的界线与区别日益模糊。许多恐怖主义组织形式也发生了改变，形成了以意识形态为整合力量的多中心、松散型、网络化组织结构，对各国打击恐怖主义提出了更高的要求。当代恐怖主义的新特点主要如下。[1]

（1）受意识形态驱动。"作为一个动态的、不断演进的信仰系统，意识形态通过思想家对事件的阐释来加以创造，是政治暴力的主要驱动力。"[2] 在今天，许多恐怖主义分子都具有一定的政治或宗教背景。当恐怖分子具有了一定的意识形态动机，并且其具备完成该动机的行动能力时，就可能会发生恐怖袭击活动。

（2）恐怖活动的国际化。经济全球化时代，恐怖主义分子为适应信息时代网络化的要求，在组织形式上摆脱了传统的等级模式，跨国联合倾向突出，国际化趋势增强。恐怖主义的国际化表现在以下方面：恐怖组织在国外组织或者是在国外发动恐怖袭击；恐怖组织会建立国际支持网络，筹集资金及其他恐怖活动的资源；恐怖组织会在其他国家进行恐怖主义的宣传与鼓动等。

（3）恐怖组织网络化。如今，恐怖主义的活动日趋国际化。与此相应，恐怖组织则以意识形态为导向，越发表现出网络化的特征。当今，恐怖主义分子利用其共同的意识形态，在每个恐怖组织内部以任务为导向，形成一个个自我管理的团队，构建网络化组织的内部联系与外部联系；在组织的外部，多个恐怖组织形成一个由恐怖组织集群所组成的复杂网络。

（4）民族分离主义与宗教恐怖主义猖獗。"冷战"结束后，一些国家和地区的民族矛盾骤然凸显，民族分离主义高潮迭起。此外，在这一时期，世界各大宗教都进入了一个全球化的复兴阶段。在这种背景下，宗教恐怖主义也进入了一个快速发展时期。近年来，以宗教为动机的恐怖主义呈现出上升的趋势。

3. 传统反恐模式面临的困境

在信息技术快速发展的今天，恐怖活动向虚拟空间全方位延伸，触网使得恐怖组织的形态、活动方式都发生了颠覆性的变化——恐怖组织呈现出网络化、松散化与扁平化的特点，灵便、机动性强。而当前的反恐体系则比较僵硬、呆板，协调性与适应性不足。在这种背景之下，自上而下地预防、打击恐怖主义的传统的反恐模式体系极有可能影响反恐行动的有效展开。这使得传统的反恐模式陷入了前所未有的困境。例如，美国拥有世界上比较强大的军队，但其在反恐过程中所遭遇的窘境也间接地反映了以官僚等级化组织来应对

---

[1] 王宏伟. 公共危机管理[M]. 北京：中国人民大学出版社，2019：294.
[2] Rohan Gunatatna.The Ideological War on Terrorism: Worldwide Strategies for Counter-terrorism[J]. London: Routledge, 2007: 21.

恐怖组织的网络化是行不通的。

4. 反恐的治理模式

反恐必须要借助法律的利器，但法律不是反恐的万能利器。在互联网时代，反恐必须落实到公共管理与公共政策层面。打击恐怖主义，务必要实现反恐体系向网络式、扁平化方向的发展。

在全球反恐形势严峻复杂的情况下，各国纷纷采取措施予以应对。

（1）推进反恐立法。2015年法国出台了《加强国内安全和反恐法》以保障国家安全。2015年12月27日，我国发布《中华人民共和国反恐怖主义法》，并根据恐怖主义发展态势在2018年对其进行了修正。2021年，欧盟发布了《欧盟反恐议程》，加强打击网络恐怖主义，积极推进跨境反恐合作。

（2）积极开展国际反恐合作。"恐怖主义是人类公敌，反恐是各国共同责任"。面对严峻复杂的反恐形势，各国逐步加强了国际合作以开展有力的打击活动。2017年1月，土耳其与俄罗斯联邦空天部队在叙利亚阿勒颇省首次共同进行了打击恐怖组织"伊斯兰国"的空中军事行动。2021年9月，中国、俄罗斯等上合组织成员国举行了联合反恐军事演习，在维护世界和平和地区稳定方面发挥了积极作用。随着反恐形势的日益严峻，各国联合打击恐怖主义成为一种新的治理模式。

（3）推动全民反恐教育。要是没有社会各界的广泛参与，反恐行动就很有可能无法得到民众的理解与支持，这种情况下进行反恐将会面临很多的困难。有关部门要积极推进全民反恐教育，让社会主体都具备反对恐怖主义的基本知识技能。除此之外，政府还要为多方主体的参与反恐行动预留出足够的时间和平台，明确各相关主体的责任义务，确保反恐行动的有序化和有效性。

（二）危机管理的科技化

进入21世纪以后，随着各类危机事件的频频发生，公共安全与应急管理正逐步实现由被动应对型向主动保障型、从传统经验型向现代科技管理型的战略转变，先进的科技手段、方法和理念也在各国危机管理体系建设中发挥着重要作用。[1]

1. 危机管理科技化的特点

危机管理科技是支撑和强化公共安全应急管理的科学技术，是对突发事件客观规律的认识以及用于突发公共危机事件预防、监测、预警、应急处置与救援的先进技术、装备和工具。公共危机管理科技具有以下特点。[2]

（1）多学科交叉与融合。突发事件的应对蕴含着非常丰富的科学问题，解决这些问题，需要诸多学科（管理科学、信息科学、社会学、法学等）的共同努力，同时为了保证问题解决的效果，各学科之间还需要进行交流合作。

（2）紧密围绕民生现实需求。危机管理科技要紧贴社会民生现实需求，围绕国家重大需求，从突发事件的特点、发展形势和动态过程管理的实际需求出发，研发适用、实用的应急技术、平台和服务，切实解决应急技术和手段应用中的关键科学问题。

---

[1][2] 闪淳昌，薛澜. 应急管理概论：理论与实践 [M]. 北京：高等教育出版社，2020：523-524.

（3）与时俱进进行创新。突发事件类型多样，发生发展过程愈加复杂，并且存在次生、衍生、耦合、相互影响等现象，从事故危害的物理形态上呈现出多灾种、多尺度交织的趋势。随着社会发展和科技进步，新的科技包括新工艺、新材料、新技术也带来了新的灾害风险；世界格局和形势的不断变化，给"大安全"带来新的挑战。这些现实情况都要求危机管理的技术要保持先进性，开拓创新，并不断进行总结和优化。

2. 危机管理技术的内容

危机管理技术主要包括风险评估技术、监测预警技术、应急决策技术、信息与通信技术等。[1]

（1）风险评估技术。风险评估是由识别风险、风险分析及评价风险组成的一体化过程。风险评估技术主要包括以下内容。

① 从定性风险评价到定量风险分析。目前的风险评价技术大多仍处于经验管理的评价，只有迅速从定性风险评价上升到量化风险分析，才能有效提高风险评估的科学性。

② 从单一风险评价到综合风险体系。社会的进步、科技的发展，使得现有的突发事件呈现出多灾种、多环节的特点，这就对综合风险评估技术提出更大的科学需求。

③ 从局部风险评价到系统风险管理。以前的风险只关注局部风险问题，对于大区域、大事件的系统风险很少进行实质性的研究。现代风险理论和方法的优越性正体现于研究和处理复杂性大系统的风险问题。因此，建立系统风险管理的技术体系已势在必行。

（2）监测预警技术。从监测范围的角度，监测预警技术可以划分为大尺度技术和小尺度技术，如遥感技术、全球定位技术等属于大尺度监测预警技术；而吸气采样法、试纸法等属于小尺度监测预警技术。从使用场所的角度，监测预警技术可以划分为室外和室内技术。从使用手段的角度，监测预警技术可以分为物理、化学、生物和信息等方法。在应急管理中常用的监测预警技术包括定位系统、遥感监测、视频监测、无线监测等。随着物联网时代的到来，势必需要构建公共安全监测物联网来感知风险以及解决突发事件发生后各部门之间如何互联互通等问题。监测预警技术主要包括3S技术、视频监控技术、无线传感技术和人工智能技术等。

（3）应急决策技术。应急决策能力和水平是公共安全科技水平的重要反映。应急决策的重要工具主要包括数字预案、模型库系统和案例库等。

① 数字预案。数字预案是以结构化预案、基于模型的推理技术、基于知识的推理技术和基于案例的推理技术为支撑的综合预案管理与智能决策支持的一种技术和方法。

② 模型库系统。模型库系统由模型库、模型库管理系统和模型字典三部分组成，主要有通用模型库、专用模型库和智能模型库三种类型。

③ 案例库。案例库是用来存储历史突发事件案例的空间。在这些案例中，不仅有成功的经验，也有失败的教训。案例库的工作原理是从大量的案例中找出一个或多个和当前新问题相似的案例，修改其解决方案，从而得到新问题的解决方案。

（4）信息与通信技术。信息在突发事件预防准备、监测预警、响应处置、恢复重建等各个环节中发挥着巨大的作用。建立高效的应急管理信息系统，才能快速、准确和灵活地应对突发事件，而这一系统的建立则依赖于现代信息技术的发展。新一代信息技术的发展

---

[1] 闪淳昌，薛澜.应急管理概论：理论与实践[M].北京：高等教育出版社，2020：530-562.

给智慧应急的发展提出了新的任务,也带来了新的契机。[1]

(三)公共危机管理的国际合作

影响整个地区的灾害并不罕见,应对需要国际响应机制。[2] 跨国公共危机是人类命运共同体构建过程中的不和谐音。应对全球安全风险的挑战,各国只有坚持合作原则,即整合国内外力量以应对可能发生的重大灾害,才能取得共赢的效果。

1. 国际合作的原则

各国共同应对重大突发事件的过程中,应当遵循以下原则。

(1)预防为主。解决重大突发事件的国际合作不但要重视灾后重建的援助,也要重视灾害发生之前的预防,如开展有关重大传染病防控知识宣传普及教育活动,进行海外军事演习等。

(2)体现国际公平与正义。在应对重大突发事件的国际合作中,发达国家应该比发展中国家承担更多的责任,与此同时要给予发展中国家更多的经济援助,帮助其提高应对重大突发事件的能力,这体现了国际公平与正义。

(3)奉行人道主义原则。进行国际合作时应该体现人道主义精神,避免某些国家趁机附加政治条件,干涉别国内政,或扩大势力范围,彰显战略意图。这是重大突发事件应对中开展国际合作的大忌。

(4)标本兼治。在当今国际形势下,提升国际合作及确保人类的共同安全是世界各国的共同愿望。但是,世界各国在共同应对重大突发事件时必须始终坚持既治标又治本的原则,坚持安全合作与经济合作并重的合作思路,运用政治、经济、外交、军事等方式,加强源头治理,防患于未然。

(5)充分发挥联合国的作用。联合国是世界各国政府间进行集体合作的唯一机构,也是促进全球和平与安全、推动全球发展、保护人权并加强国际法的重要场所,只有联合国才能够把不同利益的各方组织在一个框架下进行救援。[3] 所以,在进行国际合作时,各方必须严格遵循《联合国宪章》宗旨和原则,尊重国家主权和领土完整,摒弃意识形态偏见,照顾彼此核心利益和重大关切。

2. 国际合作的内容

(1)经验交流。加强应急管理领域的学习交流,是提高各国应急管理水平的重要途径。国际交流的主体可以是政府、科研机构、学校、企业或非政府组织;国际交流的内容有学术研讨会议、教育培训、科技研发和参观考察等。

(2)信息管理。在应对重大突发事件的威胁时,各个国家有必要加强信息管理与分享,主要包括信息通报、交换和资料共享等。2007年6月15日,联合国通过的、世界卫生组织修订的《国际卫生条例》正式生效,成为传染病信息分享的全球性规范,这一条例的修订在协调各国共享突发公共卫生事件情报、借鉴防控经验、提供技术支持和提供国际援助

---

[1] 刘奕,张宇栋,张辉,等.面向2035年的灾害事故智慧应急科技发展战略研究[M].北京:中国工程科学杂志社,2021:119-120.

[2] George D.Haddow, Jane A. Bullock. Introduction to Emergency Management, [M]. 2nd Edition. New York: Elsevier, 2006: 219.

[3] 薛晓芃.国际公害物品的管理:以SARS和印度洋海啸为例的分析[M].北京:世界知识出版社,2007.

等方面,发挥了举足轻重的作用。

(3)协同应对。当面对重大的突发事件,尤其是在应对类似全球性重大传染性疾病等重大公共危机事件时,没有哪一个国家能够置身事外,也没有哪一个国家能够独自承担起应对全球性突发事件的重任,需要在世界各国进行协同应对。在协同应对的过程中,需要在依据相关国际法规和原则的基础上,考虑到各国的具体国情,开展务实的合作与应对。

(4)提供援助。应对重大自然灾害,世界各国应发扬人道主义精神,对受灾国提供援助。如2011年"3·11"日本大地震后,中国政府第一时间派遣国际救援队赴日本救援,成为第一支到达大船渡市的外国救援队。在灾区的8天,救援队与当地消防力量合作,对4平方公里、140余座废墟进行拉网式搜救,为救援工作做出了重要贡献。

3. 国际合作的形式

从合作伙伴的特性来说,国际合作交流包括社会组织合作、救援企业合作和政府间合作三种。

(1)社会组织合作。"在过去的几十年里,关注应急救援的国际组织日益发挥着重要作用,弥补了国家和多边组织合作机构留下来的空缺。它们拥有的专业技能及设备能够满足灾民的需要,提高了国际救援能力。"[1]总体来说,在应对重大突发事件中,社会组织可以提供信息资源、救援人力资源以及财政资源。

(2)救援企业合作。面对重大的突发事件,一个国家可以选择与国际社会组织或其他国家的救援公司进行合作。在国外,公共危机救援已经成为一个极为重要的服务性产业,是政府救援的有益补充。

(3)政府间合作。重大突发事件应对中,可以采取国家与国家之间的双边合作,国家或地区参与等形式进行国际合作。另外,军事合作是政府间合作的一种特殊形式。近些年,世界主要国家的军队在人道主义救援、国际维和、铲除国际恐怖主义等方面开展了一系列交流和合作。

(四)当代公共危机管理的发展趋势

当代公共危机管理研究的发展趋势主要呈现出以下特点。

1. 研究组织机构形式多样化

研究机构并不是单一的官方渠道,而是官民结合,优势互补,成果互动。根据研究机构的特性,可以将它们分成三类:一是行政性的决策信息咨询机构,它们隶属于各级政府及其下属机关,是专门从事信息的收集、整理和政策研究的官方机构;二是半官方的政策研究咨询机构,它们是独立的、介于官方与民间的、以客观分析政策为目标的研究机构;三是民间政策研究、咨询机构,包括一些协会的研究机构、公司及大学的研究所等。[2]

2. 研究内容的灵活多元性

这些科研机构的研究领域十分广泛,不仅有对于危机事件的预测和预警机制的建设,还有针对已有的应急管理机构的绩效考评;不仅有对应急管理的战略布局的发展前景设

---

[1] George D. Haddow, Jane A. Bullock. Introduction to Emergency Management[M]. 2nd Edition. New York: Elsevier, 2006: 230.

[2] 肖鹏军. 公共危机管理导论[M]. 北京:中国人民大学出版社,2006:47.

计，也有对专业有关情报信息的定性分析以及对实际困境处理观点的提议。所以，可以在各个方面为政府决策提供良好的服务。

3. 研究方法的交叉融合性

因为当今的应急管理涉及的领域广，专业性强，即使是某一领域专家，也不可能一个人就包揽应急管理研究的所有任务，因此，很多的科研机构都是汇集了各个方面优秀人才的现代化智囊团。也正是因为各方面的优秀人才的交流合作，才保证了它们可以在相对客观和公平公正的立场上，利用自身的专业技能为政府的危机管理活动献计献策。

4. 研究协作的全球化

因为全球化进程日新月异，所以很多优秀的咨询机构都是突破了国家限制，从全球一体的角度来对危机进行预测和预防。比如国际货币基金组织、斯坦福研究院、俄罗斯研究所、兰德公司等都对国际金融风险进行了专门性的预测研究，并根据预测提出了针对性的建议。

二、国外当代公共危机管理的发展状况

应急管理是国家治理体系和治理能力不可或缺的一部分，一直以来世界各国均高度重视。[1]研究国外应急管理体系发展模式，对推动我国应急管理能力的现代化具有一定的启示意义。

（一）美国应急管理体系

"9·11"事件之后，美国已经基本构建起了联邦政府、州、县、市、街道社区5个层级的应急管理组织体系。

（1）应急管理法律体系。2001年发生的"9·11"事件是美国应急管理的一个分水岭。该事件发生后，美国开始重新审视自身面临的主要威胁。2002年，美国国会通过了《国土安全法》。2003年2月小布什总统发布5号总统令管理美国国内的突发事件，从而保证美国各个层级政府能够用一个管理路径实现对国内突发事件的高效处理。2011年，奥巴马政府发布了8号政策令。8号令动员联邦政府、私人机构、社区和公民个人都参与到突发事件的工作中去。因此，2012年，奥巴马政府将应急管理工作的各个环节分解为五个框架（即《全国预防框架》《全国保护框架》《全国减除框架》《全国应对框架》《全国恢复框架》），为美国各个主体参与到突发事件中去提供了全方位支持。

（2）应急管理组织体系如下。

① 美联邦政府应急管理由总统负责，国土安全部为主要部门，其内设的联邦应急管理局承担综合协调职能，包括处理与重大灾害有关的相关工作。从事权划分来说，美国应急管理体系由美国联邦政府、州和地方政府（县、市、社区）3个层级组成。美国应急处置突出属地管理原则，美国联邦政府仅在紧急情况下，应州政府请求提供指导和援助。

② 在州政府层面，各州建有应急管理办公室，负责辖区内防灾救灾的日常工作与突发事件的综合协调处置。州政府各职能部门，如警察、医疗卫生、消防、环保等承担各自职责范围内的防灾救灾工作，发生灾情时负责进行应急处置和救援。

---

[1] 游志斌.西方国家维护国家安全的战略着力点：应急管理[J].人民论坛·学术前沿，2020：66-73.

（3）应急管理机制。美国应急管理机制的基本特点是：统一管理、属地为主、分级响应、标准运行。[1] "统一管理"是指重大危机事件爆发后，由各级应急管理部门进行统一调度指挥，而平日与应急准备相关专项，也都由相关的应急管理部门进行管理。"属地为主"是指不管事件发生的规模和范围有多大、多广，均由事发地政府来承担应急响应的指挥任务，联邦与上一级政府负责援助和协调工作。"分级响应"是指同级政府可以根据实际情况，采用不同的响应级别。"标准运行"是指在整个应急工作过程中都要遵循规范化的运行程序。

（二）日本应急管理体系

几十年来，经过不断地总结完善，日本逐渐形成了一套较为完整的灾害管理体制，并具有鲜明的独特之处。

（1）应急管理法律体系。因1959年受到"伊势湾台风"的强势袭击，于是在1961年，日本政府制定了《灾害对策基本法》，建立了中央、地方政府组成的防灾应对机制，并对相应主体的责任范围、防灾计划、应急措施和灾后重建等进行规范。1995年日本在阪神大地震后，对《灾害对策基本法》做出了修改。根据《灾害对策基本法》，日本还颁布了《河川法》《海岸法》《防沙法》等法律法规。在如今日本的灾害管理体制中，形成了以《灾害对策基本法》为核心的防灾制度机制，以及以内阁府为中心、全体政府共同应对的危机管理体系。

（2）应急管理组织体系。在应急管理组织结构方面，日本建立了中央政府、都道府县（省级）政府、市町村政府分级负责，以市町村为主体，消防、国土交通等有关部门分类管理，密切配合，防灾局综合协调的应急管理组织体制。国家设立"中央防灾委员会"，负责制定全国的防灾基本规划、相关政策和指导方针，由内阁房负责协调、联络。当发生自然灾害等突发事件时，政府会成立由其一把手作为总指挥的"灾害对策本部"，组织指挥本辖区的力量进行应急处置。除地震外，上一级政府通常根据下一级政府的申请予以救援。

（3）应急管理机制如下。[2]

① 责任划分机制。2001年开始实施的《内阁法》，保证了在发生紧急事件时首相可以迅速制定自上而下的政策，从而指挥政府应对危机。而地方应急管理的协调机构是综合防灾部，它是由应急管理总监领导，应急管理总监直属于地方知事，负责统筹组织内阁部门。同时，环境省必须建立全省总动员体制，且内设办公厅、环境再生及资源循环局、综合环境政策统筹领导小组、环境保健部、地球环境局等多个部门，这些部门各司其职，每个部门都会针对各种可能的突发性环境事件制定各自的标准作业流程，一旦有事件发生，只要按流程操作即可。

② 区域间合作机制。由于环境危机事件往往有跨地区性的特征，需要区域政府间甚至是国家间的合作。为保证应急决策的有效性和协调性，日本在环境危机管理中注重强化府级合作（府：日本地方一级行政单位）。因为各省厅、各地方自治体在突发事件应对中不可避免地出现各自为政、互相推诿等弊端。所以，在1995年阪神大地震后，日本政府强调由政府一体化领导危机管理，快速把握紧急事态，防止灾害扩大，及时控制事态发展，同时也积极探索各种政府间合作的新模式。

---
[1] 邓仕仑.美国应急管理体系及其启示[J].国家行政学院学报，2008(3):102-104.
[2] 罗楠，何珺，于诗桐，等.日本突发环境事件应急管理机制与措施[J].世界环境，2021(6):82-85.

③ 信息传递和联络机制。日本相关法律规定，当灾害已经发生或有发生的可能性时，应与内阁府、气象厅以及其他相关部门密切保持联系，确立联络机制，以便将灾害的程度、形态等必要信息迅速、准确地传达出去。为了切实推行灾害应急处置措施，应与消防厅、海上保安厅等相关部门还有地方公共团体、煤气、通信以及其他相关公共机构保持密切联络。另外，为了迅速而稳妥地处置灾害废弃物，必须在灾害发生后立即收集受灾地区公共团体的损失状况、灾害废弃物的大致数量等相关信息。凡是收集到的信息，必须立即向紧急灾害应对指挥部上报（如若环境省并未设置紧急灾害应对指挥部，则须向重大灾害应对指挥部及其联络会议上报）。

④ 应急预案制度。日本政府针对不同类型的自然灾害均制定了专项防灾计划和应急处理预案。预案的制定经历了由单项防灾预案向综合防灾预案，再向预警应急管理的发展过程。预案注重灾害预防和各种地方、民间资源的整合，同时加强其实用性和可操作性。日本的环境应急预案遵循4M原则，即预案的内容包括对个人行为的要求、设备设施的维护、环境信息公开渠道和管理的内容。

通过研究美国、俄罗斯和日本等国的应急管理体系建设，可以吸取他们的经验教训，从而为促进我国应急管理工作发展完善提供参考。

第二节 中国公共危机管理的发展状态

回望新中国成立70多年以来的应急管理历程不难发现，因时代背景、灾害情况及应对策略的差异，我国的应急管理事业呈现出明显的阶段性特征。非典事件发生的2003年，是新中国应急管理历史分期的重要时间节点。中华人民共和国成立以来到非典事件之前，应急管理以分部门管理为主要特征；非典事件之后，进入了综合性应急管理阶段。党的十八大以来，随着国家治理现代化进程的深入推进，我国应急管理工作进入了一个新的发展阶段。

一、1949—2002年：新中国应急管理事业的起步阶段

新中国成立以来的50余年，中国政府领导全社会在突发事件应对方面做出了极大的努力，也取得了了不起的成就，为推动经济快速发展和社会持续进步发挥了重要作用。

（一）新中国成立到改革开放前的应急管理

1949年10月至1978年12月，灾害应急管理工作主要是由中共中央和政务院统一领导，内务部进行协调，由专门的抗灾救灾减灾机构同其他部门进行应急管理的联动执行。1956年，中央救灾委员会成为减灾救灾领导机构，在国务院领导下负责全国救灾工作。在20世纪60年代中后期至70年代后期，面对严重的灾害发生，中央与地方依据灾情设立了许多个临时性的灾害响应机构。与此同时，在这期间，军队也发挥着比过去更为重要的灾害应急作用。军队领导参与到各级救灾指挥工作中，与相关政府部门共同组成了灾害应急机构，统一调动多方力量共同应对自然灾害。

（二）改革开放时期到"非典"前的应急管理

党的十一届三中全会后，我国开启了改革开放的新时期。伴随着各项改革工作的不断推进，我国应急管理开始朝着专业化、系统化、标准化的方向持续迈进。

改革开放初期，因为农林部的撤销，国家经济委员会、国家计划委员会先后承担了管理协调全国抗灾救灾工作的职责。1988年我国行政体制改革后，部分省级地方设立了非常设的抗灾救灾办公室，但隶属机构不一。1991年华东地区特大洪涝灾害暴发后，我国首次在全国范围内实行了国家部委对受灾地区的纵向对口支援帮扶政策。同年7月，国务院设立全国救灾工作领导小组。1989年3月，我国成立中国国际减灾十年委员会，并在2000年10月更名为中国国际减灾委员会，这一变化使我国的救灾减灾工作逐渐与国际社会接轨。

二、抗击"非典"的深刻启示——中国应急管理建设的全面启动

"非典"事件是新中国成立以来发生的一次重大突发公共卫生事件，以应对此次事件为转折，我国开始进行深入推进应急管理体系建设的新阶段。

2003年7月，中共中央、国务院召开全国防治非典工作会议，温家宝总理在会上提出"争取用3年左右的时间，建立健全突发公共卫生事件应急机制""提高突发公共卫生事件应急能力"。2005年4月，中国国际减灾委员会正式更名为国家减灾委员会；同年7月，召开第一次全国应急管理工作会议，出台了《国家突发公共事件总体应急预案》，为应对突发事件提供了文件指导。2006年8月，党的十六届六中全会正式提出了我国依照"一案三制"的总体要求建设应急管理体系。2011年，《国家自然灾害救助应急预案》进行了首次修订。2012年，修订《国家地震应急预案》，进一步细化明确了国务院抗震救灾指挥机构的组成和岗位职责、四级响应机制、地震灾害应急措施规定等。

在这一阶段，综合应急管理理念主要体现在"对象上全灾种、过程上全过程、结构上多主体"[1]、以"一案三制"为框架的综合应急管理体系。即覆盖"突发事件"的全类型，贯穿"应急管理"的各个阶段。而多主体意味着继续调动各级政府及其各部门和社会主体的积极性，形成政社互动的新局面。

三、党的十八大以来中国应急管理事业的发展

党的十八大以来，应急管理被摆放在了更突出的位置，主动将其列入国家治理中进行全面部署，紧紧围绕新时代如何应对突发事件给出了一系列新发展理念、新思想、新战略，推动我国应急管理事业取得了重大进展和突破。

2013年11月，中央国家安全委员会成立，它是国家层面开展安全工作的决策和议事协调机构。同月，党的十八届三中全会审议决定成立国家安全委员会，完善国家安全体制和国家安全战略，确保国家安全。2016年，国务院办公厅印发《国家综合防灾减灾规划（2016—2020年）》，为进一步健全防灾减灾救灾体制机制，完善法律法规体系提供了指导。2018年，党的十九届三中全会启动新一轮党和国家机构改革，[2] 整合了原本分散在11个部

---

[1] 童星.中国应急管理的演化历程与当前趋势 [J].公共管理与政策评论，2018，7(6): 11-20.

[2] 中共中央国务院.深化党和国家机构改革方案 [J].思想政治工作研究，2018(4): 8-19.

门的 13 项职责（包括 5 个国家指挥协调机构的职责），成立应急管理部，这在很大程度上实现了对全灾种的全流程和全方位管理。2020 年，成立平安中国建设协调小组，为更好地防范化解风险考验提供了组织保障。由此，我国在国家层面的应急管理的统筹协调体制机制正在逐步形成。

四、三重现代化——构建应急管理新格局

党的十八大以来，随着中国特色社会主义事业的不断推进，中国面临的风险考验日益严峻复杂。为了应对复杂多变的国际形势和艰巨繁重的国内发展改革任务，紧紧围绕应急管理现代化这一总体目标，中国应急管理事业发展主线是以理念变革助力体系和能力变革，从而推动应急管理理念、体系和能力"三重现代化"，即理念现代化、体系现代化和能力现代化。在此过程中，应急管理理念、体系和能力三者之间相互交织、良性互动、动态平衡，共同构成了党的十八大以来中国应急管理事业发展的基本轨迹和丰富图景。[1]

（一）理念现代化：安全问题上升到国家战略问题

党的十八大以来，基于"世界百年未有之大变局进入加快演化期、实现中华民族伟大复兴进入到关键期"这一重要战略判断，国家明确提出总体国家安全观。与此同时，在对内解决实际安全隐患和对外参与全球安全治理这两个领域，中国也提出了具体明确的价值取向：对内，坚持"以人民为中心、生命高于一切"成为中国处理安全隐患时的基本价值观念；对外，共同构建普遍安全的人类命运共同体成为中国参与全球治理的重要倡议。

1. 坚持总体国家安全观

2014 年 4 月，中央国家安全委员会第一次会议中首次提出总体国家安全观，"构建集政治安全、国土安全、军事安全、经济安全、文化安全、社会安全、科技安全、信息安全、生态安全、资源安全、核安全等于一体的国家安全体系"。党的十九大报告把坚持总体国家安全观列为新时代坚持和发展中国特色社会主义的基本方略之一，并载入修订后的《中国共产党章程》。

2. 坚持统筹发展和安全

党的十八大以来，国家提出了统筹发展和安全的创新理论，为应急管理领域的发展提供了理论支撑。统筹发展和安全理论强调要坚持发展和安全并举，实现高质量发展和高水平安全动态平衡、良性互动。一方面，发展是安全的基础，解决各种突出矛盾和问题归根到底要靠发展；另一方面，安全是发展的保障，只有建立在安全的基础上才能实现国家的长远发展。

3. 坚持"人民至上、生命至上"

党的十八大以来，更好地满足民众对美好生活的需要成为新时代国家治理现代化的根本目标。这一理念反映在应急管理领域，就是在对重大突发事件应对过程中，要始终把人民群众的生命安全和身体健康放在第一位，要"以人民为中心"，最大限度降低人员伤亡和财产损失。

---

[1] 钟开斌，等. 以理念现代化引领体系和能力现代化：对党的十八大以来中国应急管理事业发展的一个理论阐释 [J]. 管理世界，2022, 38(8): 11-26, 66.

4. 坚持构建人类命运共同体

进入 21 世纪以来,全球气候变化、恐怖主义、网络安全、重大传染性疾病、难民潮等一系列问题成为世界各国与地区共同面临的全球性挑战。在此背景下,中国从"两个大局"出发,创造性地提出构建人类命运共同体的重大倡议。之后,中国又相继提出了周边命运共同体、亚洲命运共同体、网络空间命运共同体、人类卫生健康共同体等倡议。

(二)体系现代化:形成更为成熟更加定型的制度体系

理念的变革会推动管理体系发生重大变化,就是危机管理者根据应急管理理念的变化,紧紧围绕重塑领导体制、优化运行机制、调整法律制度等,不断推进国家应急管理体系的现代化。

1. 完善集中统一的领导体制

2013 年,国家成立中央国家安全委员会,作为国家层面关于国家安全工作的决策和议事协调机构;2018 年,成立了应急管理部;在此之后,我国又先后成立了平安中国建设协调小组、组建了副部级的国家疾病预防控制局等国家级应急管理机构。另外,党的十八大以来,中国在防灾减灾救灾、安全生产、食品卫生安全等领域明确提出"党政同责、一岗双责"的要求,强调各级党委、政府对各自职责范围之内的应急管理工作共同负有领导责任。

2. 完善科学顺畅的运行机制

党的十八大以来,应急管理领域形成了科学顺畅的运行机制。在事前预防方面,中国把预防化解重大风险列为三大攻坚战的首位,并在各类突发事件领域全方位推进,如对自然灾害防治实施九项重点工程、防范化解重大疫情和突发公共卫生风险、实行重大决策社会稳定风险评估制度、矛盾纠纷化解综合机制等。在事中处置方面,充分发挥中国能够集中力量办大事的制度优势,建立中央地方分级指挥和队伍专业指挥相结合的机制,统筹调度全国各地应急救援力量和资源,形成全国一盘棋的工作格局。在事后学习方面,要善于从危机中学习,总结得失,推进重大制度变革。

3. 完善系统完备的法律制度

2015 年 7 月 1 日,《中华人民共和国国家安全法》颁布实行,明确了政治、军事、国土、文化、科技等领域的国家安全任务。2021 年 9 月 1 日,《中华人民共和国安全生产法》修订实施,进一步强化了企业主体的责任义务,加强了对安全生产领域的监督管理,加大了对该领域违法犯罪行为的处罚力度等。在执行落实层面,党的十八大以来,国家不断加强对应急管理相关法律法规实施情况的检查监督。

(三)能力现代化:提高应对复杂困难局面的本领

党的十八大以来,国家十分重视能力现代化建设。体现在应急管理领域,就是积极推动应急管理能力现代化,增强危机管理者以及全社会应对突发事件、解决急难险重任务的本领。

1. 增强领导干部驾驭风险能力

党的十八大以来,应急管理被列为各级党政领导干部理论学习和教育培训的重要环节。

全国干部培训教材编审指导委员会办公室组织编写了《应急管理体系和能力建设干部读本》等教材,组织各级领导干部进行学习,以提高他们驾驭风险的能力。

2. 增强现代科技支撑保障能力

党的十八大以来,中国充分利用物联网、大数据、云计算、人工智能等新兴技术,开展突发事件应对保障工作。2016年国务院印发的《"十三五"国家科技创新规划》明确提出围绕深空、深海、深地、深蓝,发展保障国家安全和战略利益的技术体系。近些年,国家从实际情况出发,将应急管理事业与新一代信息技术紧密结合,在公共安全管理综合保障平台、公共危机管理视频监控与智能化应用技术等方面取得了重大进展,突发事件的预警监测、监管执法、辅助指挥决策、救援实战等能力得到大大提高。

3. 增强社会组织动员能力

党的十八大以来,各级政府及有关部门积极动员社会力量参与到危机管理工作中。"全面动员、人人参与"进一步成为中国贯彻执行重大决策事项、处理重大突发事件的重要方式。与此同时,中共中央提出要使危机管理常态化,并完善应急管理的基层社会治理体制,织密织牢基层社区安全防护网,把基层社区打造成为应对突发事件的第一防线和坚实堡垒。

改革创新永无止境。美国行政学家林德布洛姆曾提出"泥泞前行"的施政观点,认为改革并非完美的设计与执行过程,而是一个渐进调试、反复实践试错而最终成功的过程。[1] 现代化治理体系的建设是顶层设计与实践经验的结合体,是一个需要逐步完善的复杂系统。作为国家现代化治理中不可或缺的一部分,中国特色应急管理事业同样也要随着时代、形势和任务的变化而不断丰富和完善。

本 章 小 结

本章主要论述了公共危机改革与发展的内容。第一节以当前公共危机管理的发展趋势为出发点,分析了当代公共危机管理发展特点,并列举了当前部分国家公共危机管理的发展改革。第二节主要讲述了新中国成立以来,我国公共危机管理事业的发展完善,并介绍了党的十八大以来我国应急管理工作的发展主线。

思 考 题

1. 当前公共危机管理发展趋势主要有哪几种?分别包括什么内容?
2. 当代公共危机管理发展的特点是什么?
3. 党的十八大以来中国公共危机管理的发展主线是什么?请结合实例进行回答。
4. 我们能从其他国家应急事业发展中得到哪些启示?

---

[1] C.E.林德布洛姆.决策过程[M].竺乾威,胡君芳,译.上海:上海译文出版社,1988:40.

参 考 文 献

[1] 胡税根，等．公共危机管理通论 [M]．杭州：浙江大学出版社，2009．
[2] 张小明．公共部门危机管理 [M]．北京：中国人民大学出版社，2006．
[3] 罗宾格．危机管理 [M]．台北：五南图书出版公司，2001．
[4] 薛澜．危机管理 [M]．北京：清华大学出版社，2003．
[5] 畅铁民．企业危机管理 [M]．北京：科学出版社，2004．
[6] 王宏伟．公共危机管理 [M]．北京：中国人民大学出版社，2019．
[7] 李雪峰．应急管理通论 [M]．北京：中国人民大学出版社，2018．
[8] 肖鹏军．公共危机管理导论 [M]．北京：中国人民大学出版社，2006．
[9] 乌尔里希·贝克．风险社会 [M]．何博闻，译．南京：译林出版社，2004．
[10] 习近平．习近平谈治国理政 [M]．北京：外文出版社，2014．
[11] 闪淳昌，薛澜．应急管理概论：理论与实践 [M]．北京：高等教育出版社，2012．
[12] 钟开斌．应急管理十二讲 [M] 北京：人民出版社，2020．
[13] 唐钧．政府风险管理 [M]．北京：中国人民大学出版社，2014．
[14] 王宏伟．公共危机管理概论 [M]．北京：中国人民大学出版社，2021．
[15] 薛晓芃．国际公害物品的管理：以 SARS 和印度洋海啸为例的分析 [M]．北京：世界知识出版社，2007．
[16] 高小平，刘一弘．中国应急管理制度创新 [M]．北京：中国人民大学出版社，2020．
[17] 唐钧．新媒体时代的应急管理与危机公关 [M]．北京：中国人民大学出版社，2018．
[18] 蒲红果，等．如何应对舆情危机 [M]．北京：新华出版社，2015．
[19] 乌尔里希·贝克．风险社会：新的现代性之路 [M] 张文杰，何博闻，译．南京：译林出版社，2019．
[20] 温志强，李永俊．从"板块整合"到"有机融合"：中国特色应急管理体系优化路径研究 [J]．中国行政管理，2022（5）：155-157．
[21] 龚维斌．应急管理的中国模式——基于结构、过程与功能的视角 [J]．社会学研究，2020（4）：1-24．
[22] 钟开斌．国家应急管理体系：框架构建、演进历程与完善策略 [J]．改革，2020（6）：5-18．
[23] 闪淳昌，等．我国应急管理体系的现状、问题及解决路径 [J]．公共管理评论，2020（2）：5-20．
[24] 钟开斌．中国应急管理体制的演化轨迹：一个分析框架 [J]．新疆师范大学学报（哲学社会科学版），2020（6）：73-89．
[25] 张海波．应急管理的全过程均衡：一个新议题 [J]．中国行政管理，2020（3）：123-130．
[26] 叶中华，赵宏利．我国公共危机管理研究的热点、演化趋势及前沿——基于 CiteSpace 的文献计量 [J]．科技促进发展，2021（4）：621-629．
[27] 蒋宗彩．国内外公共危机管理研究现状及评述 [J]．电子科技大学学报（社科版），2016（2）：23-28．
[28] 钟开斌．突发事件概念的来源与演变——基于对《人民日报》、党的中央全会报告、国务院政府工作报告的分析 [J]．上海行政学院学报，2012（5）：26-35．
[29] 迈克尔·K. 林德尔，等．公共危机与应急管理概论 [M]．王宏伟，译．北京：中国人民大学出版社，2016：122-125．

[30] 熊励, 郭慧梅. 基于动机认知理论的突发事件网络信息分享行为影响因素研究 [J]. 情报杂志, 2021 (5): 125-131.

[31] 张明晖, 刘晓亮. 2016 年中国社会群体性事件分析报告 [J]. 中国社会公共安全研究报告, 2017 (1): 3.

[32] 尹新瑞, 王美华. 科塞社会冲突理论及对我国社会治理的启示——基于《社会冲突的功能》的分析 [J]. 理论月刊, 2018 (9): 73-83.

[33] 黄毅峰. 社会冲突视域下"维稳"治理模式的限度分析 [J]. 中南大学学报 (社会科学版), 2018 (2): 126.

[34] 王喜. 公共危机情境下社交媒体网络谣言的管理研究 [J]. 新闻研究导刊, 2021 (19): 79-81.

[35] 翟年祥, 唐先路, 孙雨奇. 非政府组织在公共危机管理中的作用探微 [J]. 淮南师范学院学报, 2022 (1): 52-59.

[36] 伍自强, 刘淑珺. 公共危机管理视角下社会治理现代化的实现 [J]. 长江师范学院学报, 2021 (5): 1-7.

[37] 张广利, 等. 当代西方风险社会理论研究 [M]. 南昌: 华东理工大学出版社, 2019.

[38] 蒯正明. 吉登斯全球风险社会理论解读与评述 [J]. 江西师范大学学报 (哲学社会科学版), 2012 (1): 29-35.

[39] 芭芭拉·亚当, 等. 风险社会及其超越——社会理论的关键议题 [M]. 赵延东, 马缨, 等译. 北京: 北京出版社, 2005.

[40] 蔡锐星, 胡威. 公共危机情境下官僚的亲社会违规行为倾向: 一项调查实验研究 [J]. 公共管理评论, 2022 (2): 5-42.

[41] 雷焕贵, 马慧鑫. 利益分化情境下单位危机的处置重点与领导者的统筹策略 [J]. 领导科学, 2022 (6): 44-46.

[42] 龚会莲, 张秀. 公共危机治理中地方政府行为选择的逻辑、偏差与矫治 [J]. 领导科学, 2022 (5): 103-107.

[43] 王裕涵. 完善公共危机应急管理对策探析 [J]. 中国应急管理, 2022 (4): 48-51.

[44] 郭巧云. 公共危机治理中的数据协同: 政府协调机制构建与模式创新 [J]. 理论导刊, 2022 (12): 84-88.

[45] 魏晨, 赵冰峰, 吴晨生. 公共危机预警情报模型研究 [J/OL]. 情报理论与实践: [2022-12-28]. http://kns.cnki.net/kcms/detail/11.1762.g3.20221124.0851.002.html.

[46] 吴增礼, 李亚芹. 意义·导向·路径: 适应突发公共危机治理的社会公德教育 [J]. 湖南大学学报 (社会科学版), 2022 (4): 14-20.

[47] 金冬雪, 金琛皓. 基于 4R 理论的涉警舆情危机预警机制优化研究 [J]. 网络安全技术与应用, 2022 (5): 160-163.

[48] 周兴波, 等. 国外应急管理体系对比研究及其启示 [J]. 水力发电, 2021 (9): 112-131.

[49] 中共中央印发《深化党和国家机构改革方案》[J]. 思想政治工作研究, 2018 (4): 8-19.

[50] 胡建华. 跨区域公共危机的治理逻辑与合作机制构建 [J]. 社会科学辑刊, 2022 (2): 50-56.

[51] 黄种滨, 孟天广. 突发公共危机中的政府信息公开与危机应对 [J]. 电子政务, 2022 (6): 63-74.

[52] 叶紫蒙, 马奔, 马永驰. 危机管理中政府官员避责的结构性差异——以新冠疫情防控期间的问责为例 [J]. 中国行政管理, 2022 (2): 149-155.

[53] 任宗哲, 李笑宇. 我国公共危机治理的演进、问题与优化 [J]. 西北大学学报 (哲学社会科学版), 2022 (5): 60-72.

[54] 王亚奇，等.应急准备体系建设的目标及路径探讨[J].中国应急管理，2022（3）：24-35.
[55] 丁辉.社区风险治理与应急准备[J].中国应急管理，2020（2）：36-37.
[56] 方永梅，邱川燕，尹奎.突发公共危机"平战结合"预防控制体系下的档案馆设计研究[J].档案管理，2022（3）：75-76.
[57] 秦浩.突发公共卫生事件的整体性治理框架与优化策略[J].中国行政管理，2021（12）：148-150.
[58] 郁琴芳，林存华.公共危机事件中校长适应性领导行为研究[J].教育学术月刊，2021（9）：58-66.
[59] 韩晓娟.领导者危机管理中的典型思维误区及消除对策[J].领导科学，2021（17）：52-54.
[60] 刘益春.加强公共危机教育，提高公共危机应对能力[J].中国教育学刊，2021（3）：5.
[61] 李胜，高静.突发事件协同治理能力的影响因素及政策意蕴——基于扎根理论的多案例研究[J].上海行政学院学报，2020（6）：39-52.
[62] 徐明，郭磊.中国公共安全与应急管理的学术版图及研究进路[J].管理学刊，2020（4）：1-16.
[63] 王博，朱玉春.2019-nCoV疫情：论中国突发公共卫生危机治理[J].科学学研究，2020（7）：61-66.
[64] 徐文锦，廖晓明.重大社会风险致灾机理分析与防控机制建构——基于新冠疫情风险防控的研究[J].软科学，2020（6）：46-51.
[65] 郑石桥.论突发公共事件审计时机[J].财会月刊，2020（15）：84-87.
[66] 孙祁祥，周新发.为不确定性风险事件提供确定性的体制保障——基于中国两次公共卫生大危机的思考[J].东南学术，2020（3）：12-23.
[67] 廖秀健，钟雪.领导者增强危机预防能力的思路与对策——以重庆公交车坠江事件为例[J].领导科学，2019（12）：22-24.
[68] 王裕涵.完善公共危机应急管理对策探析[J].中国应急管理，2022（4）：48-51.
[69] 张小明.公共危机预警机制设计与指标体系构建[J].中国行政管理，2006（7）：14-19.
[70] 张成福.公共危机管理：全面整合的模式与中国的战略选择[J].中国行政管理，2003（7）：6-11.
[71] 井西晓，韦斌.公共危机协同治理的主体性困境与发展路径[J].领导科学，2021（16）：31-34.
[72] 庄严.公共部门危机管理中的预警机制建设[J].人力资源管理，2016（8）：254-255.
[73] 胡振华.我国城市公共危机管理的预警机制研究[J].中国管理信息化，2015（20）：209-210.
[74] 倪永贵，许峰，朱国云.重大突发公共危机预警：过程、困境及其应对策略——基于信息空间理论视角[J].电子政务，2021（7）：101-112.
[75] 许峰，谢承华.公共危机监测、预测与预警关系辨析[J].图书与情报，2011（5）：75-77.
[76] 刘艳，秦锐.健全和完善我国公共危机管理预警机制[J].经济研究参考，2013（29）：57-60.
[77] 汪勇清.中华人民共和国突发事件应对法解读[M].北京：中国法制出版社，2007.
[78] 王宏伟.城市复杂性危机管理的失灵与对策[J].前线，2015（11）：79-81.
[79] 秦扬，李俊坪.突发事件应急状态紧急处置权法律规制探析[J].西南民族大学学报（人文社会科学版），2014（4）：97-101.
[80] 中华人民共和国突发事件应对法（续）[J].安全，2007（12）：59-61.
[81] 高友云.处置公共危机事件应坚持的五项原则——重庆市处置出租车罢运事件的启示[J].领导科学，2009（1）：20-21.
[82] 李金聪.全媒体时代重大突发性公共事件中主流媒体如何强化舆论引导和社会服务作用[J].新闻研究导刊，2020（13）：138-139.
[83] 国务院灾害调查组.河南郑州"7·20"特大暴雨灾害调查报告[R].北京，2022.
[84] Lynn T. Drennan, Allan McConnell. Risk and Crisis Management in the Public Sector[M]. New York:

Routledge, 2007.

[85] Uri Rosenthal, et al. Coping with Crises: The Management of Disasters, Riots, and Terrorism[M]. Springfield: Charles C. Thomas Pub. Ltd., 1989: 3-33.

[86] 张小明. 公共危机事后恢复重建的内容与措施研究[J]. 北京科技大学学报（社会科学版）, 2013（2）: 114-120.

[87] 任宗哲, 李笑宇. 我国公共危机治理的演进、问题与优化[J]. 西北大学学报（哲学社会科学版）, 2022（5）: 60-72.

[88] 王裕涵. 完善公共危机应急管理对策探析[J]. 中国应急管理, 2022（4）: 48-51.

[89] 黄种滨, 孟天广. 突发公共危机中的政府信息公开与危机应对[J]. 电子政务, 2022（6）: 63-74.

[90] 徐顽强, 张婷. 公共危机治理中社会组织的角色审视与嵌入路径[J]. 郑州大学学报（哲学社会科学版）, 2021（6）: 14-19.

[91] 张双鹏, 刘凤委. 公共危机中的政府协作治理能力——中国省级新冠疫情防控的文本分析[J]. 经济理论与经济管理, 2021（5）: 17-31.

[92] 雷晓康, 刘冰. 应急管理常态化体系构建：框架设计与实现路径[J]. 甘肃行政学院学报, 2020（6）: 57-65.

[93] 黄昆, 张庆村. 社交媒体在公共危机中的作用及效能提升[J]. 青年记者, 2020（20）: 4-5.

[94] 郑联盛, 高峰亭, 武传德. 公共危机治理与财政支持体系建设[J]. 金融发展研究, 2020（6）: 3-8.

[95] 郑石桥. 论突发公共事件审计结果[J]. 财会月刊, 2020（20）: 78-81.

[96] 沈荣华, 周定财. 公共危机治理中政企协同研究[J]. 行政论坛, 2017（3）: 53-57.

[97] 刘良训. 政府、媒体、公众间的危机心理契约及其三角互动关系构建[J]. 领导科学, 2017（2）: 62-64.

[98] 高小平, 刘一弘. 中国应急管理制度创新[M]. 北京：中国人民大学出版社, 2020.

[99] 唐钧. 新媒体时代的应急管理与危机公关[M]. 北京：中国人民大学出版社, 2018.

[100] 张成福. 风险社会中的政府风险管理——评《政府风险管理——风险社会中的应急管理升级与社会治理转型》[J]. 中国行政管理, 2015（4）: 157-158.

[101] 高智林. 现代风险社会视角下的政府风险管理机制构建——以新冠疫情防治为例[J]. 财会研究, 2020（6）: 73-80.

[102] 张鸣春. 风险社会重大突发公共卫生事件全周期管理研究——以新冠疫情防控为例[J]. 中国公共卫生管理, 2022（2）: 141-145.

[103] 李杰. 中国新冠安全、风险、灾害与危机的研究态势[J]. 科学观察, 2022（3）: 15-22.

[104] 赫曦滢. 疫病与城市社会：历史轨迹、风险逻辑与应急管理[J]. 辽宁大学学报（哲学社会科学版）, 2020（6）: 9-16.

[105] 张力伟. 疫情管理中的模糊治理：不确定性风险的治理逻辑[J]. 北京科技大学学报（社会科学版）, 2020（2）: 47-50.

[106] 聂挺, 易继芬. 风险管理视角下的公共危机治理研究[J]. 社会科学论坛, 2014（4）: 230-235.

[107] 张小明. 论公共危机事前风险管理与评估[J]. 北京科技大学学报（社会科学版）, 2017（1）: 36-40.

[108] 刘婷, 张金玲. 新媒体环境下公共危机舆情治理路径探析[J]. 新闻前哨, 2022（3）: 56-57.

[109] 戴文慧. 信息时代大学生网络舆情监管与思政引导——评《高校网络舆情管理与思政教育创新——基于网络身份隐匿视角的研究》[J]. 中国教育学刊, 2022（7）: 143.

[110] 闫勇. 高校学生网络舆情管理应对路径探究——评《高校学生网络话语与网络舆情引导研究——基于"大数据"的视域》[J]. 中国广播电视学刊, 2020（11）: 135.

[111] 余乐安，等.企业网络舆情管理的理论与实证研究专栏介绍[J].管理科学，2019（1）：1-2.

[112] 汤文蕴，丁子羿，马健霄.不同类型重大公共事件下交通管控舆情分析[J].浙江大学学报（工学版），2022（11）：71-79.

[113] 王磊，易扬.公共卫生危机中的数字政府回应如何纾解网络负面舆情——基于人民网"领导留言板"回复情况的调查[J].公共管理学报，2022（4）：65-78.

[114] 宋红.突发公共事件的舆情价值研究[J].湖北社会科学，2022（8）：161-168.

[115] 冈内尔·林德布洛姆.决策过程[M].竺乾威，胡君芳，译.上海：上海译文出版社，1988.

[116] 李国，高敬文.论公共危机事件中舆情治理的数据驱动[J].暨南学报（哲学社会科学版），2020（6）：86-93.

[117] 刘奕，等.面向2035年的灾害事故智慧应急科技发展战略研究[J].中国工程科学，2021（4）：117-125.

[118] 游志斌.西方国家维护国家安全的战略着力点：应急管理[J].人民论坛·学术前沿，2020（23）：66-73.

[119] 邓仕仑.美国应急管理体系及其启示[J].国家行政学院学报，2008（3）：102-104.

[120] 罗楠，等.日本突发环境事件应急管理机制与措施[J].世界环境，2021（6）：82-85.

[121] 童星.中国应急管理的演化历程与当前趋势[J].公共管理与政策评论，2018（6）：11-20.

[122] 钟开斌，薛澜.以理念现代化引领体系和能力现代化：对党的十八大以来中国应急管理事业发展的一个理论阐释[J].管理世界，2022（8）：11-66.

[123] Rohan Gunatatna. The Ideological War on Terrorism：Worldwide Strategies for Counter-terrorism[M]. London：Routledge，2007.